12가지 코드로 읽는
대한민국 축구

12가지 코드로 읽는
대한민국 축구

초판 1쇄 펴낸날 2016년 4월 15일
초판 3쇄 펴낸날 2016년 12월 15일

지은이 김용진·이용수 외

펴낸이 최윤정
펴낸곳 도서출판 나무와숲 | 등록 2001-000095
주 소 서울특별시 송파구 올림픽로 336 1704호(방이동, 대우·유토피아빌딩)
전 화 02)3474-1114 | 팩스 02)3474-1113 | e-mail : namuwasup@namuwasup.com

값 16,000원
ISBN 978-89-93632-54-5   03600

* 이 책의 무단 전재 및 복제를 금지하며, 글이나 이미지의 전부 또는 일부를 이용하려면
  반드시 저작권자와 도서출판 나무와숲의 서면 허락을 받아야 합니다.

* 잘못 만들어진 책은 구입하신 서점에서 바꿔 드립니다.

12가지 코드로 읽는

대한민국 축구

Decyphering the 12 Codes of Korean Football

김용진·주세형·김형석·이용수·최대혁·홍성찬·
정성훈·윤영길·김영석·정기동·김명환

들어가는 글

"우리 함께 스크럼을 짜고 축구를 이야기하자!"

이성복 시인은 그의 시론詩論 〈무한화서〉에서, 시를 쓴다는 것은 승부차기에 나선 축구 선수를 위해서 '스크럼을 짜고 격려하는'(2015:183) 동료 선수들의 행위와 같은 것이라는 비유를 내놓았다. 스크럼을 짠다고 해서 승부차기에 직접적인 도움이 되지 않듯이 시를 쓴다고 해서 사람들의 현실 생활이 더 나아지지는 않지만, 우리는 시의 창작과 감상이라는 행위를 통해서 승부차기와 같은 '피할 수 없는 생사 앞에서' 아슬아슬하게 살아가야만 하는 인생들을 서로 격려하며 위로를 받게 된다는 의미일 것이다.

    그런데 승부차기 상황을 좀 더 자세히 관찰해 보면, 센터서클 부근의 동료 선수들 외에도 운동장 밖 벤치의 코치진과 후보 선수들이 모두 같은 마음으로 비슷한 동작을 취하고 있음을 알 수 있다. 스탠드 위의 관중들은 어떤가? 텔레비전 중계를 시청하고 있는 팬들은 어떤가? 비록 팔을 뻗어서 스크럼을 짜고 있지 않다고 하더라도 그 마음속에는 거대한 스크럼이 연결되어 있는 것이 아닌가? 비록 이 거대한 스크럼이 아무런 마법을 발휘하지 못해서 승부차기에서 패배하는 일이 종종

있더라도 말이다.

    한국 축구는 2002년 한·일 월드컵 이전과 이후로 나뉜다(사실 한국 사회 전체가 2002년 이전과 이후로 나뉜다고 생각할 수도 있다). 그것은 2002년에 와서야 처음으로 한국 사회가 스크럼을 짜고 축구를 보았기 때문이다. 아니, 스크럼을 짜고 축구를 '했기' 때문이라고 해야 더 정확할지 모르겠다. 스크럼 없는 축구는, 축구 선수에게는 다리 힘을 기르는 데나 유용한 공차기일 뿐이고 관중들에게는 강 건너 불구경 같은 구경거리에 지나지 않다. 스크럼을 통해서 개별 선수가 팀으로 만들어지고, 선수와 지도자가 육체와 영혼을 소통하며, 선수와 관중이, 팀과 사회가 서로에게 의미 있는 존재로 인식되기 시작한다. 시 세계의 스크럼이 독자에게 세상살이에 대해 격려와 위로를 준다면, 축구 세계의 스크럼은 11명을 팀으로 완성시키며, 단순한 몸동작을 의미 기호로 승화시키고, 공동체의 구성원들에게 서로 같은 이야기를 나누게 하고 서로 같은 꿈을 꾸게 해준다. 2002년에 한국 사회가 목격했던 것처럼.

    1988년에도 월드컵에 비견할 만한 국제 스포츠 메가 이벤트가 이미

한 차례 한국에서 개최되었지만 이때까지만 해도 온 국민이 Team Korea와 함께 스크럼을 짤 분위기는 아니었다. '88 서울올림픽은 우리가 그 의미를 미처 생각해 보기도 전에 정신없이 지나가 버렸다. 1987년의 6월 항쟁으로 제5공화국이 제6공화국으로 바뀐 지 채 1년이 지나지 않은 시점이었고, 유신정권에서 국내 정치적인 목적으로 개최 신청을 한 후 5공 정권에서 개최권을 획득하였다는 점에서 모든 국민이 올림픽이라는 파티에 흔쾌히 참가할 기분은 아니었다.

또 한 가지, 월드컵이 단일 종목의 단일팀끼리의 시합인 데 반해 '88 올림픽은 31개 '스포츠' 분야에 237개의 '종목'이 겨루는 종합 스포츠 이벤트였기 때문에 온 국민이 한 곳의 그라운드를 바라보며 마음과 마음을 모아 스크럼을 짤 분위기가 되질 못하였다.

이러한 사정은 2002년에 와서는 현저히 달라져 있었다. 월드컵 개최권 획득 과정 자체는 일본과의 경합 때문에 아주 시끄러웠지만 온 국민은 이 비현실적으로 환상적인 기회에 처음부터 크게 고무되어 있었다. 1988년 당시 한국의 1인당 GDP가 5천 달러가 채 되지 않았던 데 비해 2002년에는 이미 1만 달러를 훌쩍 뛰어넘어서 경제적 여유가 커져 있었고, 정치적으로도 월드컵 유치를 추진했던 문민정부를 지나서 IMF 체제를 잘 극복해 나가던 국민의정부 시절이어서 시민적 자유의 신장과 함께 사회 분위기가 자유스러워져 있었고, 이제는 산업사회에서 후기산업사회로 어느 정도 넘어가는 시대적 상황에 놓여 있었다.

영화계를 통해 2002년 월드컵 당시의 사회를 한번 돌아보자. 1999년에 최초로 관객 500만 명(《쉬리》: 582만 명)을 돌파한 한국 영화가, 2003년에는 1108만 명(《실미도》), 2004년에는 1174만 명(《태극기 휘날리며》)의 관객을

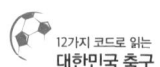

동원하였다. 그런데 왜 미국 영화가 아니고 한국 영화가 최다 관객을 동원하게 되었을까? 20세기를 벗어나면서 이제 한국인들은 자신들의 이야기가 '이야기'가 될 수 있다는 것, 그것도 '대박' 재미있는 이야기가 될 수 있다는 것을 몸으로 느끼고, 머리로 어렴풋이 짐작하기 시작하고 있었기 때문일 것이다.

이런 분위기 속에서 터진 것이 2002 한·일 월드컵이라는 웅장한 스케일의 이야기다. 월드컵 기간에 모든 시민이 (실제로 또 비유적으로) 스크럼을 짜고 함께 놀라워하고 함께 춤추고 함께 소리 지르며 즐거워했다. 월드컵이 끝난 후 많은 사람들이 이구동성으로 '나의 남은 인생에서 이런 벅찬 감정을 다시 느낄 기회가 올까?'라는 말을 하였다. 그리고 무엇보다, 2002년 월드컵을 거치면서 우리는 축구가 그냥 축구가 아니라는 것을 깨닫게 되었다. 축구는 그 여름 내내 우리들의 이야기였다.

그런데 이 이야기는 누가 만들어서 우리에게 들려준 이야기가 아니고 우리가 공동으로 창발創發적으로 작업해 낸 우리 자신의 공동 창작품이었다. 창발적이기 때문에 개막식, 조별 리그, 16강전, 8강전, 4강전의 경기 때마다 이야기의 내용이 바뀌었고 한국인들의 집단적 정서도 크게 요동을 쳤다. 그 다양한 이야기의 밑바닥을 흐르는 공통분모는, 여러 가지 중에서 특히 유대감과 자신감이었다. '빨간 티셔츠를 입고 길거리 응원을 함께하는 게 의외로 재미있네!'라는 것과 '우리의 실력과 능력이 이 정도였나?'라는 유쾌한 깨달음이었다. 그해 여름 내내 우리는 20세기까지 미처 경험하지 못했던 이 새로운 경지에 대해서 이야기하였다. 이 새로운 유대감과 새로운 자신감은 우리 자신에 대한 재발견의 결과일 수도 있고, 아니면 전혀 새로운 경지의 창발적 전개 과정 그 자체일 수도 있을 것이다. 어쨌든 그 여름의 축구 이야기는 한국 사회의 구성원늘에게 100% 설명되지 않는 그 어떤 집단적 기억의 자국을 깊숙이 파놓았다. 이것은 축구의 힘인가? 아니면 월드컵의 힘인가?

아니, 도대체 축구가 무엇인가? 22명의 선수들이 90분 동안 105×68미터의 경기장에서 (손과 팔을 제한적으로 사용하면서) 신체의 모든 부분을 사용하여 상대방의 골대 안에 공을 집어넣는 경기 — 그뿐일까? 아니다.

축구는 복합물이다. 축구, 특히 현대 축구는 '작은 축구'와 '큰 축구'로 나누어서 생각하는 것이 이해하는 데 도움이 된다. 작은 축구(소문자 football)는 축구 경기장과 연습장에서 이루어지며 일정 부분 라커룸, 숙소, 전술 교육을 위한 강의실에서 보조적으로 이루어진다. 이것이 좁은 의미의 축구이며 우리가 전통적으로 이해하는 시합으로서의 축구이다.

그러나 현대 축구는 이것보다 훨씬 더 폭이 넓고 복잡하며 그것이 여러 나라에서 갖는 문화적 함의는 무척 다양하다. 이것이 바로 큰 축구(대문자 Football)이다. 큰 축구는 관중석에 있는 관중들로부터 시작되며 중계방송과 해설과 뉴스 보도로 이어지고 주말 경기를 관전한 사람들의 점심식사 자리까지 연장된다. 이 큰 축구의 영역에는 자신이 응원하는 팀으로 인해서 겪게 되는 개인들의 심리적 롤러코스터도 포함된다. 큰 축구에는 선수 영입과 방출, 마케팅 같은 비즈니스도 포함되고 한 사회의 축구 문화와 축구 이데올로기도 포함된다(축구는 '스포츠이기 때문에 비정치적이고 탈정치적'이라고 말하는 것을 축구의 보수적 이데올로기를 지지한다는 것으로 해석해야지, 축구가 정말로 이데올로기와 상관이 없는 것으로 믿으면 안 된다. 아마존의 나비 한 마리조차도 여러 가지 이데올로기와 엮여 있다는 것이 21세기의 상식이니까).

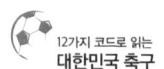

간단하게 작은 축구와 큰 축구를 분리하여 설명해 보았지만, 이 둘 사이의 구분이 그렇게 명확한 것은 아니다. 월드컵 기간에 선수들에게 해주는 멘탈트레이닝을 생각해 보자. 이 활동은 며칠 내로 치러지게 될 다음 경기에 직접적으로 영향을 미치기 때문에 작은 축구의 일부로 볼 수도 있지만, 현대 스포츠 심리학이나 스포츠 사회학의 일반적인 이론과 밀접히 관련되어 있기 때문에 큰 축구의 일부로도 볼 수 있다. 작은 축구와 큰 축구는 끊임없이 피드백을 주고받는다.

2002년 여름에 월드컵 축구를 계기로 한국 사회에서 터져 버린 '이야기'는 결코 '작은 축구'만의 이야기가 아니었다. 한국 사회에서 작은 축구가 단독으로 그렇게 큰일을 저지를 역량을 가졌다고 볼 수는 없다. 지금이나 그때나 야구 관중이 축구 관중보다 많지 않은가? 야구 중계방송이 축구 중계방송보다 많지 않은가? 한국에서 작은 축구는 아주 애매한 위상을 가지고 있음을 인정하지 않을 수 없다.

그럼에도 불구하고 이것은 작은 축구로부터 시작되었다. 1998년 프랑스 대회까지 5회나 월드컵에 출전했지만 단 1승도 거두지 못했던 Team Korea가 6월 4일 폴란드전에서 압도적인 경기 끝에 2대0의 넉넉한 승리를 이끌어냈을 때 우리는 미친 듯이 날뛰었지만 아직 우리 자신의 내면까지는 납득시키지 못하고 있었다. 이것이 우리의 실력이라고 믿는 것보다는 주최국의 프리미엄과 행운의 절묘한 조합이라고 설명하는 것이 훨씬 합리적인 결론이었고 마음이 편했다. 다음 경기에서 미국과 무승부를 이뤘을 때도 아직 우리의 '이야기' 폭탄은 터지지 않았다. 6월 14일, 당시 현역으로 있던 두 축구 신神 중의 하나인 피구가 버티고 있던 포르투갈을 1대0으로 격파하고 예선 리그 조 1위를 확정하였을 때 드디어 폭탄이 하나 터졌다. 월드컵 2승과 16강 진출! 다시 8강 진출, 폭탄 하나 더! 다시 4강 진출, 하나 더!

위에서 창발성 운운했지만 이 축구 이야기는 계속 그 내용과 형식이 변화하였다. 이 폭발적 축구 이야기의 격발 장치는 분명히 '태극 전사'들에 의해서 수행된 작은 축구였지만, 이 작은 축구만으로는 이 이야기가 가지는 사회·문화적 폭발력과 파급력을 다 설명할 수 없다. 거기에는 관중과 시청자와 시청 앞을 가득 메운 시민들의 에너지로 구성된 큰 축구가 있었기에 그렇게 폭발성 있는 이야기가 가능했던 것이다. 그동안 세계 시장에 무수히 내다판 자동차·반도체·선박들을 설계하고 제조하고 판매해 온 산업 부문의 에너지와 길거리와 광장 사용법을 자세히 알고 있던 민주화 세력의 에너지가 융합적으로 작용하여 폭발했다고 보는 것이 더 설득력 있다. 단, 그 폭발의 격발 장치로 사용된 것이 다른 스포츠가 아닌 축구였다는 것은 우연이 아닌 필연이었을 가능성이 높다. 나의 오랜 지론은, 야구의 에너지로는 컵라면이나 잘하면 라면까지는 끓여 먹을 수 있지만, 축구가 내뿜는 에너지가 아니고서는 밥이나 곰탕을 끓여 먹기 쉽지 않다는 것이다. 이 대폭발의 이야기에는 축구라는 격발 장치가 제격이었던 셈이다.

2002년 월드컵에서 우리가 생산하고 소비했던 그 이야기, 우리에게 유대감과 자신감을 '심쿵'하게 던져준 그 이야기가 이제는 우리 사회에서 사라지고 없다. 그때 뜨거웠던 피는 많이 식어 있고 그때 뛰었던 심장의 박동은 많이 느려져 있다. 우리에게 아직 마땅한 새로운 이야기가 없기 때문이다. 오래된 월드컵을 다시 장황하게 언급하는 것은, 새롭게 변해 가는 현대 한국 사회에 (한국) 축구가 새로운 이야기를 던져

줄 수 있다는 희망을 공유하고자 함이다. 한번 해본 것을 다시 하는 것은 그리 어렵지 않을 것이다. 우리 저자들은 이 책이 그런 이야기들의 단초가 되기를 희망한다. 2002년에 작은 축구와 큰 축구가 희망의 이야기를 만들어냈듯이, 우리는 이 책을 통해서 축구가 이 사회와 의미 있는 말을 주고받을 수 있는 새로운 계기를 만들기 바란다. 그리하여 궁극적으로 크고 작은 축구 이야기가 우리 사회에 다시 유대감과 자신감을 불어넣어 주기를 열망한다. 우리 다시 스크럼을 짜고 축구를 이야기하자!

이 책 『12가지 코드로 읽는 대한민국 축구』는 축구에 관한 다양한 '이야기'를 펼쳐 보이고 있다. 저자들은 거의 서로 다른 다양한 배경을 가지고 있지만 축구에 대한 관심과 애정이라는 단 한 가지 공통점을 매개로 하여 1년 이상 모여 식사와 담론을 나누다가 축구에 관한 재미있는 이야기를 각자의 전공을 중심으로 풀어 보기로 의기투합하였다. 저자들은 모두 해당 분야에서 전문가 중의 전문가라는 평가를 받고 있는 분들이며 작은 축구football에서 큰 축구Football까지, 또 경우에 따라서는 이 두 가지를 융합하여 귀한 이야기를 써 주었다. 동료 저자 모두에게 감사의 말씀을 드린다. 또, 내가 과분하게 대표저자의 역할을 맡았지만 이 책의 태동에 가장 중요한 산파 역할을 한 저자는 이용수 교수와 주세형 교수임을 밝혀 두고자 한다. 새로운 유형의 책을 다수의 저자들이 나누어 집필하는 관계로 여러 가지 낯선 문제들을 해결하면서 이 책의 출판을 끝까지 성사시켜 준 나무와숲 최헌걸 대표, 이경옥 주간께 감사드린다.

2016년 3월
김용진

차례

들어가는 글　4

CODE 01 존재 이유
축구의 힘 _ 김용진　17

우리는 축구를 왜 하는가? | 축구에도 존재 의미, 즉 존재 이유가 있다 | '판타지'에서 '악몽'으로 변한 브라질 월드컵 | 축구의 위상은 특별한 데가 있다 | 한국에서 축구는 무엇인가

CODE 02 관계
선수들은 수백 명의 관계를 업고 뛴다 _ 주세형　53

축구 경기는 '하나의 소설 텍스트'이다 | '언어'를 통해 '관계'를, '관계'를 통해 '축구' 읽어내기 | 감독의 '언어'가 선수와의 관계를 만든다 | 감독과 선수의 바람직한 관계를 위하여

CODE 03 감독
'감독 덕'이거나 '감독 탓'이거나 _ 김형석　77

전주곡 : '축구 = 머리 나쁜 사람이 하는 스포츠'? | '선수 탓'인가, '감독 탓'인가 | 경제학의 핵심 사고 : 모형적 사고 1 | 피케티와 한국 경제학계에 대한 단상 : 모형적 사고 2 | '축구 감독 = 피아니스트' 모형 : 모형적 사고 3 | 축구의 정형화된 사실 | 축구의 전술:수비 | 축구의 전술 : 공격 | 축구의 속성, 야구의 속성 | 체계변동 위험(Systemic Risk)과 자기실현적 예언(Self-fulfilling Prophecy) | 히딩크 : 한국 축구계의 마틴 루터 | 퍼거슨 : '뜀박질 축구'와 계산된 '질풍노도(Stum und Drang)' | 베토벤 소나타, 퍼거슨의 축구를 품다 | '질풍노도'와 '피구 주기(Pigou's cycles)'의 우연한 만남 | 베토벤 : 융합의 화신 | 융합의 키워드 : 퍼거슨 경의 축구와 베토벤의 소나타 | 정몽준, '학력 카르텔' 그리고 '축구인의 카르텔' | 국가대표 감독 : '체계를 뒤흔드는 위험'의 인지자이자 위험관리사 | 글렌 굴드와 에필로그

CODE 04 전술

축구는 '무빙 체스 게임' _ 이용수·최대혁   149

축구는 '무빙 체스 게임(moving chess game)' | 체스와 축구 전술 | 장기와 축구 전술 | 바둑과 축구 전술 | 히딩크 감독의 2002년 월드컵 로드맵 | 슈틸리케 감독과 2015년 아시안컵 | '생각하는 축구'를 위하여

CODE 05 골

골 결정력의 예술과 과학 _ 이용수   169

한국 축구의 고질병, 골 결정력 부족 | 득점은 어떻게 이루어지는가 | K리그의 평균 득점이 감소하고 있다 | 스트라이커는 특별하며 매우 중요하다 | Zone 14(golden square)과 Prime Target Area의 활용

CODE 06 스피드와 지구력

지칠 줄 모르는 힘의 원천 _ 최대혁   193

왜 'K리그는 지루하고 재미없다'고 할까 | 근력·스피드·지구력이 승패를 좌우한다 | 포지션별로 필요한 체력이 있다 | 주기화 트레이닝

CODE 07 데이터
데이터 축구 시대가 오고 있다 _ 이용수   205

"야구는 통계 또는 기록의 스포츠" | 축구의 기록과 통계는 의미가 없는가 | 데이터 축구 시대가 오고 있다

- 월드컵 16강 승패의 확률 _ 김명환   225

CODE 08 축구공
축구공마다 날아가는 궤도가 다르다 _ 홍성찬   227

월드컵 공인구의 탄생 | 축구공마다 날아가는 궤도가 왜 다를까 | 축구공의 모양은 나날이 진화한다

- 프리킥-무회전의 비밀 _ 홍성찬   244

CODE 09 경기장
경기장의 정의가 바뀌고 있다 _ 정성훈   245

사람들은 경기장을 왜 찾을까 | 스포츠팬의 심리와 경험 | 경기장에 대한 정의가 바뀌고 있다 | 경기장의 다양화 전략 | 거대한 전광판이 제공하는 놀라운 관람 경험 | 경기장 중심의 지역 개발 | 스포츠 경기장의 전략과 계획

CODE 10 스포츠 심리학

멘탈코칭과 심리적 균형 _ 윤영길   269

축구에서 삶을 배우다 | 축구 경기력은 어떻게 완성되는가 | 멘탈코칭의 출발점과 지향점 | 2015 캐나다 FIFA 여자월드컵 멘탈코칭 이야기 | 심리적 항상성 붕괴, 승자의 저주 | 멘탈코칭은 타이밍이다

CODE 11 스포츠 마케팅

FIFA, 당당하게 그러나 치사하게 _ 김영석   291

'떠오르는 강자' 삼성과 '물러설 수 없는 자존심' 소니의 한판 승부 | FIFA, 당당하게 그러나 치사하게 | FIFA, 교만은 패망의 선봉이요 거만함은 넘어짐의 앞잡이 | FIFA, "For the Game, For the World!"

CODE 12 가 치

당신은 결코 혼자 걷지 않으리라 _ 정기동   311

나는 축구를 좋아한다 | "우리 마음속에서 너는 죽은 사람이다" | 축구팬도 이혼은 가능하지만 재혼은 불가능하다 | 모두를 위해 뛰고 모두가 성과를 나눠 갖다 | 영원하라 바르사, 영원하라 카탈루냐 | 축구, 세상에서 가장 아름다운 게임이 되다 | 당신은 결코 혼자 걷지 않으리라 | "내 사랑하는 팀이 이기는 것을 한 번만 더 보고 싶다" | 축구팀 서포터즈, 인종청소의 주역이 되다 | 한국에서는 축구를 어떻게 소비하고 있는가 | 축구는 무엇을 할 수 있는가

참고자료   335

CODE 01. 존재 이유

축구의 힘

김 용 진

RAISON DETRE
CODE 01. 존재 이유

이 장의 키워드는 축구의 '존재 이유'다. 우리는
축구를 왜 하는가? 무엇보다 재미있기 때문이다.
그리고 축구는 사람을 건강하게 만들어 준다. 나아가
개인과 개인, 집단과 집단, 국가와 국가를 서로 만나게
해주고 경쟁을 통해 상호작용의 마당을 만들어 준다.
이와 같은 축구의 존재 가치는 축구가 행해지고 있는
지역과 국가가 어디이건 크게 다르지 않은 보편적
특징이다. 가장 많은 사람이 이 '아름다운 경기/놀이'에
참여하고 가장 많은 사람이 이것을 구경한다.
세계 최고의 스포츠인 것이다.

 김용진

초등학교 5학년 때부터 대학 졸업 때까지 거의 매년 학교 대항전 축구 대표 선수로 뛰었을 정도로 축구를 좋아하며, 지금도 숭실대학교 교직원축구회 현역 선수로 여전히 운동장을 누비고 있다. 1968년 순천우체국장배 초등학교 축구대회 MVP 개인상 수상, 1978년 대학춘계연맹전 8강에 진출 (서울대 축구부)한 전력도 갖고 있다. 대한축구협회 연구위원회 연구이사, 한국축구과학회 창립멤버이자 2·3대 회장(2013~2016)으로서 한국 축구의 과학화와 발전을 위해 노력하고 있다.

우리는 축구를 왜 하는가?

인간은, 그리고 당신은 무엇을 위하여 세상에 태어났는가? 당신이 절대적인 신의 존재를 믿는다면 우리가 세상에 태어난 것은 신의 뜻이 있었기 때문이라고 대답할 것이다. 당신은 신이 당신을 세상에 보낸 그 뜻을 이미 깨달았을 수도 있고, 그것을 깨닫기 위해서 지금도 열심히 구도求道의 삶을 살고 있을 수도 있다. 그러나 당신이 무신론자이거나 회의적인 사람이라면, 우리가 세상에 태어난 것은 연속된 우연의 결과에 불과하다고 생각할지도 모른다.

  그런데 우리가 신의 뜻에 따라 세상에 왔든, 그저 우연히 이 지구에 던져졌든, 일단 지구상에 존재하는 한 우리는 반드시 자신의 존재 이유를 알아야 한다. 이것은 논리의 문제가 아니라 윤리의 문제다. 내가 왜 하필이면 운 좋게 또는 재수 없이, 21세기 대한민국에서 살고 있는지에 대한 형이상학적 인과론因果論에는 관심이 없지만, 이 시기에 대한민국에 살고 있는 사람으로서 내가 어떻게 살아야 하는지에 대한 물음에는 어느 정도 관심이 있다. 나는 내 삶의 존재 이유에 대해 끊임없이 생각하며 끊임없이 나의 생각과 행동을 수정해 가면서 나의 삶이 의미 있는 삶이 되기를 희구한다.

축구에도 존재 의미, 즉 존재 이유가 있다

첫째로, 축구는 재미있기 때문에 존재 가치가 있다. 화투가 재미있고 골프가 재미있다고 하지만 내기를 하지 않으면 거의 지루하기만 한데, 축구는 열 명이 해도 재미있고 스물두 명이 해도 재미있고, 잔디밭에서 해도 재미있고 군대 연병장에서 해도 재미있고 바닷가에서 해도 재미있다. 내기를 하지 않아도 말이다.

축구가 제공하는 재미의 크기는 축구가 촉발시키는 다양한 경제 활동 규모에도 잘 드러나는데, 국제축구연맹FIFA과 국제올림픽위원회IOC의 예산 규모를 비교해 보면 축구가 얼마나 대단한 스포츠인지를 가늠할 수 있다. FIFA는 축구 한 종목만을 관장하는 기구인 데 반해 IOC는 28개 스포츠에 41개에 달하는 종목을 관장하고 있는데, FIFA의 예산이 IOC 예산의 거의 절반에 육박한다. 그리고 IOC는 올림픽에 참가하는 각국의 축구 대표팀이 좀 더 많은 일류급 선수들을 포함시키도록 지속적으로 FIFA에 올림픽 참가 규정의 개정을 요청하고 있다. 축구가 재미있기 때문이다.

둘째로, 축구는 사람을 건강하게 만들어 주기 때문에 존재 가치가

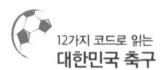

있다. 여기에서 말하는 건강이란, 단순한 육체적 튼튼함만을 말하는 것이 아니라 거기에다가 아주 세밀한 신경운동학적 정밀성이 가미된 튼튼하면서도 정교한 인간 신체의 완결성을 의미한다. 영어의 '건강health'이 '완전한whole'에서 파생된 단어임을 상기해 보자. 모든 스포츠 종목이 건강에 도움이 되지만 축구는 신체의 모든 부분을 골고루 사용하게 하는 소위 전신 운동으로, 식품으로 말하자면 완전식품과 같다. 수영을 비롯해 전신 운동을 표방하는 스포츠 종목은 많지만 그 내용을 자세히 들여다보면 그 종합성과 완결성에서 축구와 견줄 만한 종목은 하나도 없다.

축구는 발과 머리만 사용하는 것 같지만 스로인Throw in 상황에서 손과 팔의 전략적 가치는 엄청나게 크다. 특히, 축구에서 가장 중요한 요소인 발은 신체의 가장 주변부에 자리하고 있으면서 두뇌와 눈과의 협응을 이루어내야 하기 때문에 발로 공을 다룬다는 것은 스포츠 과업 중에서도 가장 고난이도에 속한다. 발이 공을 드리블하거나 킥을 하는 전문직에만 종사하는 것이 아니라 경기장 안에서 우리 몸을 끊임없이 이동시켜 주는 가장 기본적이고 가장 지속적인 단순 노무직도 함께 수행하면서 이와 같은 전문 과업을 성취한다는 것이 놀라울 따름이다. 인간이 할 수 있는 과업의 경계를 이렇게 극대화시켜 놓은 스포츠 종목은 아마 없을 것이다.

이런 과업이 모두 실시간의 제약 속에서 이루어져야 하기 때문에 끊김이 많은 야구나 비슷한 이름을 가진 미식축구와 크게 다르다. 움직이는 행성의 궤도에 우주선을 진입시키거나 행성 표면에 착륙시키는 것은 어려운 일이지만, 그것을 방해하는 수비(대)도 없을 뿐 아니라 컴퓨터를 활용하여 시간을 갖고 계산을 하면 수치적으로 모든 상황을 예측할 수도 있고, 또 사후적으로 원격조정을 통해서 궤도를 수정할 수 있으므로 축구만큼 어렵지는 않다.

그러나 축구에서는 수비수가 둘 이상 경계하고 있는 사이로 달려 들어가는 동료 공격수에게 상대 골키퍼와 수비 라인 사이에서 공을 받을 수 있게 20미터가 넘는 패스를 성공시켜야 하는 경우가 흔히 발생한다. 그것도, 패스를 수행하는 자신도 상대 수비수의 압박을 받으며 움직이는 상태에서, 눈앞에서 움직이고 있는 모든 선수들의 속도와 방향과 사용 가능한 공간과, 자신의 다리에서 불러올 수 있는 굵은 근육의 파워와 가는 근육의 미세조정fine tuning 능력에 대한 종합계산computing 이 몇십 분의 1초 이내에 이루어져서 지체없이 실행에 옮겨야 한다.

이처럼 축구를 통하여 인간은 인체 운동 능력의 잠재력을 꾸준히 향상시키고 있다. 이와 같은 공헌이 축구의 존재 이유 가운데 하나이다.

셋째로, 축구는 개인과 개인, 집단과 집단, 국가와 국가를 서로 만나게 하고 경쟁하는 가운데 상호작용의 마당을 열어 주기 때문에 가치가 있다. 그냥 단순한 상호작용이 아니라 몸을 사용하는 상호작용이라서 더 강력한 효과가 있다. 몸이 겪은 것은 머리로도 기억하고 몸으로도 기록하기 때문에 머리로만 이루어지는 상호작용보다 더 오래간다. 축구를 통해서 선수들의 우의나 우호가 반드시 증진되리라는 보장은 없지만, 적어도 서로 관계를 맺을 수 있게 된다는 점이 매우 중요하다.

축구는 격렬한 스포츠인 데다 승부를 가리기 때문에 경기 전과 경기 후 선수들의 심리나 정신 상태가 엄청난 편차를 보일 수 있다. 오죽

하면 축구를 전쟁에 비유하겠는가? (어떤 이는 축구를 전쟁에 비유하는 것을 거부하면서 축구는 전쟁보다 훨씬 더 심각하고 치명적이라는 주장을 제법 설득력 있게 설파하기도 한다.) 경기 자체의 성격이나 경기 흐름에 따라 시합 후 우호적인 태도로 경기장을 빠져나올 수도 있지만, 경기 전 좋았던 관계가 악화할 가능성도 배제할 수 없다. 이와 같이 선수 개개인의 그날그날의 심리적인 기제나 경기가 어떻게 진행되어 갔는지가 중요하다고 말할 수 있다.

하지만 이미 세계 축구의 흐름은 20세기 후반을 거쳐 21세기로 접어들면서 적어도 국가 간 A매치나 중요한 클럽 대항전의 경우, 격렬한 경기가 끝나는 순간 서로 살인적인 태클과 모욕적인 속이기 동작의 대상이었던 상대방, 좀 과장해서 말하자면 서로 죽이려고 달려들었던 상대방과 악수를 나누고 포옹을 하고 경기복을 교환하는 것이 표준 매너로 자리 잡게 되었다. 부족이나 국가 간 전쟁에서 승리자가 패배자를 임의로 처분하거나 처형하던 야만의 시대를 종식시키고 포로에 대한 처리를 엄격하게 규정하여 전쟁에 패한 군인이라도 그 인간성을 훼손해서는 안 된다고 규정한 것이 4차에 걸친 제네바 협정(1864, 1906, 1929, 1949)인데, 축구 경기 후 상대방 선수끼리 땀과 눈물과 콧물로 얼룩진 윗도리를 교환하고 소중한 표정을 지으며 입어 보거나 어깨에 걸치고 경기장을 벗어나는 모습이 국제 표준이 된 것은 스포츠에서의 제네바 협정이라고 할 수 있다. 냄새나고 더럽혀진 옷을 교환하는 것은 상대방에 대한 존중을 의미하며, 조금 전에 끝난 '전쟁'에 대해 확실하게 종전을 선포하는 것이고, 경기가 종료된 상황에서 다시 대등한 인간과 시민으로 돌아감을 의미한다. 국가 간 대항전에서 프랑스가 영국을 처음으로 이긴 1931년에 시작된 이 전통은 월드컵 무대에서는 1954년에 처음으로 등장하여, 현재는 완전히 국제 표준으로 보편화된 것처럼 보인다.

그럼에도 불구하고 아직 국가 간의 정서상 경기복을 교환하지 못하는 나라들도 있다. 영국과 아르헨티나가 그렇고, 미국과 멕시코가 그렇다. 영국과 아르헨티나의 국가 대항전 중에서 대중들이 기억하는 3대 사건 가운데 하나가 경기복 교환 사건이라고 한다(나머지 둘은 1986년 멕시코 월드컵의 마라도나의 '신의 손' 사건과 1998년 프랑스 월드컵의 베컴 퇴장 사건이다). 1966년 영국 월드컵에서 거친 경기 끝에 영국이 아르헨티나에 1대0으로 승리한 후, 경기 종료와 함께 한 영국 선수가 아르헨티나 선수와 윗도리를 바꾸려고 하는 순간에 감독인 알프 램지가 나서서 영국 선수의 옷을 낚아챈 사건이다. 램지 감독은 상대국 선수가 영국의 옷을 소유할 만한, 존경의 대상이 못 된다고 판단한 것이다. 경기복의 교환이 그렇게 간단한 사항이 아님을 말해 주는 대목이다.

대한민국의 2대 외교 난제는 항상 북한과 일본이다. 미국과 중국, 러시아도 끊임없이 중요한 외교적 현안을 생산해 내는 큰 국가들이지만, 북한과 일본만큼 어려운 문제를 야기하지는 않는다. 그럼에도 불구하고 대한민국 축구 국가대표팀은 북한이나 일본 선수들과 눈물과 콧물과 땀에 전 윗도리를 '이미' 교환하였다. 이 같은 사실은 우리가 이 둘과 공존하며 공생할 수 있는 정서적 영토를 이미 확보했다는 것을 암시해 준다. 특히 21세기의 대한민국은 북한과의 공존이나 통일을 향한 협력에 큰 어려움을 겪고 있어 남북이 맨정신으로 함께 공동 작업을 수행하기 매우 어려운 과정을 통과하고 있다.

그런 점에서 축구는 선수들의 몸을 통해서 남북의 마음을 움직일

수 있는 중요한 영역이라고 믿는다. 축구 자체는 결코 아무것도 해결할 수 없지만 사람들을 모이게 하고 땀흘리게 하고 흘린 땀을 나눠 가짐으로써 서로의 몸에 기억을 심어 주어 작은 물줄기를 흘려 놓을 수 있다. 이 물줄기가 강이 되고 바다로 흘러갈 것이다. 이것이 한국 축구의 존재 이유 중 하나다.

필자는 축구가 갖는 이러한 특징들을 축구의 오락성, 축구의 건강성, 그리고 축구의 사회성이라고 부르고자 한다. 축구의 이러한 특징들은 축구가 행해지는 지역과 국가가 어디이든 크게 달라지지 않는 보편적인 특징들이다. 축구는 이러한 보편적 특징들 말고도 각각의 국가가 지닌 문화 전통과 역사에 따라 축구를 둘러싼 특이한 문화를 창출해 오고 있다. 이러한 각 문화 고유의 전통을 간직한 축구의 모습은 홍대선·손영래가 공동 저술한 『축구는 문화다』에 재미있게 설명되어 있다. 중요한 점은, 각 대륙이나 각 나라가 처한 현실에 따라 축구 고유의 특징을 유지한 채 나름대로의 색깔을 유지하고 있다는 것이다. 브라질 축구는 브라질의 삼바춤을 연상시키고, 독일 축구는 게르만인 특유의 성실하고 방법론적인, 절제된 스타일을 보여준다.

'판타지'에서 '악몽'으로 변한 브라질 월드컵

2014년에 열린 브라질 월드컵은 독일의 인상적인 우승, 스페인의 무기력한 몰락, 그리고 브라질의 처참한 치욕으로 요약할 수 있다. 거기에 한 가지를 덧붙인다면, 대한민국 대표팀이 거둔 승점 1점의 실망스러운 전적과 그것보다 한층 더 실망스러운 경기 내용을 말할 수 있다.

이제 축구 역사상 가장 화려한 판타지로 기획되었던 브라질 월드컵이 어떻게 악몽이 되었는지 한번 되돌아보자. 브라질 월드컵은 현대 축구가 그 정당성을 인정받기 위해서는 경기장 안과 밖에서 모두 노력해야 한다는 것을 잘 보여준다.

국제축구연맹이 2007년에 제20회 월드컵 축구대회(2014년) 개최국을 브라질로 확정했을 때, 이 결정은 축구라는 스포츠에서 하나의 판타지를 의미했다. 발표 당시까지 개최된 열여덟 번의 월드컵 축구대회 본선에 열여덟 번 모두 진출한 유일한 국가이고, 그 가운데 최다 5회나 우승하였으며, 참가하는 모든 월드컵대회의 영원한 우승 후보이고, 국민들이 자신의 국가를 '축구의 나라o País do Futebol'라고 부르는 곳이 브라질이다. 이런 나라에서 FIFA 월드컵을 개최하는 것은 얼마나 자연스럽고 완벽하고 멋진 일이겠는가? 아마 전 세계 사람들은 브라질의 모든 국민은 축구를 무조건적으로 사랑하고, 자국에서 월드컵대회가 개최되는 것을 무조건적으로 지지할 것으로 생각하고 있었을 것이다. 한마디로 브라질의 월드컵 개최는 전 세계적으로 자연스러운 일, '당연한' 일로 받아들여졌다.

그런데 2013년 6월에 브라질에서 '당황스러운' 사태가 벌어졌다. 6월 6일 상파울루에서 버스 요금 인상에 항의하는 시위가 일어났다. 상파울루에서 시작된 이 시위는 리우데자네이루와 수도인 브라질리아를 비롯한 브라질의 주요 도시와 중소 도시 100곳 이상으로 번졌고, 6월 한 달 동안 200만 명에 달하는 시민들이 거리로 몰려 나와서 시위에 가담하였다. 몇몇 시위는 폭동으로 발전하기도 했다. 수도 브라

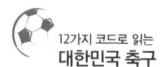

질리아에서는 성난 군중들이 의사당을 몇 시간 동안 점거하는 사태까지 벌어지고, 호세프Dilma Rousseff 대통령은 사태 수습을 위해 6월 말로 예정되어 있던 일본 방문을 취소하기에 이르렀다. 교통 요금 인상에 대한 항의로 시작된 시위는 점차 정부의 부패, 월드컵과 올림픽(2016년 브라질 개최 예정) 준비에 쏟아 붓는 수십억 달러에 달하는 과도한 재정 투입, 상대적으로 낙후된 교육시설과 의료 서비스에 대한 불만 등으로 그 이슈가 점차 확대되었다.

이러한 일련의 시위가 특별히 당황스러웠던 것은 때마침 브라질에서 6월 15일부터 30일까지 열린 대륙간컵축구대회Confederations Cup 2013 때문이었다. 대륙간컵축구대회는 월드컵 본선 대회가 열리기 1년 전에 월드컵 개최국에서 대회 예행연습의 성격으로 열리는 '작은 월드컵' 대회이다. 위에서 언급한 브라질의 시위대는 이 대륙간컵대회 개막식부터 결승전까지 개최국 당사자는 물론, FIFA 관계자와 8개 참가팀들을 불안하고 불편하게 만들었다. 개막식 연설에 나선 자국의 대통령과 FIFA 회장이 연설을 하는 동안 야유가 계속되었고, 경기장 밖에서는 플래카드를 든 시위대의 시위가 계속되었다. 공식적으로 발표되지는 않았지만, 월드컵대회 개최지 변경 가능성에 대한 논의가 일부 언론에 노출되기도 했다.

결국 대회 자체는 큰 사고 없이 브라질의 우승으로 마칠 수 있었지만, 축제 분위기 속에서 예행연습을 하고 싶었던 개최국과 FIFA는 무척 당황할 수밖에 없었다. 브라질 시위대의 입장은 (축구를 반대하거나 월드컵 개최 자체를 반대하는 것은 아니지만) 국가의 재정을 월드컵과 올림픽 준비에 과도하게 쏟아 부으면서, 국가의 교육과 의료와 교통 편의 같은 서비스를 열악하게 제공하는 것은 용납할 수 없다는 것이다. 즉, 축구를 사랑하되 '무조건적으로' 사랑하는 것은 아니라는 것이다.

브라질에서 벌어진 2013년 6월의 시위·소요 사태는 스포츠가 그 사회에서 갖는 위상이나 정당성에 대해 매우 중요한 시사점을 준다. 브라질과 같이 거의 맹목적으로 축구를 애호하(는 것처럼 보이)는 국가에서조차 축구나 축구대회가 국민들의 실제적인 생활에 부정적으로 작용한다면 축구를 애호하는 정서는 유동적으로 변할 수 있다는 것이다. 커다란 바위에 작은 구멍이 난다고 해서 그 바위가 곧 부서지는 것은 아니지만, 바위가 부서지고 난 다음에 원인을 살펴보면 처음에 구멍이 나거나 금이 간 것이 원인이었음을 알게 되듯이, 작은 문제에서 큰 문제의 씨앗을 발견하고 적절히 대처하는 것이 필요하다. 이러한 문제는 브라질에만 국한되는 예외적인 이야기가 아니다.

2013년 12월, 서울의 모 대학교 교정에서는 이 대학의 체조부·육상부·유도부를 해체하려는 대학 당국의 방침에 항의하는 해당 운동부 선수들의 피켓 시위가 있었다. 이 대학의 체조부는 1965년에 창단하여 50년 가까운 역사를 가지고 있으며 그동안 우수한 성적을 거둬 왔다. 그런데 대학 당국이 최근 불어닥친 대학의 재정난을 이유로 이 세 운동부를 해체한다는 방침을 세웠다가 운동부 학생들과 동문, 교내외 많은 사람들의 반발을 사게 된 것이다.

결국 학교는 해당 운동부를 그대로 유지하는 대신 특기자 장학금 같은 여러 가지 혜택을 축소하는 선에서 사태를 마무리지었다. 그동안 대학 당국은 운동부들을 운영하며 꽤 많은 예산을 사용했겠지만 그러한 비용은 운동부가 학교의 명예를 높인다거나 또는 국가의 스포츠

발전에 기여한다는 명분에 의해 충분히 보상받는다고 생각했을 것이다. 그러다가 최근 들어 대학의 경영 환경이 많이 변화하면서 폐지를 고려하기에 이른 것으로 보인다.

이 대학에서 일부 운동부를 해체하는 것이 합리적인지, 아니면 존속시키는 것이 합리적인지를 결정하는 것은 매우 '애매한'일일 것이다. 의사결정권을 가진 사람들이 어떤 가치관을 갖고 어떤 판단 틀frame을 동원하느냐에 따라 상반된 결론을 도출할 수 있는 사안이기 때문이다. 관건은 투여되는 재정적 자본financial capital과 생산되는 상징적 자본/권력symbolic capital/power, Bourdieu 사이에서 어떤 대차대조표를 얻을 수 있느냐에 대한 판단이 될 것이다.

이러한 애매한 상황에서는 물리적 상황 자체가 어떤 쪽의 자본이 더 큰가를 알려주지 못한다. 오히려 그 상황에 개입하고 있는 사람들이 어떻게 자신들의 논리를 더 설득력 있게 텍스트화하는가가 중요하다. 물론 이 상충되는 텍스트 사이의 논쟁은 단판승으로 끝나는 것이 아니라 지속적으로 펼쳐지는 갈등과 협상과 절충에 의하여 결과가 도출된다.

비슷한 상황으로, 우리는 지난 2013년 레슬링 종목이 2020년 올림픽대회부터 정식 종목에서 제외되기로 하였다가 다시 '추가additional' 종목으로 겨우 올림픽에 잔류할 가능성을 부여받은 드라마를 목격하였다.

레슬링이 어떤 종목인가? 레슬링은 기원전 8세기 고대 올림픽 때부터 정식 종목이었으며, 1896년 근대 올림픽이 재개되었을 때 고대 올림픽과의 연속성을 상징적으로 보여주는 핵심 종목이었다. 또한

2004년에 이르러서는 여자 종목까지 도입되었던 '당연한' 올림픽 종목이었다. 그럼에도 불구하고 IOC는 2013년 2월 회의에서 레슬링 종목을 2020년 도쿄 올림픽부터 제외하기로 투표를 통해 결정했던 것이다.

이와 같이 결정하게 된 이유는, 하계올림픽 대회 규모가 너무 비대해져서 지금과 같은 수준의 운동 종목 수와 운동선수 수를 감당해 낼 수 없는 데다, 레슬링이 충분히 많은 나라에서 충분히 많은 사람들이 경기를 하고 있는 종목이 아니기 때문에 올림픽 정식 종목으로서 자격이 미달한다는 것이었다. 국제레슬링연맹FILA은 '당연히' 크게 반발하였고, 우여곡절 끝에 IOC는 같은 해 8월 총회에서 이 결정을 번복해 잠정적으로 레슬링의 올림픽 퇴출을 유보하였다.

참고로, 현재 태권도 종목은 레슬링보다는 한 단계 위의 위상을 유지하고 있지만 아주 안정적인, 다시 말해서 아주 '당연한' 올림픽 종목으로 인정받지는 못하고 있다.

이러한 일련의 사태는 하나의 가치가 영원불변한 것이 아니고 끊임없이 주변 요인들과의 상호작용 속에서 변해 간다는 것을 보여준다. 다시 말해서 '당연하게' 받아들여지던 것들이 어느 순간에 '애매하게' 평가되다가 마지막에 '당황스러운', 또는 입장에 따라서는 '황당한' 사태를 맞이할 수도 있다는 것이다.

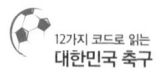

축구의 위상은 특별한 데가 있다

올림픽에서 축구 종목의 위상은 좀 특별한 데가 있다. 대부분의 스포츠 종목이 올림픽대회와 선수권대회(혹은 월드컵대회)를 치르는데, 축구를 제외한 모든 종목은 올림픽 우승을 선수권대회 우승보다 더 중요하게 여기는 데 비해, 축구의 경우는 선수권대회라고 할 수 있는 월드컵대회가 올림픽대회와는 비교가 안 될 정도로 큰 비중을 차지하고 있다. 심지어는 올림픽대회를 약간 무시하는 정책을 펴고 있기까지 하다. 그 결과, 올림픽대회의 축구 경기력이 월드컵대회에 크게 뒤처지지 않도록 하기 위해서 IOC는 FIFA에 프로팀의 우수 선수들이 많이 참가하기를 적극적으로 요청하는 상황이다.

그런 점에서 축구 종목은 그 정당성을 이미 굳게 확보했다고 볼 수 있다. 그러나 이 정도의 높은 정당성마저 끊임없는 노력의 결과라는 사실을 간과해서는 안 될 것이다.

이제 국제축구연맹의 역사와 유럽축구연맹의 상황을 살펴봄으로써 축구가 어떻게 그 존재의 정당성을 위하여 노력해 왔는지를 살펴본 다음, 한국의 상황을 살펴보기로 하자.

국제축구연맹의 역사

국제축구연맹의 1년 수입은 2009년부터 2012년까지 4년 동안 평균 11억 5천만 달러에 이른다. 이것은 같은 기간 국제올림픽위원회의 평균 수입 20억 1천만 달러의 50%를 웃도는 것으로, 단일 종목으로서 그 위상이 어느 정도인지를 보여준다. 재정상의 풍요가 해당 스포츠 종목의 정당성과 직접적인 상관관계가 있는 것은 아니지만 간접적인 하나의 지표가 된다고 할 수 있다.

그런데 흥미로운 사실은 FIFA의 최고 현안이 연맹의 개혁이라는 것이다. 축구 정도로 '잘 나가는' 스포츠 종목도 자신의 정당성에 대해서 끊임없이 신경 쓰고 있다는 것을 알 수 있다. 이러한 개혁의 움직임은 사실 국제축구연맹의 역사에서도 목격할 수 있다. 다만 최근에 이르러서는, 적어도 외형상으로는, 개혁 없이는 축구 같은 인기 스포츠마저도 세상의 외면을 받을 수 있다는 공감대가 형성된 것으로 보인다.

FIFA는 1904년에 창설되었는데 이때 채택한 연맹의 상징은 지구본 위에 남북미 대륙이 빠진, 아프리카·유라시아 대륙과 호주 대륙 정도를 표시한 원형의 엠블럼이었다. 이 엠블럼은 FIFA라는 글귀마저 없는 밋밋한 것이었는데 1924년에 가서야 FIFA의 프랑스어 어원인 Federation Internationale de Football Association이 원형 지구본 주위에 표시되었다.

그런데 1928년이 되면 다시 이 글귀를 빼고 대신에 남미와 북미 대륙을 표시한 원형의 지구본을 추가하여 모든 대륙을 다 표시하게 되고, 한참 후인 1978년에는 지구본의 자오선 대신에 5각형과 6각형의 축구공 표면 무늬를 넣고 약자인 FIFA를 간략하게 배치하게 된다.

FIFA의 엠블럼만을 놓고 보았을 때, 1996년에 'For the Good of the Game'이라는 모토가 들어갈 때까지 축구는 아무런 대외적 메시지를 표방하지 않았음을 알 수 있다. '축구 그 자체(의 아름다움)을/를 위해서' 정도로 의역할 수 있는 이 모토는 FIFA 전임 회장 조셉 블래터가 사무총장이던 시절에 제안하여 채택된 것으로, 그 의미를 굳이 해석하

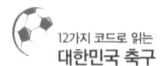

1996년 '축구 심미주의'를 표방한 FIFA 엠블럼(위)과 2007년 축구의 사회적 책임을 강조한 새 엠블럼(아래). '축구를 위한 축구이면서, 동시에 세계를 위한 축구'를 표방하고 있다.

자면 '축구 심미주의'라고 할 수 있을 것이다.

    1998년에 제8대 FIFA 회장에 당선된 블래터는 축구가 이제 변화된 이 세계에서 어떤 사회적 책임을 다해야 하는지를 직시하고, 만시지탄의 감은 있지만 2007년에 새로운 모토와 함께 엠블럼을 교체하였다. 이것은 FIFA가 세계 경제의 중요한 한 주체로서 '기업의 사회적 책임 corporate mission' 차원에서 자신의 위상을 재정립한 매우 중요한 사건이다. 1996년의 모토였던 'For the Good of the Game'이 이제는 'For the Game, For the World'로 바뀐 것이다. 이것을 의역하자면 '축구를 위한 축구이면서, 동시에 세계를 위한 축구'가 될 것이다. 즉, '축구 심미주의'에서 '축구 심미-책임주의'로 변화했다고 할 수 있다.

물론 이와 같은 새로운 모토는 현실적이거나 구체적인 발전이라고 하기보다는 오히려 선언적 의미가 더 큰 것이 사실이다. 그럼에도 불구하고 축구가 축구로서 끝나는 것이 아니라 축구를 통해서 세상을 보다 더 살기 좋은 곳으로 만들 수 있다는 생각, 아니 그렇게 만들어야 한다는 생각은 매우 소중한 것이라고 평가할 수 있다. 축구의 위상을 한두 단계 격상시킨 것이라고 볼 수 있다.

FIFA는 이 모토를 세 가지의 좀 더 구체적인 표현으로 설명하고 있다. 그것은 'Develop the game(축구 경기를 발전시키자)', 'Touch the world(세계의 문제에 참여하자)', 그리고 'Build a better future(더 나은 미래를 건설하자)'이다. 실제로 FIFA의 예산 집행 내역을 보면, 경제적 후진국에 대해 축구의 보급이나 지도, 그리고 사회·문화적 인프라 건설과 관련하여 지출한 금액이 2007년과 2010년 사이에 전체 지출의 22%를 차지하고 있음을 알 수 있다.

세계의 모든 축구 애호가들이 2014년 브라질 월드컵에서 누가 우승할 것인지 논쟁하고 있을 때, 한국의 축구팬들이 한국의 16강 진출을 염원하고 있을 때, FIFA와 브라질 월드컵 조직위원회에서는 적어도 외견상으로는 좀 더 숭고한 이념의 실현을 위해 애쓰고 있었던 것이다. 브라질 월드컵의 공식 모토는 축구 경기와 직접적으로 관련된 'All in One Rhythm(모두가 한마음으로)'이지만, 기업의 사회적 책임의 성격을 띤 또 하나의 슬로건은 'Sustainability(지속가능성)'이다.

앞에서 말한 브라질의 시위 사태가 보여주듯이 브라질은 엄청난 재정 부담을 감수하면서 월드컵을 개최하고 있기 때문에 FIFA나 조직위

원회는 이 대회가 그럴 만한 가치가 있다는 것을 국민들과 전 세계인에게 납득시켜야 할 의무를 가지고 있었다. 브라질이라는 국가가 특히 맞닥뜨리고 있는 문제는 사회·경제적으로는 빈부격차, 환경적으로는 아마존 열대우림의 파괴이다. 이런 기본적인 국가적 문제들은 월드컵을 잘못 치르게 되면 더욱 악화할 수 있고, 잘만 운영하게 되면 문제를 해결하는 실마리를 찾을 수도 있다.

월드컵 개최에서 가장 중요한 과제는 경기장 건설이다. 브라질의 경우, 12개 도시에서 경기를 치르게 되어 있었는데 국토가 남미 대륙 절반에 가까울 정도로 광활하기 때문에 경기장에 이르는 교통과 통신 시설의 설치와 운영도 매우 어려운 과업이다. 이 문제에 대한 해답을 제시하는 차원에서 만들어진 개념이 '지속가능성'이고, 이 개념을 구체화하는 네 가지 실천 개념이 'Capacity Development(경제 잠재능력 개발)', 'Climate Change(기후변화)', 'Anti-discrimination and Fairplay(차별금지와 페어플레이)', 'Community Support(지역공동체 지원)'이다. 앞의 두 가지는 브라질의 특수 상황을 고려한 것이고, 뒤의 두 가지는 세계 어디에서나 적용되는 보편적 가치를 염두에 둔 것으로 보인다. 물론 이러한 개념이 충실하게 실현될 수도 있고 그렇지 않을 수도 있지만, 여기서는 이념의 천명 그 자체의 의의에 대해서만 논하기로 하자.

FIFA와 브라질 월드컵 조직위원회가 이와 같이 축구 외적인 이념과 개념의 추구에 공을 들이는 이유는 축구가 이미 축구 선수, 축구인, 축구팬들만의 전유물이 아니라 사회의 보편적 문화 현상 중 하나가 되었기 때문이다. 따라서 그러한 문화 활동에 종사하는 사람들은 자신이 관계된 사회나 국가에 응분의 책임과 의무를 다해야 한다. FIFA 예산에 반영된 금액만 보더라도 브라질 월드컵이 중계료와 기업후원금으로 벌어들이는 금액이 1조 원을 훨씬 웃돌고 월드컵 개최 비용으로 나가는 금액이 6천억 원에 육박한다는 사실을 고려한다면 축구가 이 세계를 향해 감당해야 하는 책임과 의무는 결코 작다고 할 수 없다.

브라질 월드컵과 그 이전의 월드컵 및 모든 FIFA 주최 대회에서 가장 강력하게 추진하고 있고, 일정한 성공을 거두고 있는 것으로 평가되는 것이 있다면 '차별금지' 정책일 것이다. 이것은 '인종차별 금지'를 핵심으로 하는 개념으로, 특히 선수나 응원단이 경기장 내에서 벌이는 이러한 행위는 매우 엄격하게 처벌하는 관행이 확립돼 나가고 있다.

가장 좋은 보기가 2013년 1월 이탈리아에서 벌어진 보아텡Kevin-Prince Boateng 선수 사건이다. 이탈리아 세리에-A 소속의 AC 밀란과 4부 리그 소속의 프로-파트리아Pro Patria 팀의 친선경기에서 일어났던 일이다. 밀란의 보아텡 선수가 상대편 코너 부근에서 공을 다루고 있을 때 근처 관중석에서 가나 출신 보아텡 선수에게 인종차별적 노래를 불렀다. 그러자 보아텡 선수는 지체 없이 공을 손으로 집어 들고 야유를 보내던 관중석 쪽을 향해 차버린 후 경기를 포기하고 운동장을 떠나 버렸다. 순간적으로 양쪽 선수들과 심판은 혼란에 빠졌으나 곧 사태의 진상을 파악한 밀란 선수들이 보아텡의 행동을 지지하면서 전원이 경기를 포기하고 운동장을 떠났다.

전통적으로 축구에서는 선수가 분노를 표시하면서 관중석으로 공을 차는 행위나 경기장을 임의로 떠나는 것은 결코 있을 수 없는 행위이다. 이런 행위는 곧바로 징계로 이어질 뿐만 아니라 단체 행동으로

이어질 경우 몰수패를 당하게 된다. 그런데도 이런 행위가 용인되었을 뿐만 아니라 용감한 선택으로 칭찬과 응원을 받은 것은 축구계에서 인종차별을 어느 정도의 해악으로 간주하고 있는지를 여실히 보여주는 일화라고 할 수 있다.

이 밖에도 2013년 3월 그리스의 한 프로축구 경기에서, 시합이 끝난 후 결승골을 넣은 AEK Athens의 카티디스Katidis 선수(20세)가 관중석을 향해 나치식 경례를 했다는 이유로 영구적으로 국가대표 자격을 박탈당하는 사건이 발생했다. 카티디스는 그리스가 준우승을 차지한 2012년 UEFA U-19 대표팀의 주장 출신으로 장래가 촉망되는 선수였으나 이 사건으로 인해 엄청난 곤경에 빠지게 되었다. 카티디스는 자기가 했던 몸동작이 나치식 경례라는 것을 몰랐다고 변명했고, 그 팀의 감독까지도 이 선수를 위한 변명에 합류했으나 그리스 축구협회는 받아들이지 않았다.

이와 비슷한 사건이 같은 해 11월 크로아티아에서 또다시 발생했다. 브라질 월드컵 본선 진출을 위해 크로아티아와 아이슬란드가 플레이오프전을 벌였을 때다. 크로아티아가 이 마지막 경기를 2:0으로 이김으로써 월드컵 본선 진출이 확정되는 순간, 크로아티아의 시무니치Simunic 선수(36세)가 마이크를 들고 홈 관중을 향해서 나치식 세리머니를 펼친 것이다. 이 행동에 대해서 FIFA는 국제대회 10경기 출장정지를 결정, 이 선수는 브라질 월드컵 본선에 출전할 수 없게 되었을 뿐 아니라 경기장에 입장조차 할 수 없게 되었다.

FIFA는 비대해진 조직과 비대해진 사업 규모, 그리고 회장의 장기 집권에 따른 계속되는 스캔들 발생 같은 구조적인 문제가 있지만, 이처럼 나름대로 세계에 대해서 자신의 정당성을 주장하기 위해서 노력하고 있다. 인종차별에 대한 축구계의 강력한 대응은 축구계가 세계의 문화를 선도해 나간다는 명분을 얻을 수 있게 해주는 매우 중요한 선택이라고 판단된다. 사회를 위해서 무엇인가 공헌을 하고 좋은 명분을 쌓아 감으로써 축구는 그 존재의 정당성을 확보하게 되는 것이다. 물론 이러한 일은 끊임없이 이어지는 과정이 되어야 할 것이다.

유럽 축구의 현주소

2013년 현재 FIFA 산하에는 국가별 축구협회National Football Association: NFA가 209개 있고, FIFA와 이 축구협회의 중간 단계에 각 대륙마다 한 개씩 모두 여섯 개의 축구연맹confederation이 있다. 아시아축구연맹AFC과 유럽축구연맹UEFA이 그런 단체들이다. 이 가운데 관중 동원 능력이나 재정 능력이 가장 뛰어난 연맹은 단연 유럽축구연맹이다.

유럽축구연맹에는 국가별 팀이 54개 소속되어 있는데, 매년 챔피언스 리그UEFA Champions League를 개최하여 클럽 팀의 최강자를 가리고, 4년마다 선수권대회UEFA EURO 20xx를 개최하여 국가 팀의 최강자를 가린다. 이 대회는 FIFA의 월드컵대회를 능가한다는 평을 받을 정도로 경기 수준이 매우 높다. 이와 같이 유럽 축구는 클럽별 대항전과 국가별 대항전이 조화롭게 운영되고 있다.

유럽 축구의 최근 발전상은, 유럽연합EU 전체가 극심한 경기침체를 겪고 있는 상황에서 유럽 축구시장이 연평균 8%의 성장을 이루어 21세기의 10년 동안 연간 재정 규모를 80억 유로에서 160억 유로 규모로 확장시킨 것을 보아도 충분히 짐작할 수 있다. 현재 유럽 축구 시장을 주도하고 있는 국가는 영국(EPL), 독일(분데스리가), 스페인(프리메라리가), 이탈리아(세리에 A), 프랑스(리그 1)로, 이들이 세계 5대 축구시장을 형성하고 있다.

세계적인 컨설팅 회사 딜로이트Deloitte는 1996/97 시즌부터 해마다 전 세계 축구클럽의 재정 수입을 발표하고 있는데 2013/14 시즌의 경우, 상위 20위 클럽팀이 모두 유럽 리그 소속이다. 2012/13 시즌 평균 8% 성장에 이어 14%의 가파른 성장을 기록하며 총 62억 유로의 수입을 올렸다. 발표된 30위까지의 클럽팀에는 비유럽 국가가 하나도 포함되지 않았다(바로 직전 시즌에는 브라질의 코린티안스가 24위를 차지했다). 지난 시즌에 이어 레알 마드리드가 1위를 차지하여 5억 5천만 유로, 계속 5위를 지킨 파리 생제르망은 4억 7천만 유로, 10위 유벤투스가 2억 8천만 유로, 20위 에버튼이 1억 4천만 유로를 기록하였다. 상위 20위 중 단연 눈에 띄는 팀은 터키의 갈라타사리(18위)로, 3시즌 연속 세계 20위 이내의 매출액을 기록하였다.

이들 클럽의 수입은 크게 상업적 스폰서 계약 수입, 중계료 수입, 입장료 수입으로 구성되는데, 시즌을 통틀어서 상위 20개 팀의 경기장을 찾는 입장객 수도 경기당 7만 명 이상인 팀이 5개, 6만 명 이상인 팀이 2개, 4만~5만 명인 팀이 6개, 3만~4만 명인 팀이 7개에 이른다. 유럽 전체에서 경기당 평균 입장객이 가장 많은 리그는 독일의 분데스리가의 4만 3천 명으로, 이 리그의 보루시아 도르트문트는 지난 시즌에 이어 7만 9856명으로 1위를 차지하였다. 스폰서 계약이나 중계 방송 계약도 실제 경기장을 찾는 관중 수에 영향을 받는다는 점에서 이와 같은 적극적인 축구 서포터스 문화는 유럽 축구의 결정적인 장점 중 하나이다.

위와 같은 유럽 축구에 관한 이야기는 언뜻 보기에 유럽 축구가 아무런 문제 없이 매우 이상적으로 실현되고 있다는 인상을 줄 수도 있다. 다시 말해서, 축구가 자신의 존재 가치를 스스로 설명하고 '정당성'을 안정적으로 확보한 것처럼 보일 수 있다.

그러나 이러한 판단은 매우 피상적인 것이다. 유럽 각국의 클럽 축구는 기본적으로 다층적인 리그로 구성되어 있고, 이 리그들은 인접한 상하급 리그와 '승격promotion'과 '강등relegation'의 관계로 상호 연결되어 있다. 이러한 시스템은 유럽 축구의 공통된 특징인데, 많은 팀들이 상시적으로 강등의 위험과 위협에 노출되어 있어 우수한 선수들을 확보하기 위하여 팀의 재정적 능력을 뛰어넘는 무리한 투자를 할 유혹에 빠지기 쉽다.

상위팀은 그들 나름대로 상위권을 유지하여 챔피언스 리그나 유로파 리그에 진출함으로써 많은 중계료와 스폰서 수입, 그리고 입장 수입을 확보하고 싶어 한다. 이러한 사정으로 인해 스타급 선수 영입에 무리한 금액의 돈을 투자하고, 서포터스들에게 비싼 연간회원권을 파는 악순환의 고리에 빠지기 쉽다. 서포터스의 입장에서 보면 자신이 지지하는 팀이 좋은 성적을 거두면 좋겠지만, 자신의 경제적 능력을 훌쩍 뛰어넘는 비용을 지불하면서까지 경기장에 가야 한다면 문제는 달라진다. 원래 서민과 노동자의 스포츠인 축구가 이런 방식으로 지역공동체와 멀어진다면 축구는 자신의 뿌리를 스스로 뽑아 버리는 위험한 상황에 처할 수밖에 없다.

그런 의미에서, 현재 유럽 클럽 축구가 절충하기 어렵지만 꼭 절충해야만 하는 두 가지 목표는 축구의 상업화/상품화commercialization/

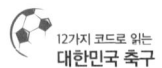

commodification와 공동체 연대community solidarity이다.

우리는 모두 메시Lionel Messi의 플레이에 감탄하고 고마워하지만, 그가 광고 계약 등으로 벌어들이는 돈 외에 구단으로부터 받는 봉급만 1주일에 4억 원이 넘는다는 사실을 알게 되면 씁쓸함을 금할 수 없다. 이것은 동양과 서양의 차이를 뛰어넘는 인지상정이다.

이런 일이 가능하기 위해서는 바르셀로나의 입장권이 비싸질 수밖에 없다. 레알 마드리드와의 엘클라시코 경기나 챔피언스 리그 경기는 차치하고라도 가장 인기가 낮은 프리메라리가 내의 D급 경기의 가장 싼 입장권도 3만 원가량이다. 두 번째로 비싼 리그 경기의 가장 비싼 좌석은 37만 원, 가장 싼 좌석은 13만 원 정도다. 현재 스페인이 극심한 경기불황에 허덕이고 있고 국민 1인당 GDP가 대한민국과 비슷한 3만 달러라는 것을 생각하면 이 '아름다운 경기a beautiful game'가 바르셀로나 공동체에 얼마나 큰 비용을 요구하고 있는지 알 수 있을 것이다. 2015년 현재 FC 서울의 입장권이 성인 기준으로 가장 비싼 좌석이 3만 5천 원, 가장 싼 좌석이 1만 4천 원인 것을 고려하면 스페인의 사정을 이해하는 데 도움이 될 것이다.

이런 점에서 현재 스페인의 두 대표적 클럽인 바르셀로나와 레알 마드리드는 이상적이고 '당연한' 클럽이라기보다는 좀 '애매한' 클럽에 가깝다고 볼 수 있다. 어떤 경로를 통해서든 지속가능한 발전을 위해서는 이러한 애매성을 줄여 가는 방향으로 나아가야 할 것이다.

클럽의 상업적 성공과 지역 공동체와의 연대를 가장 잘 조화시킨 국가가 독일이다. 현재 독일은 브라질 월드컵의 성적을 발판으로 FIFA의 국가별 순위에서 1위를 차지하고 있고, 바이에른 뮌헨은 2012/13

시즌의 챔피언스 리그 우승팀으로 2013/14 시즌에서 레알 마드리드와 맨체스터 유나이티드의 뒤를 잇는 재정수입 3위를 기록했으며, 보루시아 도르트문트는 연중 평균 입장객 1위를 기록하고 있다. 더구나 독일은 월드컵대회와 유로대회에서 꾸준히 좋은 성적을 기록하고 있다. 유럽의 경제 우등생일 뿐 아니라 세계적인 축구 우등생이라고 할 수 있다.

축구의 정당성을 추구하는 관점에서 특히 경이로운 것은, 독일의 클럽 축구가 경기 수준과 상업적 성공에서뿐만 아니라 축구팬이나 지역 공동체와의 관계에서 가장 바람직한 모습을 보여주고 있다는 것이다. 축구학자 메르켈Merkel의 설명은 독일의 장점을 잘 말해주고 있다. 즉, 독일의 분데스리가는 비교적 입장권 가격도 싸고(2만 2천 원부터 10만 2천 원 사이) 경기장 시설도 훌륭하며 축구팬들과의 관계도 유기적이고 원만한데, 이것은 클럽 측의 일방적인 '배려'로 이루어진 결과가 아니라 팬들이 오랫동안 '투쟁'해서 쟁취한 결과라는 것이다. 어쨌든 독일의 프로축구는 그 존재의 정당성을 시민들로부터 인정받았다고 할 수 있다.

자기 존재의 정당성을 확보하기 위한 노력은 UEFA 차원에서도 이루어지고 있다. 유럽의 스타플레이어 출신이면서 현재 유럽축구연맹 회장을 맡고 있는 플라티니Michel Platini는 2009년 덴마크 총회에서 다음과 같은 11개 항목의 핵심 가치를 제안하여 통과시켰다.

외견상 부러울 게 없을 것 같은 화려한 UEFA에서 비교적 최근이라고 할 수 있는 2009년에 이러한 핵심 가치를 새삼스럽게 천명한 것은 그만큼 유럽 축구에도 문제점이 많다는 것을 의미한다. 따라서 이러한 문제들을 해결하기 위해 모든 국가와 축구 클럽에 공통적으로 적

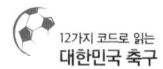

> **열한 가지 핵심 가치**
>
> 1. 축구 우선 정책 : 축구는 상품이기 이전에 게임이고, 시장이기 이전에 스포츠이며, 사업이기 이전에 구경거리show이다.
> 2. 피라미드 구조와 위계성 : FIFA와 UEFA와 각국의 FA가 서로 협력하며 위계 질서와 자율성을 존중한다.
> 3. 일체감과 지도력 : 축구팬이 중요하다.
> 4. 건실한 지배체제governance와 자율성 : 개방성·민주성·투명성·책임감을 강조한다.
> 5. 풀뿌리 축구와 유대감 : 프로클럽의 축구는 전체 축구의 장에서는 빙산의 일각으로, 그것을 떠받치는 저변의 축구가 중요하다.
> 6. 유소년 선수의 보호와 교육 : 17세 이하 선수들은 어린이나 청소년으로서 보호해야 한다.
> 7. 스포츠의 고결성을 훼손시키지 않으면서 내기betting에 참여한다.
> 8. 재정적 페어플레이를 지키며 정상적으로 경쟁한다.
> 9. 국가대표팀과 클럽팀의 조화를 추구한다.
> 10. 존경심 : 인종차별, 폭력, 약물남용에 대해 불관용 원칙을 견지한다.
> 11. 유럽식 스포츠 모델과 축구의 특수성 : 승격/강등의 시스템, 유대감 원리, 모든 사람을 위한 공개 경쟁 기회 제공을 추구한다.

용되는 비교적 구체적인 가이드라인을 제시한 것으로 해석할 수 있다.

특히, 8항의 재정적 페어플레이financial fair play는 클럽의 수입 범위 내에서만 예산을 집행하게 함으로써 재정의 건전성을 이루면서 불공정한 선수 계약 행위를 근절시키겠다는 플라티니 회장의 의지가 매우 강하게 반영된 내용이다.

한국 사회에서 축구는 어떤 의미를 갖는가

위에서 지적했듯이, 각 나라는 자국 특유의 역사적 맥락에서 축구를 발전시켜 왔고 한국도 예외는 아니다. 일제강점기에 한국/조선의 축구는 한편으로는 민족의 울분을 분출하는 역할을, 다른 한편으로는 청년 학생들에게 건강한 심신을 도야시키는 역할을 함으로써 사회 발전에 크게 기여하였고, 건국 후에는 국가적 일체감의 형성과 학교 체육교육의 일부로서 큰 역할을 하였다. 1970년대 말까지 주로 동아시아와 동남아시아를 중심으로 한 국제경기대회에서 주목할 만한 성적을 거둔 것은, 현재의 관점에서 보면 큰 의미를 부여한다는 것이 이상하겠지만, 당시 한국 사회의 사회적·경제적 발전 단계에 비추어 보면 한국 축구가 사회 통합과 발전에 일정한 기여를 했다고 평가할 수 있다.

한국 축구가 동남아시아나 아시아적 시야를 벗어나 진정한 의미의 국제경기, 즉 월드컵 무대에서 보여준 성적은 (2002년의 월드컵 개최로 인해 새로운 세상이 펼쳐지기 전까지는) 1986년부터 1998년까지 4회 연속 월드컵 출전이라는 외형적 기록이 무색할 정도로 초라한 것이었다. 한마디로, 세계의 벽을 실감하는 좌절의 연속이었다. 국민들은 축구를 통하여 위로를 받거나 영광을 맛보는 대신, 한국인의 생물학적 자질을 의심하거나 사회학적 열등성을 의심하기도 하였다. 흔히 듣던 '한국 사람들은 안 돼!'가 어김없이 증명되는 듯하던 시절이었다. 겨우 군사독재 체제를 벗어난 상황이었고(1993), 경제협력개발기구OECD에 가입한 직후였으며(1996), 처음으로 수평적 정권교체를 이루어낸 직후(1998)에 대한민국은 갑자기 국제통화기금IMF의 통제를 받는, 소위 IMF 체제가 시작되었다. 그 결과 일찍이 들어 보지 못한 기업의 구조조정이 광범위하게 진행되었고, 한창 일할 40대와 50대의 근로자들이 갑자기 실직을 당하는 일이 다반사로 일어났다. 한마디로 한국 사회는 커다란 혼란에 빠져들었다.

이러한 사회적 배경에서 2002 한·일 월드컵이 개최되었고, 한국 축

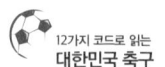

구는 처음으로 1승을 올렸으며, 처음으로 16강에 진출하였고, 처음으로 8강에 진출하였으며, (믿을 수 없게도) 처음으로 4강에 진출하였다. '붉은 악마'로 대표되는 한국의 서포터스들은 경기장 안과 밖에서 지금까지 세계에서 유례를 찾아보기 힘든 열정적인 응원전을 펼쳤다. 그것은 열정적이었을 뿐만 아니라 질서가 있었다. 한국인들은 이 월드컵 4강 진출과 붉은악마의 응원전을 통해서 귀중한 집단적 체험을 하게 되고, 자신들이 전혀 느끼지도 못하고 짐작하지도 못했던 자신들의 모습을 발견했던 것 같다. 이 경험을 통해서 국가적 자부심과 자신감이 크게 신장한 것으로 보인다.

그렇다면 지금까지 많은 시간과 예산을 들여 국가적으로 축구 발전에 힘썼던 일들이 보상을 받은 것이라고 볼 수 있지 않을까. 한국에서 축구는 이 경험을 통해서 그 존재의 '정당성'을 확보했다고 할 수 있다.

그런데 이 정당성이라는 것은 한번 쟁취했다고 해서 계속 유지되는 것이 아니다. 끊임없이 그것을 보살피고 신장시키려는 노력이 뒤따라야 한다. 2015년 현재 한국 사회에서 축구는 어떤 의미를 가지는가? 그것은 사회에 공헌을 하는 주체인가, 부담이 되는 존재인가? 그 존재의 정당성은 무엇인가? 이런 질문에 대한 대답은 쉽지도 않고 계속 변하는 것이다.

2010년 남아프리카공화국 월드컵에서 16강에 진출함으로써 2002년의 불씨를 되살리는 듯하던 국가대표팀은 2014년 브라질 월드컵에 출전함으로써 월드컵 8회 연속 출전이라는 세계적인 기록을 세웠지만 경기 결과는 참으로 실망스러운 것이었다. 2002년 월드컵 직후의 FIFA

순위가 20위였던 데 비해 2015년 봄 현재는 56위로 내려앉았다.

문화관광체육부 통계에 따르면, 2014년 시즌 동안 프로축구의 전체 입장객은 186만 명이고 경기당 관중은 평균 8115명으로 집계되었다. 이것은 2002년 265만 명의 입장객을 기록한 이후 2011년에 303만 명 시대를 맞이했으나 다시 크게 후퇴한 것이다. 경기당 관중 수도 2010년의 1만 2873명에 비하면 매우 저조한 기록이다.

분명히 한국 축구는 최근 들어 그 존재의 정당성에 심각한 위협을 느끼고 있다고 할 수 있다. 한 가지 다행스러운 것은 2015 호주 아시안컵을 전환점으로 하여 다시 국민들이 한국 축구에 대해 관심과 애정을 보이기 시작했다는 것이다.

축구의 국제 순위나 관중 수는 모두 다 파악할 수 없는 다양한 요인에 의해 결정되기 때문에 그 원인이나 처방을 논하는 것은 매우 신중하고 위험한 작업이다.

그런데 축구에 대한 국민들의 호감이나 비호감은 많은 부분 신문·방송이나 인터넷 같은 매체의 담론을 통해서 이루어지는 것이지, 국민들의 직접적인 경험에 의해서 형성되는 것은 아니다. 이러한 매체 담론의 기능과 그 중요성은 비단 스포츠 분야에만 국한되는 것이 아니다. 이것은 산업사회와 후기산업사회의 본질적인 특징 중 하나이다.

한국언론진흥재단의 뉴스 검색을 통해서 2012년 12월부터 2013년 12월까지 1년간 신문에 보도된, 경기와 직접적인 관련이 없는 축구 관련 기사들을 분석해 보면, 부정적인 기사가 긍정적인 기사보다 훨씬 많음을 알 수 있다. 뉴스 매체의 특성상 부정적인 기사가 미담 기사보다 많을 수밖에 없음을 이해하더라도, 이와 같은 현상은 일반 국민에

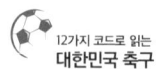

게 축구의 정당성을 훼손하는 요인으로 작용하리라는 것을 짐작할 수 있다. 보도를 주제별로 살펴보면, 도박과 승부조작 (13건), 남북 대결 (12건), 한·일 대결 (12건), 프로선수 생활/결혼 등 (7건), 대표팀 동정/문화 (4건), 성별 논란 (4건), 축구인의 봉사활동 (4건), 스포츠 토토 (4건), 대한축구협회 동정 및 비리 (4건), 입시 및 스카우트 비리 (3건), 프로선수 계약 (2건), 그리고 선수 폭력 (2건) 등이다.

또한 2011년 12월부터 2013년 12월까지 2년간에 걸쳐 신문에 실린 사설 기사에서는 올림픽과 월드컵에 관한 기사가 17건으로 가장 많은 부분을 차지한 가운데 도박과 승부조작이 11건, 남북 대결과 한·일 대결이 각각 4건과 8건을 차지하였다. 이것을 좀 더 자세히 분석해 보면, 비리나 폭력에 관한 보도 기사는 28%, 사설 기사는 25%, 남북 대결과 한·일 대결에 관한 보도 기사는 34%, 사설 기사는 27%를 차지하였다. 이 밖에 사설 기사에서 특히 높은 빈도를 보인 것은 올림픽과 월드컵대회에 관한 것으로 사설에서만 40% 가까운 빈도를 보였다.

이와 같이 축구 경기 자체와 직접 관련이 없는 축구 관련 보도 기사와 사설 기사의 분포는 한국에서 축구 관련 담화가 어떻게 유통되고 소비되는지를 대략적으로 알려준다. 즉, 한국 사회는 올림픽과 월드컵이라는 국제 스포츠 행사를 매우 소중하게 여긴다는 것과, 스포츠 도박이나 비리에 대해서 부정적인 태도를 가지고 있고, 남북 대결이나 한·일 대결에서 반드시 이겨야 한다는 태도를 가지고 있음을 알 수 있다.

특히 흥미로운 것은 34%를 차지하는 남북 대결, 한·일 대결 보도 기사와 27%를 차지하는 사설 기사이다. 이것은 한국에서 축구가 이데올로기 담론과 민족주의 담론의 장으로 매우 활발하게 소비되고 있음을 보여준다. 이와 같은 상황은 한국 축구가 한국 사회의 중심담론에서 매우 적극적인 매개체로 사용되고 있음을 말해주는 것으로, 그렇기 때문에 위험성과 가능성을 모두 내포하고 있다고 하겠다. 여기서 말하는 남한과 북한 사이의 이데올로기는 기본적으로 냉전의 담론을 의미하고, 한국과 일본 사이의 민족주의는 일제강점기와 맞닿아 있는 담론을 의미한다.

21세기를 맞이한 한국이 현재의 상태와 상황을 벗어나서 더 발전된 국가와 사회로 나아가기 위해서는 새로운 담론이 필요하다. 그런 점에서 과거의 담론을 반복 재생산하기보다는 좀 더 긍정적이고 적극적이며 새로운 이야기가 축구를 통해서 생성되는 것이 바람직하다. 축구의 장은 한국 사회를 과거로 끌어당길 수도 있고 미래로 밀어낼 수도 있다(과거에 대한 논의가 모두 부정적이라는 것은 결코 아니다).

신문의 보도 기사와 사설 기사에서 비리 관련 기사가 각각 28%와 25%를 차지하고 있다는 것도 한국 사회에서 축구가 정당한 위치를 차지하고 그에 합당한 대접을 받게 하는 데 큰 걸림돌이 되고 있다. 축구의 정당성은, 반복하건대 하루아침에 결정되는 것이 아니고 신문 기사와 같은 일상적인 담론에 의해서 신장되기도 하고, 축소되기도 하고, 유지되기도 한다. 축구 경기장에서 일어난 폭력 사태나 프로선수가 저지른 승부조작 사건 같은 적극적인 의미에서의 부정적인 경우뿐만 아니라, 제대로 표현하지 못한 선수나 감독의 어눌한 우승 소감같이 소극적인 의미에서의 부정적인 경우들도 일반 국민들의 의식 속에 존재하는 한국 축구의 정당성이라는 영역을 조금씩 파괴하고 있다.

우리는 일상적으로 발생하는 매우 작은 일에 대해서 자신도 의식하지 못하는 사이에 반응하고, 분석하고, 평가를 내림으로써 그 일에 대한 개념을 끊임없이 수정하고 보완하기 때문에 이런 일들이 자주 발생하는 것은 매우 우려스러운 일이다. 적극적인 처방으로서, 대표팀 스태프와 선수들을 대상으로 언론 인터뷰 요령을 소개하는 오리엔테이션을 도입하는 것도 고려해 볼 만하다.

한국 축구계의 이러한 복잡한 상황에 대해서 한국 축구를 전체적으로 총괄하는 대한축구협회KFA에서도 일정한 노력을 기울이고 있다. 그중 하나가 앞서 설명한 UEFA의 열한 가지 핵심가치처럼, 축구의 위상을 높이기 위한 캠페인 활동이다. 대한축구협회는 2006년도 총회에서 다음과 같은 '축구인 헌장'을 채택하였다.

 축구인 헌장
1. 승리를 위하여 최선을 다한다.
2. 정정당당하게 경기한다.
3. 경기 규칙을 준수한다.
4. 상대와 동료 선수, 심판과 임원, 관중을 존중한다.
5. 패배를 당당하게 인정한다.
6. 축구의 발전과 권익을 위해 노력한다.
7. 축구에 해가 되는 부정과 부패, 차별과 폭력을 배격한다.
8. 축구 관련 분쟁은 축구협회와 국제축구연맹을 통하여 해결하고, 그 결정을 존중한다.
9. 우리는 축구 가족이다. 서로 돕고 산다.
10. 축구의 명예를 위해 헌신한 이들을 드높인다.

이 헌장은 UEFA의 핵심가치보다 3년 먼저 제정되었는데, 둘을 비교해 보면 KFA의 헌장에 추상적인 구호가 다소 많은 것을 알 수 있다.

앞으로 수정·보완하여 한국 축구인들의 좋은 길잡이가 되어야 할 것이다.

한국에서 축구는 무엇인가

축구는 세계의 최고 스포츠이다. 가장 많은 사람이 이 '아름다운 경기/놀이'에 참여하고 가장 많은 사람이 이것을 구경한다. 축구가 전 세계인들로부터 사랑을 많이 받으면 받을수록 축구인들은 그에 상응한 보답을 해야 한다. 이것이 FIFA나 UEFA가 항상 더 나은 축구의 세계를 위해서 계속 관심을 가지고 노력하는 이유이다. 그래야 축구의 정당성이 확보되는 것이다.

한국에서 축구란 무엇인가? 한국 축구는 무슨 힘으로 나아가는가? 특히, 미래의 한국 축구는 어떻게 그 존재 이유를 증명해야 하는가? 한국 축구의 근원적인 힘은 전국의 수많은 동호인 축구클럽으로부터 나와서 궁극적으로는 대표팀의 성적으로 수렴된다. UEFA에서는 이것을 '피라미드'나 '빙산'의 구조로 표현하고 있다. 우리에게는 좀 더 친숙한 '저변'이라는 표현도 있다. 이 저변에서 올라온 에너지가 경우에 따라서는 대표팀의 성적에서 확대되어 나타나기도 하고, 경우에 따라서는 축소되어 나타나기도 한다. 우리가 축구를 사랑하고 즐기는 한, 거기에 대해서 일희일비할 일은 아닐 것이다.

그런데 한국 축구를 움직이는 또 하나의 힘은 축구를 통하여 이루어낼 수 있는 축구 문화이다. 일제강점기에 축구가 민족정신을 고취

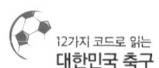

시켰다면, 건국 후에는 시민의식과 국민적 자신감을 심어 주었다고 볼 수 있다. 이제 분단시대를 청산하여 통일을 이루어야 하고, 민족국가를 넘어서 시민사회를 형성해야 하고, 고령사회를 맞이하여 평생 스포츠를 지향해야 하는 한국 사회에서 축구가 참여하고 축구가 기여할 수 있는 일은 넘쳐난다. 이런 일들을 찾아내어 하나씩 이루어 나가는 일을 시작할 때가 되었다. 여기에서 우리는 한국 축구의 정당성, 그 존재 이유를 찾아야 할 것이다.

남북의 이념 대결이 최고조에 이르렀을 때, 남북한의 대표 선수들이 그야말로 명운을 걸고 경기에 임하고, 양쪽 협회 임원들의 신경이 타들어가고, 이 경기를 시청하는 양쪽의 국민들이 냉전 이데올로기를 최고조의 감정 상태로 표출하고 있을 때조차도, 경기를 마친 남북한 선수들이 악수를 하고 눈을 맞추고 포옹을 나누고, 누가 먼저랄 것도 없이 땀에 젖은 경기복을 바꿔 입을 때, 우리는 우리 눈을 의심하면서 우리 속에 감추어진 뜨거운 것이 치고 올라오는 것을 느낀다. 그리고 축구가 '아름다운 경기/놀이'임을 새삼 깨닫게 된다.

이러한 일은 정치가들이 못하는 일이며, 공연예술인들이 하기도 힘든 일이다. 정해진 레퍼토리를 무결점의 연주로 마친 (남북의) 공연예술가들이 느끼는 희열도 적지 않겠지만, 몸을 부딪혀 가며 최종 휘슬이 울릴 때까지 한 치 앞도 내다볼 수 없는 승부의 세계에 몸을 던졌던 남북한 선수들이 오랜 친구 같은 느낌이 들게 해주는 것이 바로 축구의 힘이다. 다른 행위들이 해내기 힘든 이와 같은 일을 축구가 해낼 수 있다면 여기에 축구의 정당성, 축구의 존재 이유가 있다고 할 수 있을 것이다. 남북한의 통일에서 가장 어려운 부분이 동질성의 회복이고 화학적 의미의 통일인데, 한국 축구의 사용설명서에서 가장 중요한 부분이 바로 이것이라고 할 수 있다.

---

*   이 글은 학술지 《축구과학 2권》에 게재되었던 논문을 수정한 것임을 밝힙니다.

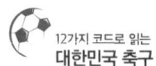

CODE 02. 관계

선수들은 수백 명의 관계를 업고 뛴다

주 세 형

RELATIONSHIP
CODE 02. 관계

이 장의 핵심 키워드는 '관계', 또는 '관계를 형성하는 언어'이다. 잔디구장에서 뛰고 있는 축구 선수는 11명이지만, 그들은 수백 명의 관계를 업고 뛰고 있다. 여기에서는 11명의 선수들이 될 수 있도록 만들어 주는 사람의 '언어'에 주목하여, 그 '언어'가 어떻게 '관계'를 형성하게 되는지 살펴보고자 한다. 특히 경기 결과까지 좌우할 수 있는, 가장 중요한 사람은 '감독'이다. 이 장에서는 감독의 언어가 '감독과 선수들의 관계'를 어떻게 만들어 나가게 되는지를 중심으로 살펴보기로 한다. 결국 감독과 선수의 관계는 '교수자-학습자'의 관계나 다름없음을 보여주게 되므로, 자연스럽게 교육에서 사용하는 언어를 함께 논의하게 될 것이다.

 주세형

축구는 월드컵 시즌에만 관심을 가지고, 선수는 박지성이나 메시 정도만 아는 문외한이 축구를 소재로 한 책에 저자로 참여했다는 사실에 아직도 어리둥절해하고 있다. 이용수 교수님이 제공해 준 생생한 사례가 아니었다면, 공저자들과 함께 토론한 수많은 시간이 아니었다면, 불가능했을 것이라 생각하고 있다. '모어'로 세상의 모든 복잡한 현상을 밝혀낼 수 있다고 믿으며, 또한 모어로 세상을, 관계를, 사람을 읽어낼 수 있는 그 신기한 과정을 대한민국 모든 사람들에게 제대로 경험하게 하고 싶다는 포부를 지녔다. 그 포부를 실현하기 위해 글쓰기와 글 읽기의 모든 과정에서 모어를 어떻게 자유자재로 쓰는지, 그 방법을 구체화하는 작업에 집중하고 있다.

축구 경기는 '하나의 소설 텍스트'이다

초보 관중들의 눈에는 축구장 잔디와, 그 잔디구장 위에서 뛰고 있는 선수들의 움직임만 보인다. 분명히 뛰고 있는 사람들은 선수 11명이다. 아, 그러고 보니 선수들과 같이 뛰고 있는 심판까지. 그러면 15명이다.

그런데 경기 중 뛰고 있는 사람들이 과연 잔디구장 위 11명의 선수와 심판들뿐일까? 그렇지 않다. 지금 진행되고 있는 이 경기 전부터, 또 경기 중에도, 경기 후에도 함께 '뛰고 있는' 수많은 사람들이 있다. 잔디구장에서 뛰고 있는 선수 11명, 대기 중인 선수들, 응급요원들과 의료진, 코치, 그리고 무엇보다도 이들 모든 관계를 조율하고 파악하고 있어야 하는 감독이 있다. 그렇다면 관중은 어떠한가? 또 경기가 열리도록 도와준 수많은 스폰서들은? 그렇다. 한마디로 그라운드의 선수들은 수백 명의 관계를 등에 업고 뛰고 있는 셈이다.

그러므로 지금 경기장 내에서 A 선수의 움직임이 유난히 느린 것을 감지하고 '전반전 경기에서 A 선수의 활약이 특히 컸기 때문에 후반에 와서 아무래도 체력적으로 지쳤을 것이다'라는 식으로만 '해석'할 수 있을까? 아무리 전술을 잘 알고 있다고 하더라도, 해명이 안 되는 움직임, 경기 내용이 종종 발견된다. 왜 그럴까?

축구 경기를 정말 제대로 이해하고 싶은가? 그렇다면 지금 이 경기장 안에서 진행되고 있는 선수들의 움직임·전술 등에 대하여 보이는 현상 그대로만 볼 것이 아니라 그 이면까지 함께 읽어내야 한다. '축구 경기'라는 텍스트는 '이면'을 읽어내야 할 것들이 많다. 이 장에서는 '축구 경기를 이해하는 것=하나의 소설을 이해하는 것'으로 보자. '읽어내야 할 것'이 많은 '복잡한 소설 텍스트'로 보자는 것이다.

소설 한 편을 읽어 나갈 때 흔히 어디에 주목하는가? 흔히 "그 소설이 어떤 내용이야?"라고 물으면, 대체로 '어떤 사건이 일어나서 결국 이렇게 끝났다'라는 형식으로 답하곤 한다. 그렇지만, 엄밀히 말해 그런 식으로 소설을 읽는 것은 현대소설을 제대로 읽는 방식이 아니다.

현대소설의 특징은 인물의 '개성'에 있다. 고전소설의 전형적 캐릭터인 '권선징악적 인물'과 달리, 현대소설에 등장하는 인물들은 개성이 있으며, 각 인물의 개성이 갈등을 초래하고, 그 갈등으로 인해 사건이 전개되어 간다.

그러니까 소설에서 진행되고 있는 일련의 사건들과 그 결과들만을 '요약'하게 된다면 많은 것을 놓치기 십상이다. 사건을 전개해 나가는 힘은 '갈등'에서 나오고, 그 '갈등'은 '인물의 성격'에서 비롯되는 것이니, 결국에는 현대소설 속에 등장하는 인물들 간의 관계를 제대로 파악

두 인물 간에 갈등이 있다고 해서 그 갈등이 두 인물 사이의 관계에서만 비롯된 것으로 볼 수는 없다. 소설에서 발견되는 모든 관계는 다 인과관계로 엮여 있기 때문이다. 그러므로 소설에서는 작은 단서 하나하나를 놓치며 읽을 수가 없는 것이다.

겉으로 보기에는 작은 변화인 것 같지만 전체 체계를 바꾸어 버리는 경우를 우리 주변에서 흔히 볼 수 있다. 또한 전체 조직 내에서 딱 두 명의 관계가 안 좋아졌을 뿐인데, 연쇄적으로 조직 전체의 분위기가 안 좋아지는 경우도 종종 본다. 언어의 변화에서도 이러한 현상이 발견된다. 중세 국어 때만 해도 존재했던 'ㆍ(아래 아)' 소리는 근대 국어를 거쳐 없어졌다. 이 소리 하나가 없어졌을 뿐인데, 국어의 모음 체계는 그에 맞추어 전반적으로 다 바뀌어 버렸다.

하기만 하면 현대소설의 주제를 비교적 잘 이해할 수 있다.

한마디로 소설을 이해한다는 것은 '인물의 성격 – 갈등 양상 – 사건 전개' 간의 인과관계를 추적해 나가는 아주 논리적인 작업이다. 복합적인 주제를 구현하려는 소설일수록, 이른바 수준이 높은 소설일수록 등장인물들 간의 관계를 제대로 이해하기가 참으로 어려워서, 단순히 재미로만 읽을 수가 없다. 머리를 쓰는 작업인 것이다. 머리를 쓰다 보면, 안 보이던 복잡한 갈등들이 새롭게 보이기도 한다.

소설에 등장하는 인물의 시의성·문화성

등장인물에 대해 해당 사회가 어떠한 반응을 주로 보이는지에 따라 더 많은 것을 이해해야 하는 경우가 있다. 미국에서 학창 시절을 보냈고 미국 시민권자이지만, 한국인의 뿌리를 잊고 싶지 않아 별도로 주말마다 한글학교에서 한국어를 열심히 배워 한국어에 아주 능숙한 사람이 있다고 하자. 그러나 그는 김훈의 〈칼의 노래〉를 깊이 이해하고 공감하기 어려울 수 있다. 〈칼의 노래〉를 진정으로 이해한다는 것은 이순신 장군에 대한 민족적 공감대 위에서 이해한다는 것을 의미한다. 그러므로 어렸을 때부터 대한민국 공동체 내에서, 이순신 장군에 대하여 보고 듣고 읽은 수많은 언어 경험을 공유해야만 〈칼의 노래〉를 제대로 이해할 수 있다.

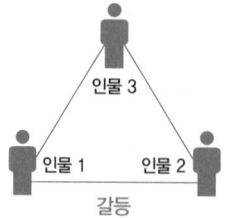 

인물 1 : 인물 2 (소설 텍스트에서 표면적 갈등이 가장 심한 인물들의 관계) = 선수 1: 선수 2 (실제 경기에서 서로 경쟁하는 다른 팀의 선수)

인물 3 (소설 텍스트에서 주인공인 인물 1의 성격 형성에 가장 많은 영향을 준 인물. 소설에 직접 등장하지 않기도 한다.)

그렇다면 대체 인물들 간의 관계는 어떻게 읽어낼 수 있는가? 인물의 성격과 갈등을 형상화하는 수단은 '언어'이니, 바로 '언어'로 '관계'를 읽어낼 수 있다. 물론 언어가 관계의 모든 면을 다 형성하는 것은 아니다. 그렇지만 관계의 많은 부분을 형성하게 하는 힘을 지니고 있는 것은 분명하다. 특히 '관계' 그 자체는 아주 추상적이기 때문에 겉으로 관찰하고 수집할 수 있는 실체 중 하나인 언어를 증거로 삼아 관계를 읽어 나가면, 관계의 많은 부분을 읽어낼 수 있다. 소설은 이러한 논리에 따라 인물의 성격을, 인물 간의 관계를 '언어로 형상화'하는 것이다.

축구 경기 역시 마찬가지이다. 그 경기를 하나의 '사건'으로 본다면, 그러한 '사건'을 만들어낸 것은 경기에 참여하기 전까지 무수히 있었던 수많은 관계들이 빚어낸 '갈등'이다. 그러므로 경기의 내용은 그 경기에 관여하는 수많은 관계들을 읽게 해주는 단서이다.

그러면 축구 경기 텍스트에서 가장 중요한 관계, 핵심 인물들은 무

엇인가? 당연히 감독과 선수의 관계이다. 그 선수가 자신의 기량을 충분히 발휘할 수 있는지 없는지에 가장 큰 영향을 미치는 것은, 감독과 선수가 서로 평소에 어떠한 '관계'를 맺어 왔는가에 달려 있을 것이다. 특히 '감독과 선수의 관계'를 중심으로 말이다.

'언어'를 통해 '관계'를, '관계'를 통해 '축구' 읽어내기

그러면 지금부터 '언어'를 통해 관계를 좀 더 근원적으로 들여다 보자. 이를 위해서 먼저 '언어'는 어떤 역할을 하는지 정리할 필요가 있다. 어떤 것을 '안다'는 것은 그것을 의미로 전환할 수 있는가 하는 문제이고, 또 '이해하는 것'은 그 전환 과정을 의미한다. 경험을 의미로 전환하는 것은 자연 언어의 문법적 구조라고 할 수 있는 어휘 문법 lexicogramar 에 의해 이루어진다. 따라서 언어의 어휘 문법적 체계는 인간 경험에 관한 이론이라 할 수 있다.

우리가 일상적으로 경험하는 관계들과 범주들은 결코 선험적으로 존재하는 것이 아니다. 우리는 그것들을 어휘나 문법으로 이해하고, 학자들 역시 어휘 문법 능력을 사용하여 그 현상들을 이론화한다. 이를테면 고양이와 호랑이가 어떤 면에서 다른지를 판단하여 다른 '어휘'를 부여하고, 지금 여기에 없는 것을 생각하는 행위 중에서도 생각하는 대상이 '현실에서 볼 수 있는 것인지 아닌지'에 따라 '상상'이라고 일컫기도 하고 '공상'이라고 일컫기도 한다.

> **경험은 '문법'으로도 명명할 수 있다 : '시간 경험'을 '문법'으로 반영하기**
>
> (가) 철수는 어제 저녁 7시쯤 빵을 먹었다.
> (나) 철수가 이미 그 맛있는 빵을 다 먹었다.
> (다) 철수가 지금 그 빵을 먹고 있다.
>
> 위 네 문장은 '철수가 빵을 먹다'라는 '경험'에 대하여 '시간과 관련된' 부분을 달리 표현한 것이다. 물론 문법뿐만 아니라 시간을 나타내는 부사어들, '어제 저녁 7시쯤, 이미, 지금' 등이 함께 쓰이기는 했으나, 기본적으로 '시간과 관련하여 사용된 문법 장치'가 다르다.
>
> (가)와 (나) 모두 '-었-'이 사용되었고, (다)에서는 '-고 있-'이라는 표현이 사용되었다. (가)의 '-었-'은 '과거 시제를 나타내는 말'로, (가) 문장을 쓴 필자는 '철수가 빵을 먹다'라는 사건이 일어난 시점을 정확하게 말하고 싶은 의도를 '-었-'으로 나타낸 것이다. '과거 시제'는 '시간의 흐름 속에서 볼 때, 문장을 말하려는 사람이 있는 현재 시점에서 볼 때, 과거의 사건이 일어난 특정 지점'을 정확히 나타내려는 의도가 '문법'으로 표현된 것이다. (나)의 '-었-'은 (가)의 '-었-'과 형태는 똑같지만, '과거 시제'가 아니라 '완료상'에 해당한다. (나)의 필자는 '철수가 빵을 먹다'와 관련된 시간 경험을 '특정 시점'이라는 '점'으로 인식하지 않고, '말하고 있는 현시점에서 끝났다는' 양상으로 인식한다. (다)의 필자는 '말하고 있는 현시점에서도 해당 경험이 계속되고 있다'라는 양상으로 인식한다. (나)와 (다)에 사용된 '-었-'과 '-고 있-'은 각각 완료상, 진행상이라고 부르고, 우리말의 상(aspect)이라는 시간 관련 문법 범주를 형성하고 있다.

이처럼 인간은 무한정한 경험 중에서 '분석 가능한 것'을 선택하고 그것을 의미화하는데, 그 결과 선택된 문장들을 놓고 또다시 우리는 그 의도를 '해석'할 수 있다. 문법은 일상을 구성하는 상호 간의 관계나 사회적 가치까지 실현하기에, 사람들이 하는 말과 글에서 '사람을, 관계를, 사회적 가치를, 이데올로기'를 읽어낼 수 있는 것이다.

'어휘 문법적 장치'가 이렇게 경험을 담아내는 역할을 해내고 있기에 우리는 '언어'를 증거 삼아 '경험', 그중에서 특히 '관계'라는 경험을 파악하면서 '축구 경기'라는 텍스트를 읽어낼 수 있는 것이다.

그러므로 축구 경기라는 텍스트의 내용이 전술이나 해설가의 해설만으로는 여전히 수긍이 잘 되지 않는 경우, 특히 예상외의 모습을 보

임에도 전술의 변화가 없을 때에는, 혹시 그들의 일상에서 '관계'가 변화된 것은 아닌지 그 원인을 '언어'로 추측해 보는 것이 필요하다(물론 그에 대해 정확히 확증까지 하기는 어렵지만 말이다). 이는 비단 축구뿐만 아니라 모든 분야에 적용할 수 있는 유용한 사고틀이다.

- 언어로 (특정 현상의) 모든 것을 읽어낼 수는 없으나, 많은 것을 읽어낼 수 있다.
- 말 한마디 한마디가 장기적으로 쌓여 관계 그 자체가 된다. 그러므로 관계를 바꾸고 싶다면 말 한마디부터 바꾸어야 한다.
- 사례

  사춘기 아들과 부모의 관계 : 아들이 '-거든요'라는 어미를 반복하여 사용하면, 부모는 저절로 아들이 반항을 하고 있다고 생각하게 된다. '-거든'이라는 어미 자체에 '듣는 사람이 모르는 내용을 자신이 알고 있음'이라는 뜻이 포함되어 있기 때문에 당연히 그러할 수밖에 없다.

'축구를 하는 데 언어가 무슨 소용인가?' 독자 중에 혹시 이렇게 생각하는 사람이 있는가? 당장 경기력 향상에 직접적으로 영향을 주는 것처럼 보이지 않으니까 그렇게 생각할 수도 있다. 그러나 축구 경기를 잘 이해하고, 또 우리나라 축구 발전을 저해했던 원인 중 하나가 바로 '언어' 때문이라고 자신 있게 얘기할 수 있다. 무엇보다도 경기장 내에서의 각종 관계를 제대로 인식할 수 있는 언어화, 경기장 내에서 일어나는 주요 상황에 대한 언어화가 제대로 이루어지지 않았기 때문이라고, 필자는 과감히 진단을 내려 보고자 한다.

감독은 경기장 내의 각종 관계를 조율할 수 있어야 하고, 그 관계에 대한 분석을 바탕으로 전술을 세울 줄 알아야 한다. 또한 다양하게 일어나는 상황을 정확히 인식하고 이를 명확하게 나타내 주는 언어를 사용할 줄 알아야 한다.

그러나 그동안은, 감독은 선수와의 관계에서 '감독과 선수의 인식을 전환할 수 있는 언어화'가 제대로 되어 있지 않았다. 그것이 가장 큰 문제였다. 감독의 언어는 선수들과의 관계를 무의식적으로 코드화하게 마련이다. 이하 내용에서는 '언어'가 '사고'와 '소통', '관계'를 좌우하는 사례들을 통하여 관계를 읽는 방법을 파악하고, 이로써 감독과 선수, 선수와 관중, 감독과 관중의 관계를 재설정하여 축구를 이해하고자 한다. 이를 통해 단순히 축구를 이해하는 데 그치지 않고 인간관계 전반을 이해할 수 있는 안목이란 무엇인지 파악해 보고자 한다.

> **불확실성의 시대에 등장한 '어린' '팀장'**
> 현대는 모든 분야에서 미래를 확실히 알 수 없는 '불확실성의 시대'다. 회사의 미래도 나라의 미래도 인류의 미래도 모두 불확실하다. 이미 있는 것, 이미 익숙해져 있는 것에 숙달된 인간형은 리더로 간주되기 어렵다.
> 최근 대다수의 회사에서는 사원들에게 이미 있는 조직, 고정된 조직에 따라 정해진 일을 하지 않고 '팀' 단위로 '새로운 일을 탐색'하고 있다. 회사에서는 팀을 조직하면서 '무엇을 해야 할지'에 대해서도 정해 주지 않는다. 팀이, 팀 구성원이 알아서 일을 찾아서 해야 한다. 그러므로 '직급과 연공서열'에 따라 리더가 결정되는 것이 아니라 '무엇을 해야 하는지, 방향 설정을 할 수 있는지 여부'에 따라 리더가 결정된다. 그에 따라 나이 어린 '팀장'의 등장하게 되었고, 수많은 '협동 작업'이 등장하게 되었으며, 회의는 더 많아졌다.

감독의 '언어'가 선수와의 관계를 만든다

말을 하거나 글을 쓸 때 가장 중요한 것은 무엇인가? 바로 '내용'을 생각하는 일일 것이다. 그렇기 때문에 사람들은 말을 하고 글을 쓰

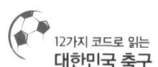

기 전에, 대체 무슨 '내용'을 말하고 써야 하는지 고민하느라 많은 시간을 보낸다.

그러나 그렇게 멍하니 앉아 있기만 해서는 글을 한 글자도 제대로 써내려갈 수 없을 것이다. 그렇다면 발로 뛰면서 자료를 찾는다면? 그래도 여전히 글로 쓸 만한 적절한 내용을 찾기가 쉽지 않다.

실제로 말을 잘 하고 글을 잘 쓰는 사람은 '내용 자체'를 고민하는 것 이상으로 그 내용을 생성하기 위한 준비를 더 많이 한다. 특정 상황에서 언어를 선택하기 전에, 사람들이 먼저 해야 할 일은 '맥락과 목적과 대상'을 고찰하는 것이다. 그래야만 적절한 언어를 선택할 수 있다. 그 맥락에서 '상대방과의 관계를 어떻게 생각하느냐'에 따라 '수사적 목적'이 좀 더 명확해지고, 그 상황에 맞는 언어를 선택할 수가 있다는 것이다.

직면한 '맥락'이 무엇인지(상황 맥락, 사회문화적 맥락), 내가 그 말을 함으로써 무엇을 얻으려고 하는지(목적), 설득 대상인 상대를 분석하되 특히 나와 그의 관계가 어떠하며, 또 어떻게 나아가면 좋은지(대상)를 중심으로 차근차근 분석하는 것이다. 그렇게 하다 보면 '내용'은 저절로 산출된다.

'좋은' 감독 역시 위와 같은 과정을 거쳐 선수들을 대하는 언어를 선택한다. 이렇게 본다면 감독이 사용하는 언어에서, 감독이 선수와의 관계를 어떻게 설정하고 있는지 추측할 수 있다. 감독의 말을 들은 선수 역시 감독이 설정한 맥락과 목적, 대상을 느끼게 되고, 그러한 언어들이 장기적으로 쌓여 가면서 감독이 의식적·무의식적으로 설정한 관계 그대로 선수와의 관계가 굳어지는 것이다. 무의식적으로 사용한 언어가 바람직한 관계를 만들지 못한다는 판단이 든다면, 말 한마디에서부터 '의식적인 선택'이 이루어져야 한다. 인식의 전환이 필요한 것이다.

먼저, 감독이 선수와 만나는 '맥락'이 무엇이냐에 따라 관계가 달라진다는 사실을 의식적으로 자각해야 한다. 감독-선수의 관계를 생각할 때, 맥락은 크게 두 가지로 나누어 볼 수 있다. 교육적 맥락과 일상적 맥락이다. 교육적 맥락에서 써야 하는 언어와 일상적 맥락에서 써야 하는 언어가 다른 것이다. 일상적 맥락에서 사용하는 언어도 교육적 맥락에서 사용하는 언어와 관계에 영향을 주기에 중요하게 다루어야 하지만, 교육적 맥락의 언어는 일상 맥락에서의 언어보다 훨씬 정교한 선택이 이루어져야 한다는 점에서, 여기에서는 교육적 맥락에서 사용하는 언어에 대해서만 집중적으로 살펴보자.

교육적 맥락에서 감독과 선수의 관계는 기본적으로 '교육자-학습자'를 전제로 하게 된다. 따라서 바람직한 교육 모델에 근거하여 언어를 선택해야만 올바른 관계가 될 것이다. 선수가 자신의 기량을 향상시키려는 학습 과정에 바람직하게 개입해야 하는 것이다.

 감독이 선수와의 관계를 어떻게 설정하고 있는지 알아내기
감독의 언어를 보면 감독이 이미 설정하고 있는 관계가 '조언자'인지 '전달자'인지 '지시자'인지 알 수 있다. 감독의 언어적 특징은 다음과 같은 변인에 의해 확인된다.
맥락(교육적 맥락)-목적(선수가 인식이나 행동을 바람직한 방향으로 변화하도록 설득함)-대상(선수) 파악

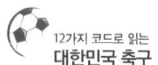

이를 위해서는 교육 목표를 명확히 알 수 있도록 해주고, 목표에 도달하기 위한 지식을 학습 과정에서 차분히 익히도록 세분화하여 이야기해 주어야 한다. 선수들에게 감독은 '지시자 또는 단순 전달자', '좀 더 상세히 설명해 주는 전달자', '조언자' 중 하나로 인식된다. 감독은 그중에서도 조언자로서의 역할을 지향하는 것이 교육적으로는 가장 바람직하다.

① 감독은 선수의 '현재 상태'와 '목표 상태'를 정확히 '기술description'한다. 그런데 이것만 얘기하면 안 된다. (그러면 지시자 또는 단순 전달자.)
② '현재 상태를 초래한 원인 1, 2… n'과 '현재 상태라는 결과'를 '상관관계'로 '설명'함으로써 (이 단계에서 '현재 상태를 초래한 원인'에 대하여 상관관계가 아니라 인과관계로 얘기한다면 여전히 전달자에 불과하다. 단, ①만 있는 감독보다는 조금 더 상세히 설명하는 전달자일 것이다.)

조언을 주기 위한 근거 수집
- 교육 모델에 근거하여 '지시하지 않고, 전달만 하지 않고' 조언하기 +
  조언 과정에서 상관관계에 근거하여 '설명하기'

선수를 성장하게끔 한 요인이 무엇인지, 학습자를 성장하게 한 동력이 무엇인지에 대해서, 마치 자연과학에서 인과관계를 확정하듯이(ex) 물의 온도가 0도까지 충분히 내려갔으므로 얼음이 되었다.) 그 원인을 하나로 확정하기도 어렵기는 하고, 또 그 원인이 인정된다고 하더라도 다른 사람(다른 교육 전문가, 심지어 해당 교육 수요자)들은 그렇게 인정하지 않을 수도 있다는 점을 잊지 말아야 한다.
'인과관계와 상관관계'는 엄연히 다른데, 일상생활에서 이를 구분하지 않고 쓰는 경향이 있다. 교육 분야에서는 특정 결과를 초래한 원인에 대하여, 원인을 다양하게 진단하고 그들이 모두 '상관성'이 있음을 허용하는 설명을 한다. 이때, 반드시 인과관계로 논하지 않고 상관관계로 논의해야 한다.
자연과학에서는 인과관계를 밝히려고 하지만 사회과학에서는 상관관계를 밝히려고 한다. 그렇기 때문에 인과관계를 밝히는 모든 자연과학 분야의 기초가 되는 수학에서는 0%의 오류를 지향한다. 인과관계를 밝히는 '도구'가 되어야 하기에 정확성을 지향해야 하기 때문이다. 자연과학의 한 분야인 물리학에서는 1%의 오류만을 허용하면서 가설을 세우고 인과관계를 밝히며, 사회과학의 한 분야인 경제학에서는 66%만 참이어야 한다는 인식론에 기초하여 상관관계를 밝히고 있다.

③ 학습자 스스로가 무엇이 원인이었는지 자각하고 가장 적합한 처방을 스스로 선택하도록 한다. (이 단계에 이르러야 비로소 조언자가 된다.)

1) 지시자 또는 단순 전달자

②③이 없고, ①도 상당히 부족한 경우에 해당한다. 왜 감독이 지시자가 되는가? 무엇보다도 교육 모델로서 선수와의 관계를 설정하지 않은 경우, 감독은 지시자이거나 전달자가 될 가능성이 높다. 현재 물리적으로 파악되는 선수의 행위에만 치중하기 때문이다.

'슈팅을 한 후 앞에서 공이 떠버린 경우'를 예로 들어 보자. 감독이 만약 이 상황에서 "왜 공을 띄워?"라고 얘기했다고 가정하자. 엄밀히 말해, 의문문 형식을 취하고는 있으나 선수에게 의문에 대한 답을 요구하는 것이 아니다. '왜'를 사용하긴 했지만 인과관계를 언급하지도 않았다. 선수가 초래한 '현재 상태'를 기술하긴 했지만 '정확히' 기술한 것도 아니다(현재 상태를 정확하게, 그리고 소상하게 기술하면 '상세한 전달자'가 된다. 이에 대해서는 잠시 후 언급하겠다). 사실 "왜 공을 띄워?"는 '공을 뜨게 하지 마'라는 지시나 다름없다.

선수가 초래한 현재 상태를 위와 같이 불분명하고도 소략하게 기술하여, 결국에는 특정 행위를 '하지 말라'고 지시한 것이나 다름없는 위와 같은 언어는 선수들에게 어떠한 감흥도 주지 못한다. 선수 역시 '공이 공중에 뜬 결과'를 이미 눈앞에서 목도했으니 스스로도 알고 있기 때문이다. 감독의 '상황 인식 능력'은 '선수인 나'의 능력과 그다지 다를 바 없다고 생각하게까지 될 것이다. 당연히 선수에게 어떠한 변화도 초래하지 못한다. 다만 선수는 '감독'이라는 객관적인 지위를 압박으로 느끼며, '지시'하는 언어를 듣고 감독에게 위축될 뿐이다. 그 결과

'조언자-피교육자'의 관계라기보다는 '질책자-죄인'의 관계가 될 가능성이 상당히 높다.

2) 상세한 전달자

①이나 ②만 있는 경우, 또는 ①-②-③이 자연스럽게 연결되지 않는 경우이다.

'지시자'보다는 교육적으로 더 나은 상태에 해당한다. 학습자가 인식하지 못하는 것을 정확하게 기술하여 알려주거나, 또는 조금 더 나아가 현재 문제 사태에 대한 원인을 제시하고, 특정 사태가 초래할 수 있는 또 다른 가능성까지 제안하는 경우이다. 가장 바람직한 교육자 모델은 후술하게 될 '조언자'이지만, 사실 교육자가 '상세한 전달자'가 되기만 해도 학습자는 행동에 커다란 변화를 일으키게 된다. 바로 '인식'이 바뀌기 때문이다.

교육적으로 적절한 언어를 선택하여 인식의 변화를 일으킨 실제 사례를 살펴보기로 하자. 히딩크 감독은 선수가 실수했을 때 아무 말도 하지 않았다. 경기 상황에서 실수했다고 그 순간 그 자리에서 그 즉시 선수한테 화내고 윽박지르지 않았다. 선수가 확실히 기억해야 할 내용에 대해서만 선수가 혼자 있을 때 따로 이야기했다.

한 예로 송종국 선수가 미니게임을 할 때 위험지역에서 상대방의 가랑이 사이로 공을 빼낸 적이 있었다. 그러자 히딩크 감독은 호각 소리를 일부러 크게 내서 송종국을 따로 불러내서는, 위험지역에서 그런 행동이 얼마나 위험한지를 전술적으로 설명해 주었다. 그 뒤로 송종국은 다시는 그런 행동을 하지 않았다. 선수가 인식하지 못했던 점을 깨닫도록, 그런 행동이 어떤 위험이 있는지 예측 가능한 결과들을 알려주는 것만으로도 인식의 변화를 가져올 수 있다는 것을 보여준 대표적 사례이다.

그렇다면 "왜 공을 띄워?"라는 '지시' 대신, 감독은 어떤 설명을 해주어야 할까? 선수의 슈팅이 왜 그러한 결과를 낳았는지, 그 과정과 원인을 정확히 설명하는 언어가 필요하다.

"마지막 슈팅 자세가 딛는 발보다 킥이 앞에 가 있으니까 그 자세가… 뒤로…슈팅하는 발이 못 쫓아가면 그런 자세에서 무릎이라도 같이 가며 슈팅을 하면…."

위와 같이 현 문제 사태를 기술하고, 그 사태의 원인을 다각도로 분석해 주고, 다른 사례와의 관련성을 예측하게 해준다면, 선수는 행위를 변화시킬 수 있는 지식을 자발적으로 얻게 된다. 이처럼 감독이 상세한 전달자 단계만 되어도, 선수는 감독을 진정한 '교육자'로 인정하고 마음으로 근본적인 변화를 꾀해야겠다는 인식을 할 수 있다.

3) 조언자

①-②-③이 자연스럽게 연결되는 경우로, 교육자로서 가장 바람직한 경우에 해당한다.

'조언자'는 '상세한 전달자'의 언어를 모두 갖춘 상태에서 근본적으로 끊임없이 '교육자-학습자' 관계를 바람직하게 재조직하려고 노력하는 교육자 모델을 가리킨다. 즉, '상세한 전달자'의 역할을 일회적으로 하거나 단속적으로 수행하는 것에 그치는 것이 아니라, 긍정적이고 장기적으로 지속하려는 노력을 수행하는 교육자가 바로 '조언자'이다.

> **조언자로서의 교육**
>
> 조언자로서 교육을 하려면 '기술하기', '설명하기'로 일관해 학생들이 성장할 수 있어야 한다. 예를 들어, 인사이드를 맨 처음 배우는 여자 선수를 대상으로 가르친다고 생각해 보자. 그렇다면 다음과 같은 요소가 필요하다.
>
> - 정확한 기술
>   - 개념 적시 : 인사이드가 어디인지 신체 부위를 정확히 설명한다.
>   - 개념 활용 : 인사이드 '기술'을 어떤 상황에서 활용할 수 있는지 설명한다('지식'과 '기능'을 연계).
> - 맞춤형 교육
>   예를 들어 여학생의 경우, 신체적 특징으로 인해 어떤 기능이 부족할 수밖에 없는지(설명하기), 대체로 어떠한 실수를 많이 할 수밖에 없는지(가능성이 높아짐) 정확히 설명함으로써 여학생에게 별도의 '지식+기능'의 맞춤 연습 상황을 만들어 준다.

전통적인 교육 모델에서는 교육자가 피교육자에게 교육 내용을 전하는 전달자로서의 역할을 하는 것으로 생각했지만, 최근의 교육 모델에서 교육자는 '조언자'로서의 역할을 하는 것이 당연하다고 받아들이는 추세이다. 사실 교육의 효과는 '학습자'가 스스로 자신을 발전시키는 데에서 오는 것이다. 이렇게 보면 교육자는 학습자의 모든 일상을 상세히 관찰하고 적절히 격려하는 '조언자'로서 역할을 충실히 해야 한다. 그 과정에서 학습자의 상황과 특성에 따라 언어를 면밀히 선택하는 것이 가장 중요하다고 인식하고 있어야만 '진정한 조언자'일 수 있다.

요컨대 감독은 선수가 초래한 결과만을 기술하고 말 것이 아니라 경기력 향상 전략(선수 스스로 자신을 진단하고 원인을 파악하여 경기력 향상으로 전환하도록 도와줄 수 있는, 결과에 이르게 하는 원인을 설명해 주는)을 제공하는 언어, '과정'을 알려 주는 언어를 씀으로써 선수와의 관계를 '교육자 - 학습자', 더 나아가

> **아버지와 아들의 관계**
> – "왜 0점이야?"리고 말해 보았자 소용없는 이유
>
> - **아들에게 잔소리를 하는 것에 지나지 않을 경우**
>
>   아들의 시험 결과를 지적하는 언어를 쓰는 경우이다. 시험 결과를 가지고 온 아들에게 "왜 0점이냐"고 다그치는 경우가 그것이다. 부모가 이렇게 얘기하게 되면 아들의 자발적 인식, 바람직한 행동의 변화를 유도하지 못한다. 이미 알고 있는 사실의 표현(describing)에 지나지 않는 언어를 들었기 때문이다. 이 경우, 부모 자식 간의 관계만 악화된다. 아이에게 '원인을 진단할 수 있는 기회'를 제공하도록 한다. 사실 아이도 원인을 알고 있을 것이다.
>
> - **아들의 인식이나 행동을 변화시키는 경우**
>
>   심지어 아들이 1등을 하고 왔어도, 무작정 그 결과를 칭찬해서는 안 된다. 부모와 자식 간의 관계가 '진정성 있는 대화가 오가는 관계'가 아니게 되기 때문이다. "아들! 네가 시험 준비를 남들보다 일주일 더 일찍 한 데다가, 이번에 집중도 많이 했기 때문에 좋은 결과를 낳았던 것으로 생각되는데, 너는 어떻게 생각하니?"라는, 결과를 초래한 원인과 시험 준비 과정을 설명하는 언어여야만 아들 스스로 자신의 인식을 변화시키고 행동을 수정할 수 있는 기회를 제공하게 된다.

'함께 나아가는 조언자'로 설정할 때 비로소 바람직한 관계를 유지할 수 있다.

감독과 선수의 바람직한 관계를 위하여

감독과 선수 모두에게 '언어 능력'은 중요하다

첫째, 감독에게는 선수를 지도할 때 상황을 정확히 진단할 수 있는 언어가 필요하며, 감독은 이를 정확하게 인식하고 표현할 수 있어야 한다.

선수들이 앞으로 부딪히게 될 '상황 유형'을 알려주고 그 상황에 대처

할 수 있는 '전략'을 정확히 제시할 수 있어야 하는데, 그러려면 감독이 진단한 상황을 정확히 전달할 수 있는 언어가 필요하다.

예를 들어 centering에는 early cross, cross, cut back 세 종류가 있고, 그에 부합하는 상황도 정확히 대응한다. 그런데 우리나라에서는 그 모든 상황을 하나로 뭉뚱그려 '센터링'이라고 얘기하는 경우가 많았다. 'second ball'도 비슷하다. 이 용어는 원래 우리나라 축구 해설에는 존재하지 않았던 것이나, 이용수 교수가 처음으로 경기 시작 전에 이 용어가 어떤 상황을 가리키는 것인지 정확하게 소개하고는 경기 진행 도중에 그러한 상황이 닥쳤을 때 그 용어를 사용하면서 우리나라에서도 그에 대해 깨닫게 된 중요한 개념이다. 이로 인해 우리나라 선수도 감독도 관중도 '상대편과 우리 편이 함께 몰려 있는 방향으로 공격수가 그중 누가 잡을지 모르는 상태에서 일단 공을 패스하되, 그중 누군가의 머리에 맞고 땅에 떨어진 공'에 주목하게 되었다. 그러한 상황에서 '땅에 떨어진 second ball'은 경기 진행 과정에서 엄청나게 중요한 기회로 작용한다. 그럼에도 그에 대한 '명명 및 언급'조차 없었다는 것은 감독도 선수도 관중도 경기를 읽는 안목이 없었다는 것을 말해 주는 것이다.

둘째, 선수들에게도 상황 대처 능력을 키우기 위해 우선적으로 해야 할 것이 '언어' 교육이다. '사고의 전환'은 '언어의 전환'으로 가능하다. 지도자들의 언어가 '없어서(부족하여)' 선수들의 사고 전환도 불가능하기 때문이다.

2002 월드컵 엔트리 선발 과정에서, 차두리는 이동국과 23번째 자리를 놓고 경쟁하고 있었다. 당시 실력만 놓고 본다면, 이동국은 차두

리에게 결코 뒤진다고 할 수 없었다. 오히려 더 낫다고도 볼 수 있는 상황이었다. 그런데 차두리는 독일어를 할 수 있었기 때문에 히딩크 감독과 의사소통이 용이하다는 장점이 있었다. 그로 인해 차두리에게는 히딩크 감독의 가르침이 더 효과적이고 세밀하게 전달될 수 있었다. 그 결과 차두리는 히딩크 감독과 더 가까워질 수 있었고, 반대로 이동국은 더 위축되는 상황이 벌어졌다. 결과적으로 차두리는 실력도 향상되었다. 결국 차두리 선수가 지닌 언어 능력은 (감독과의) 소통 가능성을 높여서 경기력 향상과 실력 향상까지 가져온 셈이다. 이렇게 보면, 선수 양성을 제대로 하기 위해서라면 각국의 언어로 된 용어 사전을 편찬하는 작업이 필수적이지 않나 생각하게 된다.

맥락 – 목적 – 대상 파악하기

우리나라에서 교과교육학 연구는 최근 10여 년간 급속도로 성장하였다. 체육교육학 역시 주요 교과교육학이다. 우리나라 학교에서 가르치는 각 교과는 모두 궁극적으로 지향하는 목표가 있는데, 그 목표를 놓고 보면 해당 교과의 본질적인 성격이 보인다. 고등학교 교육과정의 심화과목 중 하나인 '단체 운동' 과목의 목표는 다음과 같다.

가. 단체 운동의 이론적 지식을 이해한다.
나. 단체 운동의 다양한 기능과 연습 방법을 습득한다.
다. 단체 운동의 경기 운영 방법과 심판법을 습득한다.
라. 단체 운동의 가치를 인식하고 스포츠 정신을 실천한다.

위 목표 중 체육 교과 고유의 성격을 기술하고 있는 것은 '나' 항이다.

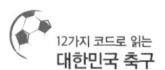

다른 목표가 기술하고 있는 '지식('가'항), 태도('라'항), 가치('라'항)'는 결국 체육 교과에서 가장 중요하게 생각하는 '기능'을 위해 존재하는 목표이다. 이처럼 생각하면, 체육 교과와 비슷한 성격의 목표를 가진 교과는 무엇일까?

흔히 '체육'을 '음악, 미술'과 함께 묶어서 '예체능 교과'라고 칭하기 때문에 보통은 음악과 미술을 떠올릴 것이다. 그러나 음악이나 미술 교과에서의 '기능 향상(잘 연주한다는 것, 잘 그린다는 것)'이 곧 운동 기능 향상과 동일한 논리의 교수 학습 과정으로 향상된다고는 볼 수 없다.

체육 교과와 비슷하게, 궁극적으로는 기능 향상을 목표로 하나, 그 과정에서 활용하는 전략적·방법적 지식을 교육자가 기술해 주어야 하는 대표적 교과가 '국어'이다. '말하고, 듣고, 읽고, 쓰는' 행위는 '기능skill'에 해당한다. 그러나 '잘 말하고, 듣고, 읽고, 쓰는' 사람은 대체 '어떤 방법'으로 그러한 기능(수준)을 획득하게 되었을까? 국어과 교사(교수)는 그 과정을 보여주거나(현시적 교수 학습 모형), 그 과정에서 사용하면 좋을 지식을 '과정적 지식', '방법적 지식'으로 제공한다.

[
가장 중요하게 생각하는 목표가 무엇인지 아는 방법
관계에서 중요한 것이 무엇인가?   '관계'가 목표인가, 전제인가?
]

교수 학습 모델에서 가장 중요한 것은, 교육적 관점에서 행위를 수정하는 과정을 언급하면서 '기능'을 '스스로' 획득하도록 촉진시키는 것이다.

'장르'로 판단하는 축구 언어

냅과 와트킨스(Knapp & Watkins, 2005)에서는 다음과 같은 그림이 나온다. 세계적 언어학자인 할리데이 M.A.K. Halliday의 영향을 받아 여러 연구자들이 중등학교 학습자의 쓰기 과제를 장기간 분석한 결과 '검증'된 도식이다. 영어 텍스트를 바탕으로 한 것이지만, 한국어 모어 화자들도 평소 명심하여 적용하면 유용하다.

오른쪽 그림에서 가장 주목해야 할 것은 '묘사하기', '설명하기', '지시하기', '주장하기', '서사하기'라는 다섯 가지 원형prototype 장르genre이다. 중요한 것은 이 다섯 가지 원형 장르가 모어 화자의 '머릿속에 공유하고 있는 지식'이라는 것이다.

지금까지 우리가 주로 논의한 것은 '언어'를 통하여 '관계'를 읽는 것이었다. 감독과 선수의 '관계'는 바람직한 '교수자-학습자' 관계가 되어야 한다. 교수 학습이 이루어지는 경기장 역시 의사소통의 장場이다. 감독과 선수 모두 자신이 사용하는 언어가 어떤 수사적 목적을 지니고 있는지 늘 파악하고, 상대방을 어떻게 설정하고 있으며, 이를 통하여 각각이 지향하는 관계가 무엇인지 파악할 수 있어야 한다.

감독의 언어는 기본적으로 '주장하기'에 해당한다. 기본적으로 교수자는 학습자에게 자신의 견해를 드러내야 한다는 점에서 어찌되었든 '주장'을 하긴 해야 하기 때문이다. 그리고 학습자는 교수자의 '주장'을 받아들여야만 '교수자-학습자'의 관계를 유지할 수 있다.

그런데 문제는, 흔히 많은 교수자들이 학습자에 대하여 강하게 '지시'만을 함으로써, 그 자체를 학습자가 받아들여야 하는 '교수자의 주장'으로 강요하곤 한다는 것이다. 이때는 '지시'만이 존재하는데,

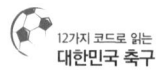

장르는 다음과 같은 사회적 과정이다

묘사하기	설명하기	지시하기	주장하기	서사하기
대상을 상식이나 전문적인 의미틀에 입각하여 질서 짓는 과정을 통해	현상을 시간적·인과적 관계에 따라 전개하는 과정을 통해	행위나 행동을 논리적으로 전개하는 과정을 통해	독자에게 특정 입장을 수용하도록 명제를 확장하는 과정을 통해	인물이나 사건을 시간과 공간적 순서에 따라 전개하는 과정을 통해

과 정

그리고 대개 다음과 같은 결과물들을 낳는다

개인적 묘사	방법에 대한 설명	절차	에세이	개인적 사건 나열하기
일상적 묘사	이유에 대한 설명	지시	논술	역사적 사건 나열하기
전문적 묘사	상술	매뉴얼	토론	이야기
알림 보고서	예시	요리법	논쟁	동화
과학 보고서	풀이	안내	해석	신화
정의	설명적 에세이		평가	우화
				서사물

산 물

과학 보고서, 서평, 여행기, 강평, 인터뷰, 편지, 사건 기사, 신문기사, 웹 페이지
다중 장르 산물

관계 : 선수들은 수백 명의 관계를 업고 띈다

'지시'를 '주장'으로 받아들이는 학습자는 장기적으로 보았을 때 교수자를 존경하며 관계를 유지하지 못한다. 더군다나 과학적 교수가 이루어지기 어렵기에 스스로 변화를 꾀하기도 어렵다.

그렇다면 감독이 교수자로서의 지위를 지속적으로 유지하려면 어떤 방식으로 '주장'을 해야 할까? 앞서 말했듯이, '기술'과 '설명'이 결합된 언어를 사용하여, 표면적으로는 '주장'처럼 보이지 않는 주장을 해야 한다. 즉, 감독은 선수가 보여주는 다양한 기량에 대하여 정확하게 기술하고, 약한 인과관계/수많은 상관관계에 따라 그 원인을 제대로 설명해 주는 조언자로서의 역할을 해야 한다. 그렇게 해야만 선수는 자신의 상황을 정확하게 알 수 있을 뿐 아니라 개선할 수가 있다.

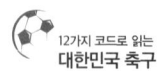

CODE 03. 감독

'감독 덕'이거나 '감독 탓'이거나

김 형 석

MANAGER
CODE 03. 감독

이 장의 코드는 '감독'이다. 2002년 전까지만 해도
한국 축구가 월드컵 무대에서 참패한 것은
선수의 기술이 부족해서라는 진단이 일반적이었다.
'한국 축구 수준=선수의 개인기 수준'이라는 것이었다.
그러나 2002년 월드컵을 계기로 이 공식이
무참하게 깨졌다. 결국 모든 것은 감독 탓이다.
이 장에서는 축구 경기를 피아노 연주에 비유해 감독의
역할을 재조명하는 동시에, 경제학의 모형적 사고에 기초해
축구를 다양하게 분석하는 등 경제와 축구와 음악을
넘나드는 융합적 사고의 향연이 펼쳐진다.

김형석

경제학자의 소명은 모형적 사고로 현실 세계를 다양하고 새롭게 읽어 주는 것이라고 생각한다. 이 책에서도 모형적 사고가 방법적 틀이 되어 경제와 축구와 음악을 넘나드는 융합적 사고의 향연을 펼쳐 보고자 하였다. 이런 점에서 호프스태터의 『괴델, 에셔, 바흐』의 영향력을 부인할 수는 없다. 융합의 시대, 융합적 안목은 경제학이 중심이 되어 보여줄 수 있음을 굳건히 믿으며 오늘도 일상의 모든 것을 모형으로 읽어내려고 노력하고 있는 거시경제학자이다.

전주곡 : '축구 = 머리 나쁜 사람이 하는 스포츠'?

이 글을 쓴 동기는 온전히 필자의 축구와 관련한 기괴한 경험 덕분이다. 필자가 대입학원을 다니던 1991년 어느 하루 갑자기 영어 수업에서 영어 선생이 아래와 같은 질문을 던졌다.

"여기서 축구를 좋아하는 학생 손들어 보세요."

그 당시 '전략적 사고'가 불가했던 필자는 자연스럽게 손을 들었다. 축구가 마냥 좋았기 때문이다. 이어서 그 영어 선생은 입가에 알 듯 모를 듯한 미소를 머금고 또 다른 질문을 던진다.

"그럼 야구를 좋아하는 학생 손들어 보세요."

전략적 사고에서 기인했는지 여부는 모르겠으나, 분명 야구를 좋아한다는 학생들이 분명히 많았던 것으로 기억한다. 일종의 설문조사가 끝난 후, 영어 선생은 설문조사 결과를 놀랍고 담대한 방식으로 해석했다.

"여러분, 만일 여러분의 이성 친구가 축구를 좋아한다고 하면 절대, 절대 사귀면 안 됩니다. 축구는 머리 나쁜 사람들이 합니다. 또한 보통 머리가 나쁜 사람이 축구를 좋아합니다. 머리를 쓰는 것은 야구입니다. 야구를 좋아하는 이성 친구를 사귀어야 합니다."

실로 담대한 해석이자 결론이었다. "축구=머리 나쁜 사람이 하는 스포츠." 따라서 "축구를 좋아하는 사람=머리가 나쁜 사람."

그의 결론이 위와 같이 공포되는 순간, 여기저기서 웃음이 터진다. 동시에 머리 한 부근에서 모욕감과 황당함이 혼재되어 비상한다. 머리 나쁜 나 자신에 대한 모욕감 때문인 것은 아니다. 미래에 나를 좋아할 수도 있는 나의 이성 친구도 단순히 내가 축구를 좋아한다는 이유로 머리 나쁜 인간으로 낙인찍은 꼴이었기 때문이다. 다시 말하면, 미래의 나의 이성 친구도 모욕한 셈이다.

그럼에도 불구하고 그 순간 모욕감이 분노로 변이, 승화되지는 않았다. "축구=머리 나쁜 사람이 하는 스포츠"라는 등식을 1991년 당시 그 어느 누구도 반박하기 힘들었다. 대한민국 사람이라면 누구나 1990년 월드컵에서 당한 한국 축구의 참패를 너무나도 또렷이 기억하고 있던 시절이었기 때문이다. 1990년 국가대표팀이 보여준 한국 축구는 "축구=머리 나쁜 사람이 하는 스포츠"라는 등식(공식)을 만들어내는 데 결정적으로 기여한 일종의 스캔들scandal 그 자체였다. 당시 한국 축구가 보여준 것은 '그냥 달리기'였다. 그것도 '생각 없이 그냥 달리기'였다. 반면, 한국의 프로야구는 1991년 시절에도 매력적이었다. 아기자기한 작전이 있었고, 투수와 타자 사이의 수 싸움이 있었다.

이 글은 바로 "축구=머리 나쁜 사람이 하는 스포츠"라는 공식을 반박

하기 위한 것이다. '한국 축구가 생각 없이 그냥 달렸다'고 해서 "축구의 일반적인 속성이 머리 나쁜 사람이 그냥 달리는 것"이라고 규정짓는 것은 과도한 '일반화의 오류'이자 '확증편향'임을 논증하려는 시도이기도 하다. 또한 "축구를 좋아하면 머리가 나쁘다"는 필자 개인의 트라우마(사고후유장애)를 극복하는 과정을 보여주는 일종의 자기 명상록이기도 하다. 필자가 진단하기에 "축구 = 머리 나쁜 사람이 하는 스포츠"라는 편견의 원인은 바로 야구에 비해 축구에 대한 지적 담화의 양과 질이 현격히 떨어지기 때문이다. 지적 담화의 양이 사실상 '영(零)'에 가까웠던 것이다. 뿐만 아니라 "유기적인 움직임"이라는 상투어 이상의 지적 언어를 축구 담화에서 발견하기도 힘들었다. 사실 "유기적"이란 말 자체가 무엇을 정확히 뜻하는지도 잘 모르겠다.* '생물체처럼 전체와 부분을 떼어낼 수 없는 상태'라고 외치는 것은 지적 담화라기보다는 미술관의 명작을 보고 외치는 감탄사에 가깝다. 또는 랩 음악의 후렴구 이상의 의미도 없는 후렴구였다. 사실 내용이 없는 빈 껍데기인 셈이다. 반면 한국의 대표적 경제학자이자, 국무총리를 역임했던 정운찬 교수가 임시 야구 해설가로 나섰다는 것은 야구라는 스포츠가 언제든지 한국 '지식계급'의 일상 담화로 소비될 수 있음을 보여주는 사건이다.

그러니까 이 글은 바로 축구의 지적 담화 가능성을 확장하고자 쓰인 글이다. 축구도 충분히 지식계급 사이에서 소비될 수 있는 지적 담화일 수 있다는 것을 보여주기 위한 글이다. 이러한 목적을 수행하기 위해, 여기서 축구 선수가 아닌 축구 감독의 스포츠로서의 축구로 이해하

---

* 표준국어대사전에 의하면, '유기적(有機的)'이란 관형사는 생물체처럼 전체를 구성하고 있는 각 부분이 서로 밀접하게 관련을 가지고 있어서 떼어낼 수 없는. 또는 그런 것을 의미한다..

고자 한다. 마라도나, 요한 크로이프, 메시, 호날두가 대표하는 축구의 속성을 무시하기는 힘들다. 그러나 히딩크, 퍼거슨, 펩 과르디올라, 무링요, 클롭으로 상징되는 축구의 속성, 다시 말하면 감독의 스포츠인 축구를 조금이라도 이해한다면, 지적 담화로서의 축구는 어느 스포츠보다도 우월하다. 따라서 이 글의 초점은 축구 감독 입장에서의 축구이다.

여하튼 그 영어 선생의 담대한 선언 이래로, 축구를 좋아한다고 서슴없이 말하는 여성을 보면 거리감을 느낀다. "머리가 나쁘다"라는 트라우마가 여전히 머릿속 어디에선가 작용하기 때문이다. 또한 야구를 좋아한다고 서슴없이 말하는 여성을 보면 더욱더 거리감을 느낀다. "축구는 머리가 나쁜 사람의 경기, 야구는 머리가 좋은 사람의 경기"라고 선언한 영어 선생의 얼굴이 회상될 뿐만 아니라, 바로 야구를 좋아하기 때문이다. 결국 그 사건 이래로 스포츠에 무심한 여성만이 나의 거리 반경 안에 있다.

왜 그때 영어 선생은 그러한 질문을 던졌을까? 야구를 좋아하는 본인의 모습을 보면서, 정운찬 교수와 같은 지적 계급에 속한다는 일체감에서 오는 '선비'의 자태였을까? 아니면 만일 축구를 좋아하는 학생이 더 많았더라면, 축구는 머리 좋은 사람이 하는 것이라고 말을 바꿀 수도 있는 전략적 사고의 연습이었을까? 아니면 1990년 월드컵에서 한국 축구 경기에 걸었던 돈을 잃어버린 것에 대한 보복심의 발로였을까? 아니면 야구를 좋아하는 본인의 여자친구 또는 사모님에 대한 무한한 애정을 시적으로 표현한 것이었을까? 거의 25년이 지난 지금까지도 의문으로 남는다. 한 가지는 확실하다. 그 영어 선생 덕분에 이 글이 탄생했다는 점이다.

'선수 탓'인가, '감독 탓'인가

"선수의 기술이 부족해서", "선수의 재능이 부족해서", "선수의 개인기가 남미 선수 같지 않아서"……. 이러한 요인 때문에 한국 축구는 월드컵이라는 세계무대에서 참패했고, 16강에 도달하지 못했다는 것이 2002년이전 국가대표급 감독들의 중론이었다. 이 같은 감독들의 진지하고 엄숙한 태도에서 뿜어져 나온 이러한 진단은 "한국 축구 수준 = 선수의 개인기 수준"이라는 바이러스에 각인된 채 걸어다니는 좀비처럼 우리 모두를 집단최면 상태에 빠지게 할 정도로 달콤했다. 사랑의 열병처럼 달콤했고 미륵보살을 자칭하는 난세의 간웅처럼 권능이 있었다.

2002년 월드컵은 한국 축구사의 이정표였다. 단순히 4강이라는 결과가 한국 축구사의 이정표를 정의하는 모든 표식은 아니다. 2002년 월드컵은 한국 축구계의 종교개혁과 같았다. 마틴 루터라는 이름을 가진 '히딩크'란 감독이 "한국 축구 수준 = 선수의 개인기 수준"이라는 면죄부를 갈기갈기 찢어놓았다. '라틴어'로 통용되었던 한국 축구 감독의 담화 수준을 과감히 '한국어'로 번역했다. 한국 축구계에 미륵보살은 존재하지 않았다는 것을 확인하는 순간이었다. 축구는 감독 덕이거나, 감독 탓임을 확인하는 순간이었던 것이다.

이로써 밀실 담합 수준의 패거리로 정의되었던 한국 축구계가 일반 관중, 일반 대중까지 포괄하는 거대한 공동체로 확대재생산되는 계기가 되었다. 일반대중이 '감독의 라틴어'를 정확히 이해하고 그들의 변명을 가차없이 조목조목 반박할 수 있게 된 것이다. 더 이상 어린 선수에게 책임을 전가하는 구차한 방편은 더 이상 통용되지 않는 세상이 도래한 것이다. 한마디로 우리는 이제 더 이상 사랑의 선홍열에 일그러진 얼굴을 가진 좀비가 아니라는 것을 선언하는 순간이었다!

개인적으로 필자는 축구 경기를 피아노 연주에 비유하곤 한다. 피아노 연주를 위해서는 왼손 오른손 각각 다섯 개의 손가락이 필요하다. 또한 페달을 밟기 위해 오른발이 필요하다. 발만 쓰는 열 명의 필드 선수와 손을 쓰는 한 명의 골키퍼로 구성되어 있는 축구팀과 묘한 대칭을 이루는 것이 흥미롭다. 물론 열 개의 손가락과 오른발만 가지고 연주가 되는 것은 아니다. 악보와 그 악보를 파악하고 해석하고 영혼을 불어넣는 연주자의 두뇌가 필요하다.

좀 과장해서 말한다면, 축구 경기에서 연주자의 두뇌에 해당하는 것이 바로 축구 감독이라 비유할 수 있겠다. 축구 경기는 바로 '전술'이라 불리는 악보를 열 개의 손가락과 오른발을 써서 연주되는 무대의 한 피아노곡이라 할 수 있겠다. 그렇다면 축구 감독이란 계획되고 준비된 전술에 해당하는 악보를 청중 앞의 무대에서 열 개의 손가락과 오른발을 써서 연주하는 피아니스트와 같다.

4-3-3, 4-4-2, 4-2-3-1이라는 동일한 악보를 가지고도 피아니스트가 들려주는 연주는 전혀 다르다. 피아니스트의 손 상태, 무대의 피아노 상태, 청중의 반응 정도, 피아니스트의 탁월한 해석과 즉흥성에 따라 전혀 다른 연주가 나온다. 그렇기에 우리는 바흐의 골드베르크 변주곡 악보에서 탁월하고 서로 다른 수많은 연주를 만끽하게 된다. 필자가 아는 저명한 피아니스트 중에서 "피아노 연주의 수준 = 손가락의 개인기 수준"이라고 변명하는 피아니스트는 본 적이 없다. 감독이 "축구(경기)의 수준 = 선수의 개인기 수준"이라고 말하는 것은 "피아노 연주의

수준＝손가락의 개인기 수준" 또는 "피아노 연주의 수준＝오른쪽 발바닥의 수준"이라고 주장하는 피아니스트와 똑같다. 전문적인 피아니스트는 탁월한 해석에 대해 논한다. 전문적인 감독이라면 탁월한 전술에 대해 담화를 전개할 준비가 되어 있어야 한다. 바흐의 평균율과 쇼팽의 전주곡 악보를 연구조차 해본 적이 없으면서 자신을 전문 피아니스트라고 주장하는 아마추어 피아니스트를 히딩크는 정확히 가려내는 역할을 했다. 본인이 의도했든 안 했든 히딩크는 일종의 뱀파이어 감별사 역할을 한 것이다.

그렇다면 축구 감독의 역할과 기능은 무엇일까? 글 제목이 암시하듯이, 승패를 포함한 축구 경기의 모든 것에 대해 '감독 탓'을 하는 것이 이 글의 목적이다. 사실 2002년 이전 '선수 탓'이 한국 축구계 담화의 키워드였다면, 2002년 이후 지금까지 한국 축구계 담화의 표제어는 '감독 탓'이다. 지난 2014년 월드컵의 실패는 우리가 여전히 '감독 탓' 시대에 살고 있다는 것을 확증해 준다. 물론 '원따봉'과 '콰이아'로 대표되는 '선수 탓'의 여론이 형성되지 않은 것은 아니지만, 오히려 '원따봉'과 '콰이아'를 기용한 감독의 용병술에 대해 담화가 더 많았던 것을 볼 때, 여전히 '감독 탓' 시대라는 것은 의문의 여지가 없다.

그런 의미에서 한국 축구계의 미래는 밝다. 이제는 피아니스트의 손가락 또는 오른발을 비난하지는 않는다. 이제는 피아니스트의 해석을 비판하는 정도로 관객의 수준이 격상되었기 때문이다. 한국 축구계는 종교적 이념에 의해 눈이 먼 중세 시대를 지나 이성의 시대로 전환된 것이다. 이 글에서는 이러한 '이성의 시대' 기조를 유지하고자 한다. 결국 모든 것은 '감독 탓'이다. 그리고 이성의 시대는 당분간 계속되어야 한다. 헤겔의 고견을 빌리자면, 감독 탓은 역사의 변증법적 발전 도상에서 '반anti-thesis'에 해당하는 역할을 해주리라 믿기 때문이다. '힙synthesis'의 경지에서 우리는 보다 균형된 시각을 갖게 될 것이다. 그렇기 때문에 이 글은 '반'의 임무를 철저히, 가차없이 수행할 생각이다.

경제학의 핵심 사고: 모형적 사고 1

경제학에 문외한인 사람도 1930년대 대공황, 그리고 경제학자 케인스는 잘 알고 있는 듯하다. 역사적으로 케인스의 유효수요 이론은 대공황에 대응하는 경제정책 중 거의 유일한 이론적 근거로 인식되어 왔고, 실제 뉴딜 정책의 시행이 그러한 인식을 강화한 경향이 있다. 사실 '대공황과 케인스'는 바흐가 그의 평균율 곡집에서 각각의 곡을 '전주곡과 푸가'를 쌍으로 맺어 놓은 것처럼, 한 쌍의 곡처럼 인식되는 경향이 있다. 어쨌든 케인스가 '거시경제학'이란 독립적 학문을 형성하는 데 기여했다는 사실에는 의문의 여지가 없다.* 또한 현대 (거시)경제학의 중핵 사고를 예지한 선구자이기도 했다. 사실 유교에서의 공자가 차지하는 위치와 같다. 유교 경전에서 "자왈子曰"이라 대표되는 공자의 말이 어마어마한 위엄을 갖고 있듯이, "Keynes says" 또한 경제학에서 그러한 권위를 갖고 있다.

---

* 1930년 대공황 이전에는 미시경제학과 거시경제학의 뚜렷한 경계가 없었다. 모두 경제학(Economics)이었다.

그러한 "케인스가 말하기를" "Economics is a science of thinking in terms of models joined to the art of choosing models which are relevant to the comtemporary world"라고 했다. 요체는 경제학의 중핵 사고란 일종의 '모형적 사고'임을 주장하는 것이다. 경제학은 우리가 겪는 경제 현상을 추상화한 '모형'을 가지고 분석하고 이해하는 것이라는, 경제학자의 사고방식을 간결하게 전달한 말이다.

여기에서 '모형'이란, 세계의 관측자로서의 '문제의식'을 갖고 있는 인간이 세계의 속성 중 필수불가결한 요소만 취사선택하는 '추상화'의 과정을 통하여 '실존하는' 세계를 '수리적 언어'로 축소화, 재구성한 작은 세계 microcosm를 의미한다. 경제학이란 이러한 모형의 세계의 눈으로 경제 현상을 분석하는 것을 업業으로 삼는다. 또한 모형의 가치는 현재 일어나는 경제 현상을 설명하는 설명력으로 판단하는데, 한 가지 모형이나 이념을 가지고 설명하는 것은 독단이며, 이는 경제학자의 사고방식이라고 할 수 없음을 넌지시 암시한다.

여하튼 이러한 "케인스 선생의 말씀"은 현대 거시경제학 방법론을 명확히 인도해 준다. 현대 거시경제학의 방법론을 살펴보면 다음과 같다.

1. 통계적 기법을 이용하여 관심 있는 경제 현상을 수치로 표현하고 그러한 수치들의 모임(즉, 통계)에서 어떠한 규칙성을 찾는다. 그러한 규칙성을 "정형화된 사실 Stylized Facts"이라 선언한다. 또한 우리의 감각 또는 인식이 경험적으로 반복 관찰한 사건의 인과성 또는 정형성을 "정형화된 사실"이라고 선언한다.

2. 이렇게 선언된 – 명시적으로 선언되었든, 암묵적으로 선언되었든 – "정형화된 사실"을 설명하는 모형을 찾거나 또는 만들어내는 것이 두 번째 단계이다. 케인스는 이 단계를 "The art of choosing models"이란 어구로 멋지게 표현했다. 사실 영어 단어 'art'의 의미는 단순히 우리가 생각하는 예술만 뜻하는 것이 아니라, 기교·기법 같은 넓은 범주의 의미를 담고 있다. 케인스도 그러한 의미에서 표현했겠지만, 모형을 선택하는 예술이라는 직역은 의도치 않게 경제학을 더 높은 층위로 승격시키는 착시 효과를 준다. 또한 이 두 번째 단계, 즉 모형을 취사선택할 수 있는 안목이 바로 현대 경제학자의 능력을 가늠하는 지표라고 할 수 있다. 단, 여기서 간과해서는 안 되는 사실 중 하나는 모형이 보여주는 가상의 인간세계는 경제학에서 바라본 '보편적 인간'들의 모임이어야 한다는 규약이 숨겨져 있다. 예를 들어 경제주체는 그 자신의 '행복'을 극대화하는 방식으로 행동한다는 기본 원리가 있다. 모형이라 불리는 가상세계에 사는 사람들은 이러한 행복 극대화의 원리를 준수하도록 요구된다. 이러한 원리를 준수한 모형을 '미시적 기초Microeconomic Foundation'가 있는 모형 또는 미시적 원리Microeconomic Principle'를 따르는 모형이라 부른다. 이 원리에서 벗어나는 사람의 행동을 중심으로 구성된 모형은 "정형화된 사실"을 잘 설명하더라도 경제모형의 범주에서 배제된다.

3. 세 번째 단계는 '간택된' 경제모형을 검증하는 단계이다. 이 단계에서는 컴퓨터의 발전이 중요한 역할을 했다. 컴퓨터의 도움으로 모형경제에서나 일어나는 일을 마치 유체역학의 모형처럼 시뮬레이션을

통해서 가상적으로 재현할 수 있다. 모형경제가 생성하는 경제현상의 규칙성을 실제 "정형화된 사실"과 비교해서 모형의 가치를 판단할 수 있다.

4. 앞의 세 단계를 통과한 경제모형을 중심으로 모형의 함의를 찾는다. 그러한 함의가 정책적 처방일 수도 있다. 이 마지막 단계가 케인스가 말한 "A science of thinking in terms of models"이다. 즉 모형적 사고가 가능한 경제모형이 채택된 단계인 것이다.

이 네 단계의 (거시)경제학 방법론을 통과하면 (거시)경제 논문이 된다.

피케티와 한국 경제학계에 대한 단상 : 모형적 사고 2

혹자는 네 단계의 경제학 방법론을 통과한 경제학을 주류경제학이라 부르기도 한다. 또한 네 단계를 통과한 경제학 논문만을 경제학 논문으로 인정하는 풍토에 대하여 미국 경제학에 편향되었다고 비판하기도 하고, 피케티가 『자본론』 서문에서 언급했듯이 수리적 언어로 표명된 경제모형만을 강조하는 경향을 수학에 대한 일종의 "유아적 정열"로 폄하하기도 한다. 마찬가지 이유로 케인스처럼 수리적 언어 없이 일상 언어로 경제학의 중요한 사상적 조류를 토해내는 "위대한 사상가big thinker"를 배제하는 풍토를 만들어냈다고 한탄하기도 한다.

그러나 "케인스 선생의 말씀"이 말하듯이, 케인스야말로 모형의 중요성을 간파한 'big thinker'였다. 케인스가 『확률론 A Treatise on Probability』
라는 책을 쓴 것이 널리 알려지지 않은 것 같다. 그 책이 의도했던
것은 놀랍게도 "수리 언어로 확률이론을 정립한다"는 것이었다. 케인
스가 원했던 것은 '확률론'이라는 정교한 수리적 언어로 경제 현상을
모형화한 후 이해하려는 '모형적 사고'였다고 필자는 확신한다. 그의
대작『고용, 이자 및 화폐의 일반이론』은 수리 언어 없이 일상 언어로만
이루어져 있기는 해도, 이미 어떤 모형이 설정되어 있고 그 모형에 의
해 경제 현상을 분석하는 '모형적 사고'를 철저히 유지하고 있다. 단지
케인스의 모형을 뒷받침하는 정교한 수리 언어가 그 시대에 존재하지
않아 어쩔 수 없이 '영어'라는 일상 언어로 표현한 것뿐이다. 아마도
그의 책『확률론』은 케인스 자신의 경제모형을 뒷받침하는 수리 언어
자체의 개발을 염두에 둔 책이었을 것이다. 물론 케인스는 자신이 개
발한 수리 언어가 그의 경제모형을 뒷받침할 수 있는지 없는지 판단
할 만큼 장수하지는 못했다. 결론적으로 말하면, 일상 언어로 된 표상
이 '위대한 사상가'의 점유물은 아니다. 만일 케인스를 진정으로 존경
한다면, 수리 언어로 표상된 경제모형의 가치를 누구보다도 잘 인지하
고 있어야 한다.

    그런 점에서 피케티의『자본론』은 다소 엉뚱한 면이 있다. 피케티는
어느 누구보다도 현대의 경제학 방법론에 익숙한 disciplined 경제학자였
다. 피케티가 경제학계에서 명성을 쌓을 수 있었던 것은 첫째, 중요한
'정형화된 사실'을 발굴했기 때문이고, 둘째, 수리 언어로 표명된 경제
모형을 개발하여 우리의 경제학적 직관을 뒷받침해 준 덕분이다. 다시
말해 피케티는 현대 경제학 방법론에서 첫 번째 단계와 두 번째 단계를

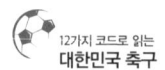

어느 누구보다도 탁월하게 이해했고 발굴의 실력을 발휘했다. 그랬던 경제학자가 수리 언어로 표명된 경제모형의 강조를 수학에 대한 일종의 "유아적 정열"로 치부하다니 다소 생뚱맞다. 아마도 피케티는 그의 『자본론』이란 책에서 경제학 방법론의 네 번째 단계의 경지에서 담화를 구성하고 싶었던 것으로 보인다. 세 번째 단계는 많은 시간이 필요할 뿐더러 동료 교수들의 도움도 절대적으로 필요하기 때문이다. 세 번째 단계를 통과한 후 책을 낸다면, 소위 '대침체Great Recession'를 겪는 작금의 상황을 고발하기에는 너무 늦다고 판단하지 않았을까.* 결국 피케티의 『자본론』이란 책의 가치는 '시대의 고발정신'에 충실한 피케티의 열정의 산물이었다.**

반면, 서점의 경제학 코너에서 항상 베스트셀러 자리를 점하는 장하준 교수의 책은 앞서 논한 경제학 방법론 중 그 어떠한 단계도 숙고하지 않고 일필휘지로 써내려간 글이다. 장하준 교수의 글은 케인스가 그토록 소중히 여겼던 '모형적 사고'를 단 한 번도 보여주지 못했다. 필자는 한국경제학회 사무차장을 하면서, 미국의 훌륭한 경제학 석학 밑에서

---

* 1929년에 일어난 전 세계적 경기침체인 '대공황(Great Depression)'과 구별하기 위해 2008년 미국 금융위기로 비롯된 전 세계적 경기침체를 경제학자들은 '대침체(Great Recession)'라고 부른다.

** 2015년 피케티는 그의 책 『자본론』을 둘러싼 '오해'와 '억측'을 불식시키기 위해 일련의 논문을 발표했는데, 한국 일부 언론 매체가 보도한 바와 같이 이 논문이 『자본론』의 '오류'를 시인하는 '자아비판서'로 보기는 힘들다. 오히려 필자가 지적했듯이, 『자본론』은 '부의 불평등'에 대한 비판의식을 '시대정신(Zeitgeist)'화하기를 촉구하는 일종의 개론서로 보는 것이 합당하고, 따라서 불가피하게 경제학 방법론 세 번째 단계가 전반적으로 희생될 수밖에 없는 한계성이 있음을 명시했다고 보는 것이 타당하다고 본다. 다음의 두 논문을 참조하기 바란다.
Piketty, Thomas. "About Capital in the Twenty-First Century," *American Economic Review: Papers & Proceedings* 2015, 105: 48–53.; Piketty, Thomas. "Putting Distribution Back at the Center of Economics: Reflections on Capital in the Twenty-First Century," *Journal of Economic Perspectives* 2015, 29: 67–88.

모형적 사고를 배운 한국의 주류경제학들조차, 정책 토론회에서 경제학의 실용성에 대한 거대한 비판이나 의문에 직면할 경우, 모형적 사고에 기반한 경제학이 '쓸모없음'을 자인하거나 또는 시카고학파 특유의 경제모형을 향한 "유아적 정열"로 폄하하는 데 동참하는 것을 보아 왔다. 시카고학파이건 케인스 추종자이건 '모형적 사고'가 경제학의 중핵 논리 또는 영혼임을 자각한다면, 경제학자가 모형적 사고를 부인하는 것은 본인의 영혼을 부인하는 것이다. 일종의 정신분열증이다. 경제학이 쓸모없다고 하는 경제학자를 대학에서 왜 월급을 주고 고용해야 하는가.

'축구 감독=피아니스트' 모형 : 모형적 사고 3

경제학자로서 경제학을 가르치는 대가로 대학에 고용되었기 때문에, 이 글에서도 '모형적 사고'를 기반으로 축구에 대한 '사적私的 이론'을 전개해 보고자 한다. 즉, 한국 축구의 '정형화된 사실'을 제시하고 그 '정형화된 사실'을 잘 설명할 수 있다고 믿는 모형을 바탕으로 사고를 전개하고자 한다. '모형'은 '전주곡' 부분에서 이미 제시했다. 바로 '축구 감독=피아니스트' 모형이다. 모형의 속성상 축구의 모든 것을 담을 수는 없다.

예를 들어 '메시' 손가락에 대해서는 논할 수 없다. 그럼에도 추상화되고 단순화된 모형이 '감독 탓'이란 주명제를 보이기에는 충분하다. 경제학 방법론 중 세 번째 단계는 생략할 것이다. 이 글 역시 피케티의 책처럼, 모든 것이 "감독 탓이다"라고 사자후를 토하는 '시대의 고발정신'에 충실하려 노력하기 때문이다.

축구의 정형화된 사실

　　경제학 방법론의 절차적 논리를 차용해서 한국 축구의 '정형화된 사실'을 정리해 보자. 한국 축구에 대해 우리의 감각 또는 인식이 경험적으로 반복 관찰한 사건의 인과성 또는 정형성을 정리해 보자는 것이다. 물론 이 '정형화된 사실'을 설명하려는 모형은 '감독=피아니스트' 모형이고 이 모형을 기반으로 전개된 '모형적 사고'의 결론은 "감독 탓"이다.

⋯▶ 한국 축구의 정형화된 사실
　관중이 없다
　중계료가 낮다
　TV 중계에 자주 노출되지 않는다
　재미가 없다.
　야구에 비해 재미가 없다
　국가대표 경기는 본다.
　프로 경기는 시청률이 낮다
　사람들에게 회자되지 않는다.
　경기장에서 본다면 2시간 동안 경기가 순식간에 흘러간다.

⋯▶ 유럽 축구의 정형화된 사실
　관중들이 열정적이고 출석률이 높다.
　중계료가 높다.
　미국에서 돈을 지불해서라도 유선으로 EPL(영국 프로 축구리그)을 본다.
　"재미가 없다"라는 말을 모른다. 그냥 일상이다.
　야구가 뭔지 모르는 것처럼 행동한다.
　둘 다 본다.
　리그 경기는 그냥 일상이다.
　수많은 기사가 쏟아져 나온다. 당연히 많이 회자되리라 생각한다.
　2시간 동안 경기가 마치 잘 짜진 음악처럼 순식간에 흘러간다.

이제 '감독＝피아니스트' 모형으로 위에 서술된 '정형화된 사실'을 하나하나씩 분석해 나가기로 하자.

축구의 전술: 수비

한마디로, 축구는 일종의 '땅따먹기'이다. 한쪽은 공간을 만들고, 반대편은 공간을 지운다. 이런 '땅따먹기'의 시작은 현대 축구에서는 오프사이드 off-side 규칙에서 시작한다. 사실 축구의 오프사이드 규칙은 축구의 가장 아름다운 중핵 원리라고 볼 수 있다. 바로 공간을 지우는 것을 합법화해 주기 때문이다. 이 오프사이드 규칙에 따라 수비수들은 오프사이드 함정을 만들어낼 수 있다.

보통 축구 전술의 '단위'는 10명의 필드 선수가 어떻게 포진하느냐에 따라 정의되는데, 가장 흔히 볼 수 있는 '단위'가 4-4-2, 4-3-3, 4-2-3-1 등이다. 10명의 필드 선수를 각각 수비수, 미드필더, 공격수의 세 그룹으로 나눈 후 각 그룹을 축구장에 배치하는 것이다.

그런데 현대 축구에서는 수비수 그룹에 속하는 네 명이 일자로 서는 경향이 있다. 일자 백포 back four의 목적은 바로 일자 네 명의 수비수 뒷공간을 죽은 공간으로 만드는 데 있다. 네 명의 뒤쪽에 만들어지는 공간을 지우는 역할을 하는 것이다. 만일 이 네 명이 극단적으로 중앙선까지 올라가면 축구장의 반에 이르는 공간은 지워진다. 이론적으로 상대편이 움직일 수 있는 공간은 상대방 수비수 뒷공간을 제외한, 나머지 공간뿐이다. 좁은 공간에서 상대방이 경기를 펼치기란 어렵다. 그 공간 안에

20명의 필드 선수가 포진되어 있기 때문이다. 즉, 주어진 공간의 '인구밀도'를 순간적으로 높일 수 있다. 더군다나 중앙 미드필더 그룹으로 분류되는 선수들이 후방 수비수 앞에 일자로 다시 포진한다면, 상대방 선수들은 2차 세계대전 오마하 해변의 독일 장애물(그것도 '잘' 짜여진)을 지나쳐야 하는 연합군의 압박감을 느낄 수밖에 없다.*

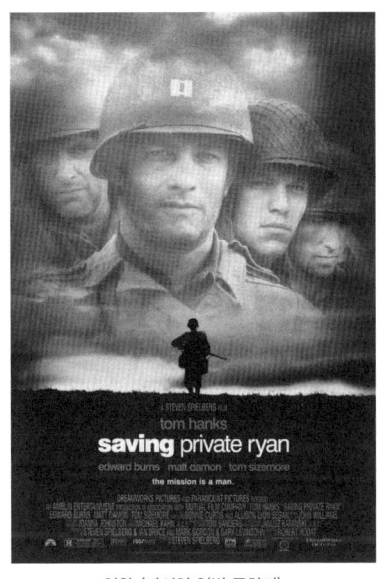

영화 〈라이언 일병 구하기〉

몇 년 전 세계 축구의 화두였던 티키타카 축구의 기본 역시, 바로 최종 수비수의 일자 정렬이 마치 오마하 해변의 독일군 장애물처럼 극단적으로 공간을 줄이는 데서 시작되었다. 한국 축구에서도 이 티키타카를 도입하려는 움직임이 있었지만, 감독이 이 최종 수비수의 일자 정렬의 가치를 과연 제대로 평가하고 도입했는지 의문이다. 티키타카 축구의 접목을 원했던 대부분의 한국 감독, 특히 국가대표 감독은 티키타카에 대하여 공격 시 중앙 미드필더와 공격수 사이의 5미터 이하 간격의 짧은 패스로 진행하는 공격술이라고만 이해한 것으로 보인다. 문제는 티키타카

---

* 만일 독자 여러분이 스티븐 스필버그 감독의 영화 〈라이언 일병 구하기(Saving private Ryan)〉의 첫 10분을 볼 기회가 있다면, 오마하 해변의 독일군 장벽이 주는 압박감과 공포감을 간접 경험할 수 있을 것이다.

축구의 정신적 원류 또는 철학적 배경이 바로 네덜란드의 '토털사커 Total Soccer' 철학에서 왔다는 사실을 간과했다는 점이다.

전성기의 바로셀로나 티키타카 축구의 최종 4명의 일자 수비수는 거의 중앙선까지 올라오기 때문에, 상대방이 활용할 수 있는 공간은 축구장의 반뿐이다. 반대로 우리 편의 입장에서는 이처럼 좁혀진 공간에서 – 상대방이 점유하는 공간이 반으로 줄어들기 때문에 우리 편이 막아야 하는 공간도 반이다. – 중앙 미드필더, 공격수 모두가 압박 수비와 공격을 동시에 할 수 있는 체력을 확보할 수 있다. 반면, 바로셀로나와 맨체스터 유나이티드의 챔피언스 결승전 경기에서 압박 수비와 공격을 동시에 진행해야 했던 박지성 선수는 완전히 소진되어 버렸다. 맨체스터 유나이티드의 일자 수비수진이 허용한 앞의 공간이 너무나 넓었기 때문이다.

'감독 = 피아니스트' 모형에 의하면, 전술이란 '피아노 독주곡의 악보'에 해당한다. 특히 현대 전술의 구조는 고전 피아노곡 악보에서의 베이스·테너/알토·소프라노 등, '성부'로 투영될 수 있다. 베이스는 수비진에 해당하는 역할을 하고, 테너/알토는 중앙 미드필더의 수비 및 공격, 소프라노는 공격진의 역할을 한다. 축구에서 메시와 같은 위대한 공격수가 관중에 의해 더 많이 회자되고 기억되듯이, 청중이 파악하는 고전 피아노곡의 정체성도 보통 소프라노가 담당하는 '낭만'인 선율로 기억되는 경향이 있다. 쇼팽 녹턴 no9-2의 정체성은 소프라노가 담당하는 선율로 확인되지, 그 녹턴이 갖고 있는 베이스 성부의 움직임으로 쇼팽 녹턴 no9-2의 인격을 부여하지는 않는다.

전문 피아니스트 입장에서도 쇼팽의 피아노곡은 연주 프로그램에

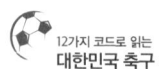

쇼팽의 녹턴 no9-2 악보의 첫 페이지

꼭 넣고 싶은 곡임에 틀림없다. 통속적인 의미에서 '심금을 울리는' 소프라노의 선율을 청중에게 선사할 수 있기 때문이다. 마치 메시와 호날두의 멋진 개인기를 경기장에 화려하게 수놓은 듯한 경기를 선사하는 것과 같다.

그러나 현대 축구의 전술은 유감스럽게도 요한 세바스티안 바흐의 푸가의 악보와 더 닮아 있다. 바흐 평균율 곡집을 보면 바흐 푸가의 정형성을 파악할 수 있는데, 앞서 언급했듯이 베이스 테너/알토 소프라노

바흐의 평균율곡 2집 BWV878 No 9 푸가

의 3성 또는 4성으로 구성되어 있다. 우리 귀에 익숙한 고전파 음악 또는 낭만파 음악과는 달리, 이 세 개 또는 네 개의 성부가 각자 독립적으로 선율을 전개한다. 각자의 독립적 선율이 갈등하기도 조화되기도 하면서 굵은 선으로 표상되는 평면적인 음악의 움직임을 하나의 건축물로 공간화하는 기능을 하는 것이다.*

---

* 슈바니츠의 책 『교양: 사람이 알아야 할 모든 것』(인성기 옮김)에서 바흐의 푸가를 다음과 같이 요약하였다. "하나의 성부가 하나의 주제를 '조율'한다. 악곡 시작부의 특징적인 멜로디를 우리는 그렇게 부른다. 첫 번째 주제가 끝나면 두 번째 성부가 등장하여 다른 음 높이로 역시 이 주제를 노래 부른다.

따라서 소프라노의 선율로 음악의 인격이 부여되는 것이 아니라, 주선율로 표현된 악상이 삶과 죽음의 연속된 교차와 반복을 거듭함으로써 얻어지는 지혜의 결과로서 영혼이 부여된다. 현대의 축구 전술이 비록 수비진, 중앙 미드필더, 공격진이란 층위로 나누어져 있지만, 사실상 모든 층위가 공격과 수비의 연속된 교차와 반복을 거듭함으로써 얻어지는 투쟁의 결과로 인격이 부여되는 것과 같다.

현대 축구에서 4명의 수비진 중 양쪽의 윙백이 공격에 가담하는 전술은 너무나 당연하다. 그래서 수비진이란 층위에서도 공격과 수비의 교차·반복이 끊임없이 일어난다. 베이스의 성부가 명확한 선율을 연주하기도 하고 다른 선율의 보조적 역할을 하는 것은 교차·반복하는 바흐의 푸가의 속성을 지니는 것이다.

이러한 푸가의 속성은 티키타카의 전술에서도 확연히 드러난다. 일자 최종 수비진에 의해 허용된 공간 안에서 중앙 미드필더의 공격과 수비의 반복·교차는 끊임없이 반복 확대 재생산되는 것이다. 수비형 미드필더 부스케츠는 최종 수비수 2명(예를 들어, 푸욜과 피케)과 삼각형 포진을 이루게 되는데, 이 부스케츠가 공격의 시발점이자, 또한 수비의 지휘자 역할을 하게 된다. 이영표 선수가 뛰었던 EPL 토튼햄의 감독이었던 마틴

그렇게 하는 동안 첫 번째 성부는 동반음으로 덧붙여진다. 두 번째 성부는 '반대 주제'로, 첫 번째 주제와 대조를 이룬다. 계속하여 다른 성부가 이런 식으로 하나의 주제를 노래 부른다. 이와 동시에 다른 성부는 작곡가가 삽입한 변덕스러운 착상을 노래한다. 모든 성부가 종결될 때까지, 이런 식으로 음악이 계속 변주된다. 그리하여 작품 전체는 마치 모든 성부가 시계의 부속품이라도 되는 듯이 서로 간섭하는 효과를 자아낸다." 악곡 시작부의 특징적인 멜로디를 주제(subject)라고 부르며, 보통 4마디(소절)에서 8마디(소절) 길이로 제시된다. 두 번째 성부에서 주제가 5도 위나 4도 아래에서 되풀이되는 것을 응답(answer)이라고 부른다. 두 번째 성부에서 응답을 할 때, 첫 번째 성부는 응답에서 되풀이되는 주제와 상반되면서도 조화되는 새로운 주제를 도입하는데, 이러한 주제를 대주제(counter-subject)라 하고 이러한 기법을 대위법이라 한다. 위에서 '반대 주제'로 번역된 부분은 응답이라 한다. '반대 주제'라 번역할 경우 '대주제'와 혼동하는 '위험'이 있다. 푸가를 완벽하게 이해하고 싶은 독자라면, Higgs 저/공석준 옮김의 『푸가』를 참조하기 바란다.

율은 전성기의 바로셀로나를 상대로 한 필승 전략으로 이 부스케츠의 봉쇄를 제안하기도 했다. 부스케츠는 두 명의 중앙 미드필더 이니에스타와 사비와 다시 (역)삼각형 포진을 형성하는데, 이 삼각형 포진에서 이니에스타와 사비가 공격의 시발점이자, 또한 최초 수비자의 역할을 동시에 수행한다. 공격진 또한 최종 수비진이 축소시킨 앞 공간에서 최초 수비자의 역할을 한다. 각 성부가 삶과 죽음, 주선율과 보조선율을 끊임없이 반복하는 것이다.

맨체스터 유나이티드의 전설적인 감독 퍼거슨은 박지성 선수가 공이 없을 때 움직임을 보고 칭찬하곤 했다. 공이 없는 죽음의 상태에서도 실제 죽음의 상태에 있는 것이 아니라, 다음 삶의 재생을 준비하기 위하여 독립적인 움직임을 진행해야 한다는 것이다. 불교의 『반야심경』에서 공(空)이 공이 아니듯이, 실제 죽음의 상태는 죽음의 상태가 아닌 것이다.* 박지성 선수가 속한 층위의 모든 선수가 이러한 공이 없는 상태, 공이 있는 상태를 독립적으로 반복하고, 다른 층위의 선수들도 이러한 두 가지 상태를 독립적으로 반복해야 한다는 것이다. 이것은 각 성부가 주 선율이건, 보조 선율이건 끊임없이 독립적인 선율을 이끌어 가는 푸가의 속성을 축구장 위에서 선수라는 음표를 통해 드러내는 피아니스트의 임무여야 하고, 결국 축구 감독의 임무이기도 하다.

수비 조직력의 수준은 감독의 수준을 판단하는 잣대가 된다. 바흐의

---

* 『반야심경』에 "색불이공 공불이색, 색즉시공 공즉시색(色不異空 空不異色 色卽是空 空卽是色)"이란 구절이 있는데 공(空)의 상태란 것이 색(色)의 상태와 다르지 않고, 본질적으로 같다는 의미로 해석된다. 『반야심경』의 이 구절은 여전히 모호하게 이해되고 있다. 보통 공(空)을 '허무'로 이해하는 경향이 있다. 색(色)을 오감을 느끼는 삶으로 해석한다면, 삶은 곧 허무이다. 그러나 공(空)을 불교에서 말하는 탐(탐욕)·진(분노)·치(어리석음) 없는 세 가지 독이 없는 상태 또는 세상으로 해석한다면, 우리의 삶은 그러한 세 가지 먼지가 없는 상태로 가야 한다는 규범적 주장에 더 가깝다.

평균율곡 2집의 9번, 22번 4성 푸가의 베이스를 삶과 죽음이 교차하는 방식으로 독립적으로 연주하지 못한다면 그 피아니스트는 탁월한 연주가라는 영예와는 거리가 멀 수밖에 없다. 일자의 움직임으로 대변되는 수비진이 공이 없는 상태와 공이 있는 상태를 독립적으로 교차하지 못한다면, 감독은 탁월함과 거리가 멀다. 한국 축구의 실패는 바로 백포back four의 공간지우기와 관련 있다.

다시 축구의 속성 '땅따먹기'로 돌아가자. 베이스의 역할은 악보에서 베이스보다 위에 있는 성부들이 노닐 공간을 확보한다. 나머지 공간은 베이스 성부에 의해 악보에서 지워진다. 반면에 다른 성부가 노닐 공간은 확보되고 채워진다. 바로 이러한 공간지우기와 공간채우기를 동시에 수행하는 축구의 '하부구조sub-structure'를 형성하는 것이 바로 수비진이 하는 역할이다.* 이 '하부구조'는 '상부구조super-structure'에서 공격이라는 꽃이 만개할 베이스 성부를 구성한다. 그러나 마르크스의 주장대로 이 '하부구조'와 '상부구조'가 축구의 계급적 관계를 표상하는 것은 아니다. 현대 축구에서는 '하부구조'와 '상부구조' 모두에서 공격과 수비, 삶과 죽음이 교차되는 인생의 덧없음을 관조하는 것에 더 가깝기 때문이다.

---

* 철학자이자 역사학자, 그리고 사회학자이면서 경제학자인 칼 마르크스(Karl Marx)는 인간사회의 역사적 발전상을, 그 사회의 경제적 생산력의 '변증법적' 진화로 설명하였다. 이러한 경제적 생산력을 그 사회의 하부구조라고 부른다. 상부구조란 그 사회의 이데올로기 형태로, 법률, 정치, 사회적 의식, 종교, 과학, 예술 등의 모습으로 현시(顯示)된다. 마르크스는 이러한 상부구조를 인간사회의 역사적 진화를 일으키는 독립적 힘으로 인정하기를 거부했다. 생산력으로 대표되는 사회의 하부구조가 역사 발전의 기본 원동력이며, 상부구조는 오직 하부구조까지 포괄한 '생산양식(Mode of Production)'이라는 관계 속에서 그 기능을 한다. 마르크스의 이론을 짧은 시간에 이해하기 원하는 독자는 김수행의 『자본론의 현대적 해석』을 읽어 보길 추천한다.

축구의 전술: 공격

일자로 상징되는 수비와 더불어, 공격을 상징하는 기하학적인 상징이 있다. 바로 삼각형 포진이다. 내가 공을 잡는 순간, 나를 중심으로 앞의 공간에 우리 팀의 두 선수가 나를 포함하여 삼각형 포진이 형성되어야 한다. 필자는 한국의 국가대표 감독이었던 코엘류가 한국 국가대표팀의 전술적 방향으로 주창했던 '콤팩트 축구compact soccer'를 선호한다. 콤팩트 축구의 핵심은 백 포의 공간지우기와 공격에서 바로 5미터 이하의 면을 가진 삼각형의 포진을 형성하는 데 있다. 바로셀로나의 티키타카에서는 5미터 이하의 면을 가진 삼각형 포진이 끊임없이 전개된다. 이것은 공이 없을 때의 움직임과도 관련 있다. 내가 공을 가지고 있을 때, 공을 갖고 있지 않은 우리 편 선수가 삼각형 포진이 될 수 있도록 움직여야만 한다. 일단 삼각형 포진이 형성되면 공을 가지고 있는 '나'에게 순간적으로 두 방향의 선택지가 생긴다. 삼각형 포진을 형성한 두 선수 중 한 방향을 정해서 패스하는 것이다. 세 번째 선택지도 있다. '나'는 드리블을 해서 다른 공간으로 이동할 수도 있다. 다른 공간으로 이동할 때도 그 공간 주위의 우리 편 선수는 새로운 삼각형 포진을 형성해야 한다(오른쪽 그림 참조).

네 번째 선택지도 있다. 5미터 면을 가진 삼각형 포진을 넘어 '나'를 중심으로 20미터, 30미터 이상의 면을 가진 삼각형 포진의 두 선수에게 패스하는 것이다. 이러한 '나'의 선택 문제는 경기장의 또 다른 '나'에게도 동일하게 적용된다. '나'와 또 다른 '나'로 삼각형 포진과 관련된 선택의 문제는 수비진, 중앙 미드필더, 공격진 세 층위를 끊임없

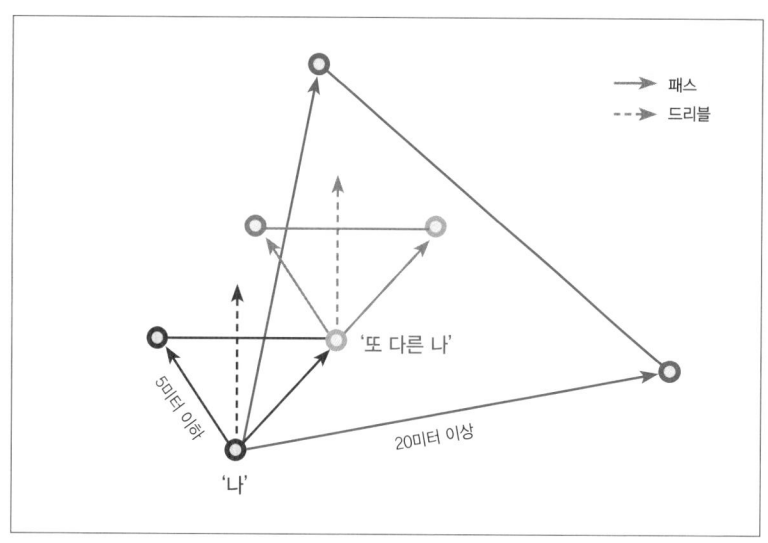

공격을 상징하는 삼각형 포진

이 넘나들면서 전이된다. 이러한 '나'와 '또 다른 나'로의 전이는, 하나의 성부가 하나의 주제를 먼저 '조율'하고, 이 주제가 끝날 때 두 번째 성부가 다른 음 높이에서 이 주제를 다시 노래 부르는 푸가의 양식과 일치한다. 물론 한 성부가 주제를 재현하고 있을 때 다른 성부는 반대 주제 또는 작곡가의 변덕스러운 착상을 노래해야 한다. 축구에서 말하는 공 없을 때off the ball의 움직임을 '또 다른 나'가 노래해야 한다. 또 다른 의미에서 푸가의 속성이 재현되는 셈이다.

'선수의 창의성'에 대해서도 많은 담화가 형성되어 왔다. 현재 한국 국가대표 감독인 슈틸리케는 한국 국가대표 선수들에게 창의적 움직임이 부족하다고 지적한다. 슈틸리케 감독이 지적한 창의성 부족이란, 앞에서 말한 삼각형 포진 과정에서 선수들의 움직임이 경기장에서 잘

발현되지 못하는 것과 관련 있다. 선수의 창의성이란, 바로 공을 가진 '나'의 선택과 공을 가지고 있지 않은 선수의 삼각형 포진을 위한 움직임으로 정의할 수 있다. 삼각형 경로의 패스를 선택하거나, 드리블하거나, 더 확대된 삼각형을 보는 눈을 가진 '나', 이러한 '나'의 움직임을 주시하면서 공 없는 공간에서 삼각형 포진을 끊임없이 제공하는 '또 다른 나', 이 두 개의 자아가 끊임없이 상호 교차하는 더 큰 자아를 가진 선수가 축구의 지능을 대표한다. 그런데 '평균적인' 한국 국가대표 선수에게 이러한 창의성이 다소 부족하다는 것이 축구 경기를 지켜보아 온 관중들의 보편적 의견이고, 이로 인해 "K리그는 야구에 비해 재미없다"는 것이 '정형화된 사실'이다.

그러면 이러한 창의성 부족은 어디에서 기인할까? 두말할 나위 없이 역시 감독 탓이다. 2014년 4월 경기장의 모든 움직임이 한눈에 들어오는 VIP실에서 K리그 경기를 관전할 기회가 있었다. 그때 충격적이었던 것은 완벽한 삼각형 포진이 양팀 모두에서 단 한 번도 구현되지 않았다는 점이다. 특히 그중 한 팀이 더욱 문제였다. 이 팀은 양 측면을 중심으로 공격할 때, 단 한 차례도 측면에서 삼각형 포진을 형성조차 하지 못했다. 기껏해야 양 측면에서 두 명의 선수가 패스를 주고받는 정도였고, 그나마 곧 상대편 수비진에 의해 고립되었다.

이것을 단지 선수들의 창의성 부족으로 볼 수 있을까? 감독이 선수들에게 측면에서의 삼각형 포진의 움직임과 관련된 선택지들을 단 한 번도 주입시키지 않은 결과는 아닐까. 축구장에서 종종 벌어지는 놀라운 움직임의 즉흥성은 끊임없이 반복 훈련된 움직임의 작은 변주에서 귀결된다. 양 측면을 주로 공격한다는 것은 아마도 그 팀의 주 공격

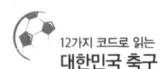

루트가 양 측면이기 때문일 것이다.

그렇다면 2014년 그 경기에서 감독은 삼각형 포진을 바탕으로 선수들에게 끊임없이 '선택과 방향성'의 문제를 연습을 통해 각인시켜야만 한다. 이러한 반복적인 각인 속에서 선수의 즉흥적 선택지가 무한히 탄생하기 때문이다. 이러한 선택을 보고 우리는 "귀신 같은 플레이"라고 찬사를 보내는 것이다. 보통 피아니스트는 악보를 완전히 암기하고 피아노 연주를 한다. 악보를 완전히 암기한다는 것은 악보의 음표를 소리로 변환하는 손가락의 움직임이 완전히 체화되었다는 것을 의미한다. 그렇게 숙련된 상태에서야 비로소 악보의 지시에서 조금씩 벗어나 음의 박자를 살며시 늘리거나 좁히는 루바토를 창의적으로 구사할 수 있고, 악보에는 없는 꾸밈음을 넣거나 음표와 음표 사이의 박자 길이를 의도적으로 좁히는 당김음을 구사하는 것이 가능해진다. 그리고 이러한 즉흥적 요소는 곡 해석을 새로운 방향으로 틀 수 있는 디딤돌이 된다. 삼각형 포진의 선택을 각인시키지 못하고 즉흥적 선택을 보여줄 것을 요구하는 감독은 한 번도 연주한 적이 없는 피아노곡 악보를 들고 나와 연주장에서 청중에게 감동을 주려는 피아니스트와 같다. 한국 국가대표 선수의 창의력은 바로 K리그 축구 경기의 연습된 창의력에서 나온다.

필자는 지금까지 한국 축구가 가장 아름다운 축구를 구사했던 시절은 코엘류 시대였다고 본다. 코엘류 축구의 핵심은 선수 간의 간격 조정이었고, 백 포의 공간지우기와 공격에서 바로 5미터 이하의 면을 가진 삼각형 포진을 형성하는 콤팩트 축구를 구사하는 데 있었다. 또한 코엘류는 삼각형 포진 선택에서 '나'가 드리블도 할 수 있다는 것을 허용한 지도자였다.

문제는 한국 축구계의 어느 누구도 코엘류의 축구를 기다려 주지 않았다는 데 있다. 쇼팽, 라흐마니노프, 리스트 등 낭만적 요소의 음악에 중독된 한국 음악 청중은, 페달 없이 어떠한 음의 강여림 없이, 또한 노래하는 듯한 레가토 기법 없이, 왜 피아니스트가 바흐의 〈푸가의 기법 Die Kunst Der Fuge〉을 스타카토로 연주하는지 이해할 수 없었을 것이다. 그러한 피아니스트가 결정적으로 푸가의 기법 네 번째 '전회 轉回, inversion'* 푸가를 연주하는 도중 중간의 악보를 완전히 망각해 버린 것처럼, 상대방이 강팀이란 전제로 만들어진 4-2-3-1 전법을 세계 축구 순위 120위쯤 하는 몰디브를 상대로 공격적으로 전회하다가 그만 갈 길을 잃어버린 것이다. 연주회는 대실패였다.** 낭만적 해석에 중독된 청중들은 코엘류를 용서하지 않았다. 만일 쇼팽이 바흐라는 작곡가에 대해 무한한 존경심을 갖고 있었고, 매일 평균율 곡을 연습했으며, 바흐에 대한 찬사의 결과로 24개의 전주곡을 작곡했다는 것을 청중이 알았다면, 코엘류에게 좀 관대하지 않았을까? 그러나 쇼팽의 바흐에 대한 무한한 찬사를 알았다고 하더라도, 20세기의 위대한 바흐 피아노 연주자 글렌 굴드가 연주하는 쇼팽 소나타 3번의 연주는 용서하기 쉽지 않았을 것이다.***

---

* '전회'란 푸가에서 특정 주제를 수평선을 축으로 대칭적으로 음의 높낮이를 자리 바꾸는 것을 말한다. 예를 들어 〈푸가의 기법〉에서 주 멜로디는 'D(레)—A(라)—F(파)—D(레)'로 상행(上行)했다 하행(下行)하는데, 이 주제의 전회는 'A(라)—D(레)—F(파)—A(라)'로 하행했다 상행하는 방식으로 자리바꿈한다. 호프스태터 저/박여성 역의 『괴델, 에셔, 바흐』를 따라 'inversion'을 전회라고 번역했다.

** 몰디브와의 경기 결과로 코엘료는 1년 만에 전격 경질되었다.

***아마도 역사상 존재하는 가장 이단적인 쇼팽 연주라 할 수 있다. 루바토는 엄격히 금지되고, 페달의 사용은 청빈한 불교 승려의 삶처럼 최소화되었으며, 주로 반주를 담당하는 베이스 성부와 노래를 담당하는 소프라노 성부를 바흐의 대위법처럼 대결시킨 연주이다. 작가 오스왈드는 그의 책 『글렌 굴드: 피아니즘의 황홀경』에서 굴드의 쇼팽 소나타 3번 연주를 "자기가 경멸하는 남자에게 강제로 키스당한 냉정한 여자가 떠오른다"고 평했다.

축구의 속성, 야구의 속성

　영어에서 'match'와 'game'은 확연히 다른 의미를 가지고 있다. 우리나라 말로 '투영'하면 match는 '결투 또는 진검승부'라는 단어에 가깝고, game은 '경기'란 단어에 가깝다. 국어사전에 따르면 '경기'란 "운동이나 기술 등에서 기량과 기술을 겨룸"으로 정의된다. 일상적으로 대화할 때 우리는 축구 경기, 야구 경기라고 말하는데 사실 야구의 속성이 바로 '경기'라는 단어 뜻에 가장 잘 부합한다. '야구 경기'는 각 개인이 그들이 갖고 있는 기예를 뽐내는 일종의 경연장 속성을 갖고 있기 때문이다. 반대로 '경기'를 영어로 '투영'하면 'game'이란 단어가 가장 가깝다.

　사실 'game'이란 단어는 '사냥'이라는 물적 하부구조 위에서 형성된 상부구조화된 개념이라 볼 수 있다. '사냥'이라는 육체적 취미 활동이 반복되면서 '사냥'의 일반적 속성이 사람의 인식 속에 언어라는 도구를 통해 축약된 상태인 것이다. 한마디로 말해 '사냥'은 놀이터라는 틀 안에서 반복되는 '사냥꾼과 사냥감' 사이의 놀이다. '사냥'의 중핵 논리를 한마디로 표상한다면, 사냥꾼과 사냥감 사이에서 벌어지는 '경기'이다. 다시 말해 사냥은 인간이라 불리는 지적으로 월등하고 지배자의 위치를 점하는 사냥꾼과, 반대로 모든 면에서 열등한 위치에 있는 동물이라 불리는 사냥감 사이에 벌어지는 '경쟁'이라 할 수 있다. 결국 사냥이란 인간과 동물의 경기라 할 수 있는데, 사냥감 역할을 하는 동물의 행동 패턴은 늘 예측 가능해서, 반드시 인간이 그대로 이기게 되어 있다는 '인간의 기대'가 깔려 있다.

이런 이유로 사냥이 벌어지는 놀이터에 입성하는 사냥꾼은 이미 승리를 확신한, 화려한 전사의 모습으로 치장한다. 이미 승리를 확신했기 때문에 이 화려한 전사의 갑옷은 마치 뉴욕 맨해튼의 파티장에 입장한 투자은행가의 5천 달러짜리 수트처럼 먼지 하나 없이 깔끔하다. 또한 이 휘황찬란한 갑옷과 더불어 적의 심장을 원하는 언제든지 관통할 수 있는, 적의 피 냄새를 맡아 질풍노도로 쫓아가는 상어와 같은 무기도 등장한다. 물론 이 무기도 먼지 하나, 땀방울 냄새 하나 허용하지 않는 향수로 가득한 사냥꾼의 갑옷처럼 핏방울 하나, 녹 하나 허용하지 않는다. 사람을 벨 수 있는 잠재력을 가졌음에도 불구하고 내가 베어내고 싶은 시점과 장소에 등장하는 동물을 베기로 예정되어 있기 때문이다. 동물의 행동 양태는 수치화하고 통제할 수 있어서 우리는 언제, 어디에 등장할지 예측할 수 있다. 이미 사냥꾼의 개선식은 예정되어 있기에 수치로 표명된 동물 행동의 예측성, 그 자체로 우리는 희열을 느끼기도 한다. 한마디로 사냥꾼의 관점에서 '조물주 놀이'가 가능하다.

야구의 속성은 바로 이러한 사냥의 속성을 그대로 드러낸다. 연장을 가지고 등장하는 야구선수는 한결같이 깔끔하다. 인간의 피를 제단에 바칠 수 있는 무기를 가졌지만 그럴 의도가 전혀 없기 때문에, 야구 경기에서 인간의 피는 더할 나위 없이 신성화된다. 미국 메이저리그에서 커트 실링이 보여준 피*는 야구 경기의 숭고함을 표상한다. 야구 경기에서 인간의 피를 볼 것이라고 사전에 기대하지 않기 때문이다. 야구공의 궤적은 예측 가능하기 때문에 매우 과학적이다. 이러한 야구공의 궤적과

---

* 미국 프로야구 '월드 챔피언전'에서 피로 흥건한 발목 부상을 무릅쓰고 투구를 강행한 미국의 야구선수.

결합되는 야구선수의 기예도 예측 가능하기 때문에 과학적이다. 타율·방어율 등으로 대변되는 수치는 바로 하층부에서 반복적이고 예측 가능한 동물의 패턴을 상층부에서 분석하고 통제하는 인간의 지적 활동을 통계라 불리는 숫자로 표상화한 것이다.

이러한 지적 활동의 측면 때문인지 적어도 한국에서 야구라는 경기는 가방끈이 긴, 피보다는 먹물을 손에 묻힐 일이 많은 지식노동자 사이에서 많이 회자된다. 미국의 과학자 집단에서도 야구는 지적 취미의 표상이다. 축구의 나라 출신임에도 불구하고, 천체물리학자인 스티브 호킹은 그 자신이 자신의 맞수에게 축하의 표시로 야구 통계책을 선물했다. 수리 언어로 표명된 야구공(동물)이 주는 예측가능성에 매력을 느꼈을 것이다.

물론 야구(공)의 '예측가능성'이 '무위험' 또는 '불확실성의 부재'를 의미하는 것은 아니다. 사전적 예측과는 달라지는 야구공의 궤적을 타자·투수·야수 모두 경험할 수 있기 때문이다. 사전적 예측 범위를 벗어나는 정도를 '오차'라고 하는데, 이러한 오차를 경험할 때 우리는 '불확실성'의 감정을 느끼게 된다. 즉 사건이 일어나기 전에 그 사건에 대한 우리의 예측이 언제나 '오차'를 갖는다는 '믿음'이 형성될 때, 우리는 미래가 불확실하다고 말한다. 그리고 오차를 불러오는 요인이 인지될 때, 이를 '위험' 또는 '위험요인'이라고 부른다. 야구 경기의 아름다움은 '위험(요인)'이라는 추상적인 상념을 야구공이라 불리는 작은 동물로 이미지화 또는 형상화해 주는 데 있다. 야구장에서 일어나는 '불확실성'은 '위험' 또는 '위험요인'이라 불리는 야구공에 의해 화려하게 수놓아진다.

모차르트 3번 소나타 첫 페이지

야구공의 궤적은 마치 '모차르트 피아노 소나타 3번'이란 이름을 가진 야구장에서 20세기의 위대한 바흐 연주가 글렌 굴드의 '점묘법 주법'에 의해 수놓아지는 음표들의 멋진 춤곡과도 같다. 사실 모차르트 피아노 소나타의 아름다움은 '위험(요인)'이라는 추상적인 상념을 음표라 불리는 작은 동물로 형상화하되, 그 음표가 청중의 사전적 예측을 벗어나는 정도가 야구공의 크기만큼 작게 설정되어 있다는 데 있다. 우리는 모차르트의 피아노 소나타를 들을 때마다 신선한 놀라움으로 가득 차 있다는 것을 느낀다. 그러한 놀라움은 앞으로 전개될 악상에 대한 청중의 사전적 예측과 다르게 실제 악상이 전개될 때 느끼는 감정이다. 모차르트 피아노 소나타의 천재성은 악상에 대한 사전적 예측의 벗어남 정도를, '위험'이란 이름을 가진 동물의 '발랄함' 정도로 설정했다는 점인데, 그 '위험'은 마치 신이 주사위 던지기를 통해 도박판의 돈을 결정하는 정도의 '위험'이다.

앞에서 말했다시피, 인간이란 본인의 예측과 다른 결과가 나올 때, 불확실성이란 느낌을 갖게 마련이다. 따라서 신의 주사위 놀이에 의해서 우리는 "불확실성에 직면한다". 이런 맥락에서 '위험'이란 신의 주사위 놀이에 의해 구현된 '불확실성'을 메시지로 전달하는 메신저인 셈이다. 여기서 주사위 놀이에 의해 구현된 불확실성이란, 마치 어린아이가 던지는 주사위 놀이에서 나오는 확률적인 결과 정도의 불확실성을 의미한다. 그래서 우리는 모차르트 음악에서 불순한 의도가 없는 어린아이의 예측 불가를 머릿속에서 형상화하고, 그렇기 때문에 모차르트 음악에서 '순진무구함'이 실제 존재할 수도 있다는 것을 감지하기도 한다.

마찬가지로 야구공에 의해 벌어지는 사전 예측의 오차는 어린아이의 주사위 놀이만큼 또는 야구공의 크기만큼 작다. 우리는 "위험을 헷지hedge한다"는 말에 익숙하다. '헷지'란 원래 '울타리를 치다'는 뜻인데, "위험을 헷지한다"는 말은 "위험이라는 동물을 울타리를 쳐 가두어 놓다"를 의미한다. 위험을 헷지하는 것은 마치 다양한 종의 동물을 가두어 놓는 동물원을 만드는 것과 같다. 위험이란 대리인Proxy이 선사하는 오차가 어린아이의 주사위 놀이에 의해 구현되는 불확실성 정도라면, 경제학자는 그 대리인을 농불원에 가두어 전시할 수 있다고 생각한다. 다시 말해 그러한 위험은 "헷지 가능하다"고 말한다.* 경제학자는 신답게 창의적이고 지적으로 고안된 주사위 놀이 정도의 발랄함은 아니더라도, 악마에 빙의된 어린아이의 주사위 놀이 정도의 위험은 동물원에 가둘 수 있다고 생각한다. 동물원에 가둘 수 있는 정도의 위험을 경제학자는

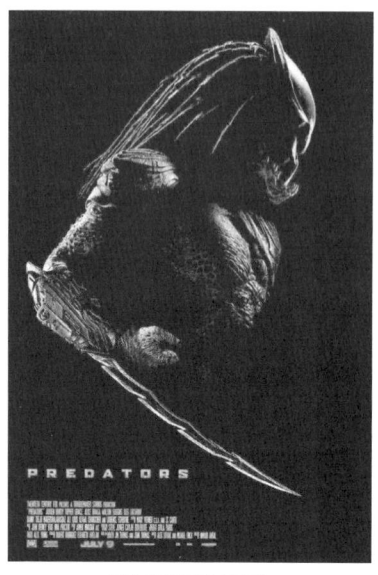

영화 〈프레데터〉(1987)

"체계적 위험 systematic risk"이라 부른다.**

---

* 이 글에서는 의도적으로 '헷지 가능하다'는 의미와 '위험 다각화(risk diversification) 가능'이라는 뜻을 구분하였다. 금융산업계에서 '헷지 가능'이라는 뜻은 '위험 다각화 가능'과 동일한 뜻으로 쓰는 경향이 있다. 거시경제학의 입장에서 '위험 다각화 가능'이란, '위험'의 거래를 통한 위험 분산(分散)에 더 가깝다. 현실세계에서 '품앗이', '계의 활동' 등이 '위험'의 거래를 통한 위험분산 활동이라 볼 수 있다. 즉 내가 어려울 때 돈을 빌릴 수 있고, 반대로 남이 어려울 때 내가 돈을 빌려줄 수 있는 것을 위험 다각화 가능이라 한다. 물론 '위험 다각화(노력)'와 '위험 다각화 가능'은 다른 의미이다. '곗돈을 가지고 튀다'는 현실에서 명확한 힘(분노·배신·처벌 등)을 가지고 있기 때문이다. 따라서 거시경제이론에서는 개인의 모든 정보를 공유할 수 있고, 채무 계약 불이행이 일어나지 않는다는 조건 하에서 위험 다각화가 가능하다고 본다. 이러한 위험 다각화 활동으로 분산되는 위험을 위험 다각화 가능한 위험이라 부른다. 그러나 '곗돈을 가지고 튀다'라는 말을 모르는 사회, 다시 말해 법 없이도 사는 사람들이 모여 사는 사회에서도 분산 가능하지 않은 위험이 존재할 수 있는데, 이러한 분산 가능하지 않은 거시경제 위험(non-diversifiable macroeconomic risk)이라 부른다. 우리가 실세계에서 경험하는 경제의 호황 국면과 불황 국면 사이의 반복적인 순환을 경기순환 또는 경기변동(Business Cycle)이라 하는데, 이러한 경기 순환 및 변동이 분산 가능하지 않은 거시경제 위험의 예이다. 불황에서는 모두가 가난해지기 때문에, 서로에게 돈을 빌리고 빌려주는 활동으로 이러한 위험을 분산하기는 어렵다. 그럼에도 불구하고 모두가 '공평하게' 위험을 공유하는 것, 또는 고통을 분담하는 것은 가능하다. 이 글에서 '헷지 가능하다'라는 의미는 위험 분산 가능한 위험의 위험 분산, 그리고 위험 분산 가능하지 않은 거시경제 위험의 위험 공유 두 가지 의미를 포괄한다.

** 거시경제학에서는 분산 가능하지 않은 거시경제 위험을 체계적 위험(systematic risk)이라 부른다. 위

물론 모든 위험을 동물원에 가둘 수 있는 것은 아니다. 할리우드 영화 〈프레데터Predator〉에는 '프레데터'라는 외계인 사냥꾼이 등장하는데, 이 수준의 '동물'이라면 동물원에 가두는 것이 쉽지 않을 것이다. 프레데터와 같은 위험을 경제학자는 "systemic risk", 즉 "체계를 뒤흔드는 위험" 또는 "체계변동 위험"이라 부른다.*

야구장에서의 야구공이 발랄한 정도는 어린이의 주사위 놀이에 의해 결정되는 놀라움이기에, 야구공이 선사하는 불확실성은 울타리를 쳐서 가두어 놓는 것이 가능하다. 다시 말하면 야구장에서 구현되는 위험은 체계적 위험이다. 우리가 관찰하고 분석하고 계산할 수 있는 위험이다. 그렇기 때문에 '예측가능성'의 의미는 체계적 위험까지 고려한 예측가능성의 차원으로 승격된다.

한국의 대표적 경제학자 정운찬 교수가 야구해설가로 등장했다는 것은 야구에서의 '예측가능성'이 경제학의 '체계적 위험'을 고려한 '합리적 예측'이라는 개념과 유사하기 때문이다.** 따라서 야구장에서는 생명의 위험을 느끼는 프레데터의 발랄함은 등장하지 않는다. 그래서

주석에서 추론할 수 있듯이, 경기 순환 및 변동이 대표적인 체계적 위험이다.

* 거시경제학에서 '체계변동 위험(systemic risk)'과 '체계적 위험(systematic risk)'은 엄연히 구별된다. 넓은 의미에서 '체계변동 위험'이란, 1930년대 대공황, 2008년 미국의 금융시장 붕괴로 인한 전 세계적 경제 불황인 대침체 등 금융시장 붕괴로 인한 대규모 경제 불황을 뜻한다. 따라서 체계변동 위험은 평상시 우리가 겪는 호황과 불황의 '주기적인' 순환과는 구별된다. 즉 체계적 위험과는 다르다. 그러나 최근 거시경제학계는 체계변동 위험을 '대규모 인출사태(bank run)'로 인한 은행의 도산과 금융시장 붕괴로 국한하는 경향이 있다.

** 이러한 '합리적 예측'을 경제학에서 '합리적 기대(rational expectations)'라 부른다. 시카고 대학의 루카스(Lucas)가 주창한 이론으로, 보편적 경제주체는 현재 접근 가능한 모든 정보(현존하는 예측 모형 포함)를 활용하여, 미래에 대한 (확률적) 예측을 수립하고 경제 문제에 관한 최적의 의사결정을 내린다. 또한 그 확률적 예측은 보편적 인간이라면 인식할 수 있는 객관적 예측이고 체계적 오류를 범하지 않는다. 다시 말해 실수를 반복하지 않는다. "Lucas says" 또한 "Keynes says"처럼 현대 (거시)경제학에서 위엄을 가지고 있다.

야구장의 풍경은 축제에 더 가깝다. 때로 야구공이 야구선수의 간담을 서늘하게 하는 놀라움과 발랄함을 선사하기는 하지만, 자신이 야구공을 결국에는 사냥할 것이라는 것을 안다. 관중 또한 야구선수가 야구공을 결국에는 사냥할 것이라는 것을 알기에, 동물원의 산책로를 따라 가두어진 동물의 재롱을 구경하는 것 같은 승리감에 취한다. 이러한 관중의 승리감을 극대화하기 위해, 심지어 한국 야구장에는 '여성'을 가진 치어리더까지 등장한다. 다시 말해, 체계적 위험은 우리의 삶을 고단하게 만드는 것이 아니라, 오히려 윤택하게 해주는 힘이 있다.*

---

* 앞서 주지했다시피, 거시경제학에서 체계적 위험이란 우리가 실세계에서 경험하는 경제의 호황과 불황 국면 사이의 반복적이고 주기적인 순환, 즉 경기순환 또는 경기변동을 가리킨다. 번스·미첼(Burns and Mitchell, 『Measuring Business Cycles』 1946), 프레스캇·키들란드(Prescott and Kydland, "Time to Build and Aggregate Fluctuations," *Econometrica* 50 : 1345-1371, 1982), 롱·플랏서(Long and Plosser, "Real Business Cycles," *Journal of Political Economy* 91 : 39-69, 1983)의 선구적인 연구 이래로, 현대 거시경제학계는 경기변동(순환)의 원인, 전파 과정, 순환 주기에 관해 보다 객관적이고 실증적인 이해 수준으로 지평선을 확장해 왔다. 그러나 "호황과 불황을 주기적으로 '경험해야' 하는 우리의 삶은 과연 행복한가?"라는 보다 근본적이고 고전적인 질문에 대해 현대 거시경제학은 여전히 '탐험자'의 위치에 있다. 다시 말해 "체계적 위험은 우리의 삶을 고단하게 만드는 것이 아니라, 오히려 윤택하게 해주는 힘이 있는가"라는 화두에 대해 여전히 확고한 답을 갖고 있지 않다. 오히려 현대 거시경제학과 뚜렷한 대척점에 있는 칼 마르크스는, 이 고전적 질의에 대해 명확한 답을 그의 책 『자본론』에서 제시하고 있다. 『자본론』에 따르면, 경기변동을 감내해야 하는 우리의 삶은 행복하지 않다. 노동 잉여가치의 착취로 인한 생산자본의 증대, 그 생산자본의 금융자본으로의 변용(metamorphosis), 변용으로 인한 경기변동의 가속화 등 자본주의 경제의 자기파괴 과정을 예언했기 때문이다. 심지어 불교의 선승(禪僧) 또한 명확한 답을 가지고 있다. 경기순환이 미치지 않는 산사(山寺)의 삶을 추구하기 때문이다. 따라서 경기순환에 노출된 우리의 삶이 행복한지에 대한 질문은 현대 거시경제학의 입장에서 여전히 중요하고, 심지어 시급한 연구 의제라 할 수 있다. 경제학자는 삶의 행복 수준을 '후생 수준'이라 부른다. "호황과 불황을 주기적으로 '경험해야' 하는 우리의 삶은 과연 행복한가?"라고 묻기보다는, 경제학자는 "경기변동으로 인해 후생 수준이 어느 정도 하락했는가?" 또는 "경기변동이 얼마나 후생 비용을 야기하는가?"라고 말한다. 최근의 필자 연구에서는, 기존의 경기변동 이론이 함의하는 경기변동의 후생 비용은 사실상 없다는 것을 논증했다(Cho, Cooley, and Kim, "Business Cycle Uncertainty and Economic Welfare," *Review of Economic Dynamics* 18 : 185-200, 2015). 다시 말해 호황과 불황을 주기적으로 경험해야 우리의 삶이 오히려 행복해진다는 것을 의미한다. 산사의 삶은 결코 행복하지 않다. 본문에서 말했듯이, 체계적 위험은 우리의 삶을 고단하게 만드는 것이 아니라, 오히려 윤택하게 해주는 힘이 있다! 이 연구 결과는 두 가지 시사점을 갖는다. 첫째, 경기변동을 제거하려는 시도, 즉 단기 거시안정화 정책(예를 들어 정부의 재정·통화정책)은 필요하지 않다는 것을 함의한다. 이 맥락에서는 루카스(Lucas, 『Models of Business Cycles』)의 선행 연구를 포괄, 계승한다. "루카스 선생 말씀"을 거스르지 않는다. 둘째, 기존 경기변동 이론의 유효성에 대한 심각한 의문을 제기한 것으로 볼 수 있다. 다시 말해 기존 경기변동 이론이 탐색하지 못한 새로운 경기

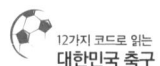

반면에 사냥이라는 야구의 속성과 구별되는 축구는 '결투' 또는 '진검 승부'라는 속성을 가지고 있다. 놀이터에서 반복되는 '사냥꾼과 사냥감' 사이의 놀이인 야구와 달리, '진검승부'는 '전사와 전사' 사이의 마지막 일전이라 볼 수 있다. 인간이라 불리는 지적으로 월등하고 지배자의 위치를 점하는 사냥꾼과 모든 면에서 열등한 위치에 있는 동물이라 불리는 사냥감 사이에 벌어지는 '경쟁'이 아닌, 이제는 지적으로 대등한 인간 사이의 '경쟁'이라 할 수 있다. 지적으로 대등한 인간 사이의 승부이기에, 상대방의 행동 패턴은 사냥감처럼 예측 가능하지 않다. 내가 반드시 이긴다는 것을 '기대'할 수 없다. 오히려 내가 상대방의 사냥감이 될 가능성을 배제할 수 없기에, 따라서 어떤 승리도 보장되지 않는 공포감으로 채워진 전쟁터의 풍경이 펼쳐진다.

　이런 이유로 승리를 확신한 화려한 전사의 모습으로 치장하고 놀이터에 입성하는 사냥꾼과 달리, 전쟁의 피 냄새, 땀 냄새가 밴, 녹슨 칼날의 끝만 응시하는 눈매만이 전쟁터에 등장할 뿐이다. 오로지 칼날 끝에 집중하기 때문에, 한국의 한 돌산 끝자락에 위태로이 위치한 암자에서 용맹 정진하는 스님의 복장이 이 축구장이라 불리는 전쟁터에 더 어울리는 복식이다.

　그래서 축구 선수의 복장은 뉴욕 맨해튼의 스카이라인 끝자락에 위치해 있는 파티장에 입장한 투자은행가의 5천 달러 수트가 아닌, "난닝구"와 "빤스"로 형상화된다.* 휘황찬란한 갑옷이 아닌, "난닝구"와 "빤스"

　순환 전파 과정을 인지하는 것이 매우 중요하다고 추론할 수 있다(예를 들어 체계변동 위험). 그러나 다수의 경제학자들은 이 연구 결과를 새로운 경기변동 이론의 개발이 시급함을 알리는 중요한 시발점으로 간주하고 있다.

* 김대중 정부 시절, 집권여당 안의 신구세력의 노선 투쟁을 "빽바지"와 "난닝구"의 대결로 언론에서 빗대곤 했다. 이 글에서는 축구복의 셔츠와 반바지를 빗대어 "난닝구"와 "빤스"로 썼다.

만 착용했기에 적의 심장을 원하는 언제든지 관통할 수 있다. 적의 피 냄새를 맡아 질풍노도로 쫓아가는 상어와도 같은 축구화의 끝은 칼날의 끝과 다르지 않다. 사람을 벨 수 있는 잠재력을 가졌음을 과시하는 장소가 아니라, 내가 베지 않으면 상대방의 칼날에 내 목이 잘린다. 내가 베어내고 싶은 시점과 장소에 상대방이 등장하리라 보장할 수도 없고 내가 베어내기 싫어도 적의 목을 베어내야 한다. 애초에 개선식을 기대한다면, 동아시아 문명권 중 최고의 군신 중 하나인 이순신 장군의 "생즉사 사즉생" 원리에 의해 내 목은 잘리고 말 것이다. 오로지 칼날의 끝, 축구화의 끝만 집중할 뿐이다. 세계 최고의 감독 중 하나로 칭송받는 무링요 감독의 말처럼, 우승 직후 5분 안에 다음 시즌의 우승만 생각할 뿐이다. 축구란 사냥꾼의 관점에서 본 '조물주 놀이'가 아닌, '신들의 전쟁'이다.

축구는 바로 이러한 진검승부의 속성을 그대로 드러낸다. 축구 선수라 불리는 양쪽 전사 사이의 전투, 그리고 이 전투를 계획하고 실행하는 축구 감독이라 불리는 장군 사이의 전쟁이다. 2002년 한·일 월드컵, 한국과 이탈리아의 16강전에서 한국 대표 설기현 선수의 얼굴에서 'K팝 아이돌'의 얼굴을 발견할 수 없다. 설기현 선수의 얼굴은 숨과 땀으로 가득 차 심하게 일그러져 있었고, 그렇기에 입은 단정히 다물어지지 않았다. 여성팬들은 한류 스타의 매끈한 얼굴과 입의 자연스러운 개폐에 의해 조절되는 살포시 다가오는 미소를 기대할 수가 없다. 그러나 앞서 말한 축구의 속성을 생각한다면, 설기현 선수의 일그러진 얼굴에서 우리는 숭고함을 본다. 온몸이 칼날에 베이고 피가 낭자하지만, 오직 칼날의 끝만 집중하는 무사의 얼굴이기 때문이다.

축구에서는 일그러진 얼굴을 가진, 일그러진 영웅만 존재한다. 축구 경기에서 인간의 피는 일상이자, 칼날의 끝에 도달하기 위한 여로에 뿌려진 가랑비일 뿐이다. "예측 가능하기 때문에 매우 과학적"이라는 담화는 형성되기 어렵다. 내 목을 내리치는 적의 칼날 속도에 압도되어 오로지 삶과 죽음의 경계를 오가는 긴장감만이 가득한데, 머릿속에서 계산이 가능하겠는가. 또는 피아노 독주회의 청중처럼, 바흐의 〈푸가의 기법 Die Kunst Der Fuge〉이 사전적으로 잘 짜여진 악보를 바탕으로 연주되고 있다는 것을 알지만, 음과 음 사이의 경계를 허물어트리는 선율의 변덕과, 선율과 선율 사이의 경계를 모호하게 하는 대위법의 영리함이 만들어낸 긴장감이 머릿속의 계산을 가능하게 하겠는가 말이다.

축구 감독이 잘 준비된 〈푸가의 기법〉 악보를 가지고 있더라도, 청중들이 그에 따라 '과학적인' 축구를 느끼기는 힘들다. 이 때문에 적어도 한국에서 축구는 야구와는 달리, 지식노동자 사이에서 좀처럼 회자되지 않는다. 적의 칼날이 내 목으로 날아오는 긴장감이 싫거나, 18세기 유럽의 어느 음악 비평가가 촌평했듯이, 지옥 최고의 형벌은 끊임없이 바흐의 음악을 듣는 것이라는 것을 알기 때문일지 모른다. 또는 초경쟁 사회인 한국에서 자신의 목으로 날아오는 칼날의 긴장감을 충분히 경험했기 때문에, 야구 경기에서 애인의 포근한 손의 감촉을 더 기대하기 때문일 수 있다.

그래서 한국 야구장에 치어리더가 등장하는지도 모르겠다. 양성평등을 위해 앞으로 한국 야구장에는 남성 치어리더도 등장해야 할 것이다. 화려한 숫자로 수놓아진 야구 통계를 과시하는 것이 애인의 포근한 손을 쟁취하기 위한 지름길이다. 얼굴은 장동건이 아니라도 똑똑함으로 어필할 수 있기 때문이다. 바흐의 대위법에 대해 장광설을 전개한다면, 비록 똑똑함을 증명할 수 있을지는 몰라도, 말년의 글렌 굴드처럼 독신의 청초함을 맛본다는 것을 알기 때문일 수도 있다.

체계변동 위험(Systemic Risk)과
자기실현적 예언(Self-fulfilling Prophecy)

야구(공)처럼 축구(공) 또한 사전적 예측 범위를 벗어나는 정도, 즉 오차를 경험할 때 '불확실성'의 감정을 느끼게 된다. '축구 경기' 또한 '위험(요인)'이라는 추상적인 상념을 '적장의 목' 크기 정도인 축구공으로 표상할 수 있다. 야구 경기처럼 축구장에서 일어나는 '불확실성' 또한 축구공에 의해 화려하게 수놓아진다. '모차르트 피아노 소나타 3번'이란 이름은 야구장만을 위한 이름은 아니다. 축구장도 그러한 이름을 가질 수 있다. 만일 여러분이 '모차르트 피아노 소나타 3번' 악보를 사전에 보고 학습한다면, '모차르트 피아노 소나타 3번'이라는 축구장에서 글렌 굴드의 점묘법 주법에 의해 수놓아지는 축구공의 춤곡을 감상할 수 있다.

이런 이유로 축구장에서도 신의 주사위 놀이가 이루어지기에, 우리는 야구와 동일한 '불확실성'에 직면할 수 있다. 모차르트 음악에서와 같이 '축구 경기'에서도 불순한 의도가 없는 어린아이의 주사위 놀이를 머릿속에서 형상화할 수 있고, '순진무구함'이란 단어를 채집할 수 있다. 축구 경기에서도 야구 경기에서처럼 악마에 빙의된 어린아이의 주사위 놀이 정도의 위험은 동물원에 가둘 수 있다. 경제학자의 '방언'

으로 말하자면, 축구에서도 체계적 위험은 헷지할 수 있다. 물론 축구 감독, 축구 선수, 축구 관중 모두 '모차르트 피아노 소나타 3번'의 악보를 사전에 보고 학습해야 하고, 축구 감독은 완벽히 암보해서 연주할 준비가 되어 있어야 한다는 전제조건 아래 축구에서 발생하는 체계적 위험은 '헷지'할 수 있다.*

그러나 앞절에서 논의했다시피, 축구에서는 야구장에서 관찰되는 체계적 위험 이상의 위험이 존재한다. 다시 말하면, 축구장에서는 동물원에 가둘 수 없는 프레데터라 불리는 외계인 사냥꾼과 진검승부를 벌여야 하는 일이 발생한다. 영화에서 보았듯이 프레데터를 동물원에 가두는 것이 쉽지 않다는 것은 매우 자명해 보인다. 이제는 내가 사냥감이 될 가능성을 배제할 수 없다. 지금까지 고려한 '위험' 개념은 내가 사냥꾼이라는 전제 하에 사냥감의 '돌출행동'으로 인한 불확실성을 가늠하기에, 동물원(체계) 안의 위험, 즉 체계적 위험의 개념이었다. 내가 사냥감이 될 수도 있는 불확실성에 직면한다면, 동물원(체계) 자체를 무너뜨리는 "systemic risk", 즉 체계변동 위험에 노출되는 것이다.

더군다나 그 체계를 무너뜨리는 위험 요인은 내가 대결하는 외계인 사냥꾼의 압도적인 힘에서 오는 것이 아니라, 종종 내가 상대하는 적이 외계인 사냥꾼에 준하는 압도적 힘을 갖고 있을 것이라는 내 자신 안의 믿음에서 발생하곤 한다. 그리고 상대방이 외계인 사냥꾼이라는 믿음은, 그 믿음이 진실이든 진실이 아니든, 나의 근육을 경직시키고, 바로 경직된 근육 때문에, 실제 경기장에서 외계인 사냥꾼에 쫓기는

---

* 앞절의 주석에서 지적했듯이, 이 글에서 '헷지 가능하다'는 의미는 위험분산 가능한 위험의 위험분산, 그리고 위험분산 가능하지 않은(non-diversifiable) 체계적 위험의 위험 공유 두 가지 의미를 포괄한다.

인간 사냥감의 신세로 전락하는 결과를 초래한다. 상대방은 외계인 사냥꾼일 것이라는 우리의 믿음이 결국 실현되는 셈이다. 내 자신 안의 어떤 믿음이 실제로 실현되는 현상을, 사회학에서는 "자기실현적 예언self-fulfilling prophecy", 경제학에서는 "자기실현적 기대self-fulfilling expectations"라고 한다. 압도적인 외계인 사냥꾼의 모습은 실은 나 자신의 공포가 만들어낸 허상이기도 하다.

이러한 자기실현적 예언 또는 기대는 체계적 위험과 구별되는 위험 요인이다.* 논리적으로 나 또는 상대방의 축구 실력과 무관한, 불특정 다수의 막연하고 근거 없는 믿음이 발생해서 실제 결과로 나타날 수 있기 때문이다. 또한 불특정 다수의 믿음이 개입하면, 사전적 예측에서 벗어나는 정도는 '오차' 또는 '잡음'의 크기가 아닌 '충격'의 형태로 나타난다. 한국 축구의 월드컵 역사는 축구에서 이러한 자기실현적 예언으로 인한 위험, 더 나아가, 체계를 뒤흔드는 위험(체계변동 위험)이 존재한다는 것을 보여주는 좋은 예이다.

과거 한국 월드컵대표는 특히 유럽팀을 상대로 급작스럽게 무너지는 모습을 보여주곤 했다. 이러한 모습은 토끼몰이를 하는 사냥꾼이 토끼의 예기치 못한 행동으로 당황하는 것과는 본질적으로 다르다. 토끼몰이를 하다 예기치 못한 토끼의 방향전환에서 토끼에게서 프레데터

---

* 경제학에서 '자기실현적 예언'은 체계변동 위험과 독립적인 개념이다. 보통 '자기실현적 예언'은 '흑점 충격(sunspot shocks)'과 동일시한다. '흑점 충격'이란 경제의 생산력, 경제활동과 무관한 허위사실, 정보를 불특정 다수가 믿음으로써 실제 결과로 나타나는 것을 말한다. 이 글에서는 편의상 '자기실현적 예언'과 '체계변동 위험'을 동일시하였다. 좁은 의미에서 '체계변동 위험'은 은행의 '대규모 인출 사태'로 인한 금융시장의 붕괴를 말하는데, 보통 자기실현적 예언에 의해 '대규모 인출 사태'가 발생할 수 있음을 논증한 연구 결과들이 있다. 따라서 체계변동 위험을 '자기실현적 예언'으로 동일시하는 것이 근거가 없는 것은 아니다. '자기실현적 예언'과 '흑점 충격'에 관한 전문적인 연구는 다음 책을 참조하기 바란다. Roger E. A. Farmer, *The Macroeconomics of Self-Fulfilling Prophecies*.

의 풍모를 간파한, 그래서 공포에 사지를 떠는 사냥꾼의 무기력함이 더 어울리는 모습이었다. 한국 축구의 마틴 루터, 히딩크는 이런 종류의 체계를 뒤흔드는 위험요인이 한국 축구에 기생하고 있다는 것을 최초로 간파한 축구 감독이었다.

히딩크는 이러한 '체계를 뒤흔드는 위험(체계변동 위험)'을 "유럽 축구에 대한 과도한 존중심"으로 표현했다. "한국 선수는 힘으로 유럽 선수를 압도할 수 없다"는 우리의 선입견이 만들어낸 일종의 자기실현적 예언이 한국 축구에 체계변동 위험으로 작용했다는 것이다. "유럽 축구에 대한 과도한 존중심"이 원인인지 여부는 모르지만, 한국 선수의 근육을 경직시키고, 경직된 근육으로 인해 유럽팀의 사냥감 노릇을 했다는 것은 80년대 이후 한국 월드컵의 역사가 증언해 준다.

히딩크 감독은 축구에서 일어나는 '체계적 위험'과 '체계를 뒤흔드는 위험' 모두를 사전에 인지하고 대비한, 한국 축구사 최초의 지도자였다. '모차르트 피아노 소나타 3번'이 축구장의 이름으로 불가능한 것은 아니지만, '바흐 평균율 2집의 22번 푸가'가 축구장의 이름으로 더 걸맞다는 것을 간파한 지도자였다. 바닷가에서 조개를 줍는 어린이*의 변덕이 음과 음 사이 투영되어 느끼는 불안감이 아닌, 소프라노에서 울리는 선율과 소프라노의 극단적 반대편 베이스에서 울려오는 선율 사이에서도 긴장감을 조성할 수 있다는 것을 알았던 지도자였다. 모차르트의 소나타에서는 소프라노를 중심으로 전개되는 음과 음 사이에서

---

* 아이작 뉴턴의 유명 어구. "세상에 나는 어떻게 비치고 있는지 모른다. 나는 늘 바닷가에서 장난치는 소년이라고 생각했다. 내 앞에는 아직 발견되지 않은 거대한 진리의 대양(大洋)이 있다. 그 속에서 나는 조금은 더 매끈한 조약돌이나 조개 껍질을 찾으려고 애쓰는 소년처럼 보이는 것으로 생각했다" (『The Life of Sir Isaac Newton』, Harper & Brothers, 1835 by David Brewster, LL.D. F.R.S., 300~301쪽)

바흐 평균율 2집의 22번 푸가의 악보

벌어지는 아이들의 변덕스러움만 인내하면 되었지만, 바흐의 푸가에서는 베이스라는 또 다른 행성에 사는 아이들의 소란스러움도 인내해야 할 뿐만 아니라, 서로 다른 두 행성의 어린이들이 뒤엉켜 소동을 벌이는 것도 인내해야 한다.

    더 심한 경우는 테너와 알토라 불리는 행성의 아이들까지 가세해서 조개를 줍는 천진무구한 어린이의 마음으로 여러분의 집을 불태울 수도 있다. 바흐의 푸가에서는 여러분의 집을 불태울 수 있는 '체계를 뒤흔드는 위험'이 엄연히 존재한다. 여러분의 집이 잿더미가 되더라도, 바닷가에서 조개를 줍는 천진무구한 어린이의 희롱이기 때문에 여러분은 아이들을 탓할 수 없다. 그리고 이러한 희롱은 모차르트에서 보이는 발랄함과는 다르다. 비록 아이들의 희롱이지만, 여러분 집의 재산 가치를 무가치하게 만들 수 있기 때문에, 인생의 무가치함을 느끼는 것이 인지상정이다. 여러분이 보다 종교적이라면, 아이의 소동에 의해 점화된 불꽃을 보며 "색즉시공 공즉시색"이라는 불경의 어록을 곱씹을지도 모르겠다.

실제 20세기 위대한 바흐 건반음악 연주가 글렌 굴드는 음악의 정수를 불교의 선禪 또는 무성無性 상태로 유추했다.* 물론 굴드가 의미한 음악은 대위법으로 설계된 바흐 음악을 염두에 둔 것이다. 축구 감독 또는 바흐 푸가를 연주하는 피아니스트가 할 수 있는 것은 사전에 여러 행성의 어린이들이 등장해서 소동을 일으킬 수 있다는 것을 사전에 인지해서 대비하는 수밖에 없다. '예측가능성'의 의미를, 체계적 위험까지 고려한 예측가능성의 차원이 아니라 '체계를 뒤흔드는 위험'까지 인지한 '예측가능성'의 차원으로 승격하여 이해해야 한다. 앞으로 '예측가능성'이 경제학의 '체계적 위험'과 '체계를 뒤흔드는 위험'을 모두 고려한 '합리적 기대'라는 것을 인지한 경제학자가 축구해설가로 등장하길 '합리적'으로 기대한다.

마지막으로 바닷가에서 조개를 줍는 어린아이의 주사위 놀이가 야구의 속성이라고 본다면, 관중의 승리감을 극대화하기 위해 '여성성'을 소유한 치어리더까지 등장하는 것은 과도한 것이다. 어린아이가 주사위

---

* 미셀 슈나이더/이창실의 『글렌 굴드: 피아노 솔로』 참조. 굴드에 관한 여러 전기 중 가장 사려 깊게 굴드의 내면을 들여다보려 시도했던 책이다.

놀이를 하는 옆에서 '미니스커트'로 무장한 여성의 관능미는 매우 기묘한 조합이다. 사실 '어린이의 발랄함'과 '미니스커트로 무장한 치어리더'의 기묘한 조합은 한국 야구장에서뿐만 아니라, 피아노 연주회장의 모차르트 피아노 소나타 해석에서 나타난다. '해석'이란 미명 아래 현대 피아니스트가 슈타인웨이 연주회용 피아노로 재현하는 모차르트 피아노 소나타 안에는 너무나도 많은 슬픔, 기쁨, 분노, 외로움, 청초함 등의 향신료들이 여기저기 버무려져 있다. 열 살 아이의 마음으로 작곡된 피아노 소나타에서 벌어지는 인생 30년의 압축상을 보는 것은 야구장의 치어리더만큼 어색하다.

  필자는 서울의 어느 골목길 피아노 학원에서 들려오는 모차르트 소나타의 서툰 가락을 훨씬 감동적으로 느낀다. 물론 현대 슈타인웨이 연주회용이 선사하는 페달, 셈여림, 루바토라는 이름의 화장품을 과감히 쓰레기통에 던져 버린, 모차르트 피아노 소나타의 화장 안 한 얼굴, 즉 '생얼'을 여과 없이 그대로 보여주는 굴드의 연주에서도 감동을 느낀다. 내 목이 날아가는 진검승부의 순간에서 여성의 미니스커트를 생각한다면, 내 목의 주인은 더 이상 '나'가 아니다. 따라서 축구에서 여성성을 드러내는 치어리더를 볼 수도 없고, 봐서도 안 된다. 앞으로 한국의 축구장에 치어리더가 나타나질 않기를 '합리적'으로 기대한다.*

---

* 유감스럽게도 2015년 한국 프로축구팀에 치어리더가 등장했다.

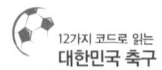

히딩크 : 한국 축구계의 마틴 루터

수수께끼 같은 다음 그림을 주시해 보자. 이 그림은 히딩크 감독이 당시 축구기술위원회에 제시한 것이다.* 음악가의 눈에는 악보의 음과 손가락의 번호를 대응시키는 운지법 같기도 한 이 그림의 정체는 놀랍게도 히딩크 감독이 대표팀을 맡을 당시, 대표팀의 의사소통을 나타내는 소시오그램sociogram이다. 예를 들어 32는 선수의 나이를 의미하고 32에서 19로 가는 화살표는 32살인 선수가 19살인 선수에게 하는 일방적인 의사소통을 표현한다. 놀랍게도 19에서 32로 가는 일방적 의사소통은 존재하지 않는다.

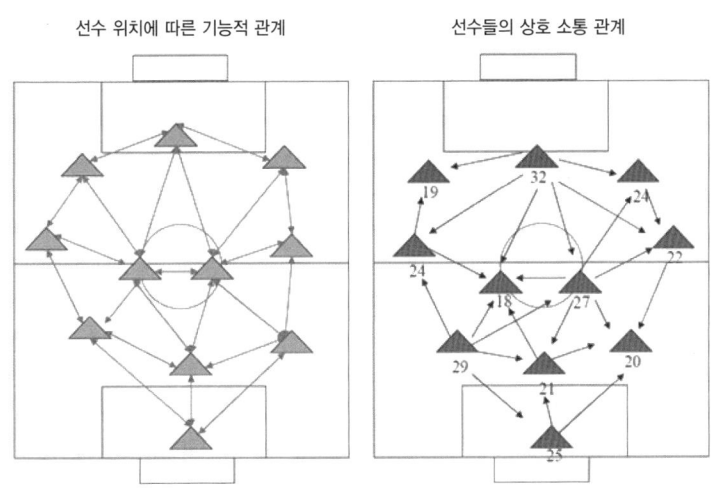

2002년 한국 축구대표팀의 의사소통을 나타낸 소시오그램

---

* 그림을 제공해 주신 세종대 이용수 교수님께 감사를 표한다.

재미있는 사실은 의사소통의 흐름은 철저히 연공서열 식으로 되어 있다는 점이다. 나이 어린 신수에서 나이 많은 선수로의 의사소통 흐름은 결코 나타나지 않는다. 이것이 히딩크 감독이 파악한 2002년 이전 한국 대표팀의 의사소통 흐름도였다. 히딩크 감독의 개선 방향 또한 명확히 제시되어 있다. 양방 간 의사소통이 이루어지는, 다시 말하면 양방향 화살표를 지향하는 것이다.

감독 입장에서 선수란 악보에서의 음표와도 같다. 양방 간 의사소통이 없다는 것은 마치 악보에서 피아노 연주자가 솔에서 미로 하강하는 음의 움직임을 재현할 수는 있어도, 미에서 솔로 상승하는 음의 움직임은 손가락으로 제시할 수 없음을 뜻한다. 위에서 아래로 하강만 하는 음표들의 집합으로 이루어진 악보가 어떤 음악을 들려줄지 생각만 해도 끔찍하다. 한국 대표팀의 의사소통 흐름을 단숨에 파악하고 도표화하는 능력이 있었다는 점에서도 히딩크 감독은 "한국 축구계의 마틴 루터"라 불릴 자격이 충분하다.

퍼거슨 : '뜀박질' 축구와 계산된 '질풍노도(Stum und Drang)'

2014년 2월 말 필자는 연구차 홍콩과기대를 방문했다. 캠퍼스 안의 서점을 둘러보다가 시선을 사로잡은 책이 하나 있었다. 바로 맨체스터 유나이티드의 전설적인 축구 감독 퍼거슨의 자서전이었다. 그 책의 이모저모를 살피던 중, 정착민의 온순하고 경외에 사로잡힌 눈빛으로 시선을 고정시켰던 부분은 퍼거슨 감독 자신의 '자아비판' 부분이었다.

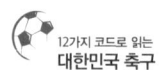

2012년 유럽 챔피언스 리그에서 맨체스터 유나이티드와 스페인의 FC 바로셀로나와의 결승전에서 맨체스터 유나이티드가 사실상 수모에 가까운 참패를 한 적이 있었는데, 퍼거슨 경의 자아비판은 이 참패 원인에 대한 분석이었다. 한국인 독자라면 특히 눈여겨볼 대목이 있었다. 박지성 선수의 메시에 대한 수비 부분이 경기 패인의 정점에 있었다는 이야기였다. 박지성 선수의 수비력에 문제가 있었다는 식의 상투적인 '둘러대기'가 아니라, 경기의 어느 시점에서 박지성 선수에게 10분 이상 메시를 일대일로 개인 수비를 하도록 지시해야 했었다는 구체적이고 치밀한 반성을 하고 있었다. 투박한 스코틀랜드 노인의 투박한 영어 문체로 씌어진 내용이었지만, 놀라운 것은 그 뒤에 숨겨진 퍼거슨 경의 주도면밀한 축구 전술 설계자의 면모였다. 축구 경기 90분 전체를 사전에 분 단위로 설계하고, 사전 설계가 실제 사후적으로 오차를 일으킬 수 있다는 것을 다시 '사전'에 인지해서 '사후적 오차'를 '위험'이란 이름으로 '사전'에 설계한, 경제학 용어로 '체계적 위험'과 '체계를 뒤흔드는 위험'을 올바르게 인식한 정치함을 갖춘 위험관리자의 면모였다.

　　또한 경기 도중 끊임없이 경기의 매 한 수를 복기했고, 경기가 설계도에서 벗어날 때, 다시 말하면 통제 불능의 '체계를 뒤흔드는 위험'에 노출되었을 때, 과감히 즉흥적인 처방을 구사하는 승부사의 면모이자, 대공황(대침체)에 직면한 경제를 살리기 위해 '비전통적 통화정책 unconventional monetary policy'를 구사하는 노련한 중앙은행 총재와도 같은 면모이기도 했다.

　　그러나 더욱 놀라운 것은, 경기장에 위대한 축구 선수란 없다는 자

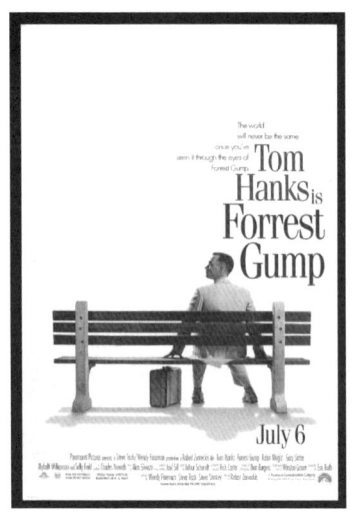

영화 〈포레스트 검프〉

신의 인식을, 그 투박한 문체로 그대로 독자에게 투사했다는 점이다. 메시나 호날두와 같은 축구 스타가 아니라, '메시'나 '호날두'라는 이름을 가진 체스판의 체스 말만이 축구장에 존재해야 한다는 통제광 control freak의 면모였다. 축구 경기장에서 '박지성'은 피아니스트가 연주장에서 통제해야 할 악보의 '음표'였던 것이다.

그렇다면 스코틀랜드의 투박함과 격렬함을 지닌 퍼거슨 경이 '피아니스트'로서 축구장에서 연주하려 했던 것은 무엇일까? 한마디로 '뜀박질' 축구였다. 정교하게 짜여진 설계도에 의해 우아하게 주제와 응답(대주제)을 주고받는 푸가와 같은 바르셀로나의 축구가 아니라, 격렬하게 도약과 비약을 반복하는 뜀박질로 가득 찬 축구였다. 상대방 페널티 영역 16.5미터와 그 페널티 영역 밖 10미터 내외까지의 거리를 합친, 상대방 골대로부터 26.5미터 안의 공간에 가능한 한 많은 공격수를 우겨 넣는 것이 퍼거슨 축구의 최종 목표였다. 그에게 바르셀로나의 티키타카는 허영심으로 가득 찬 사치의 아이콘이었다. 오로지 26.5미터 안의 공간에 가능한 한 많은 공격수를 우겨 넣기 위해 공격수는 보통 30미터 이상을 뜀박질해야 했고, 최종 수비수는 순간적으로 50미터 이상 밖에 최종 공격수가 있다는 것을 깨달아야만 했다. 퍼거슨의 축구를 볼 때마다, 우리는 질풍노도로 인한 현기증을 느낀다. 사실상 '뻥축구'인 셈이다.

그러나 하품나게 하는 과거의 한국 축구, 축구장에서 관중을 쫓아내는 한국 축구, TV 밖으로 쫓아내는 한국 축구의 아이콘 '뻥축구'와는 확연히 다르다. 100미터를 8초에 달릴 수 있는 능력을 가졌지만, 어느 방향으로 달릴 줄 몰랐던 영화 속 주인공 포레스트 검프의 뜀박질에서 오는 '질풍노도'의 현기증이 아니라, '철저하게 계산된 질풍노도'에서 오는 현기증이었다.

그래서 맨체스터 유나이티드의 경기에서 우리는 축구의 원초적 본성인 도약과 속도감을 만끽한다. 수비의 기본이 '공간지우기'란 것도 알았고, 공격의 기본이 '삼각형, 선택, 그리고 방향성'이라는 사실도 알았다. 그러나 전쟁의 최종 목표는 아름다운 전략, 전술의 시연장이 아니고 승리이다. 당연히 퍼거슨 감독의 유일한 목표이자 최종 목표도 골 넣기였다. 삼각형으로 상징되는 공격의 '선택과 방향성'은 오직 상대방 골대로부터 26.5미터 안의 공간에서만 허용되었다. 최종 수비수와 최종 공격수와의 사이에서 만들어지는 공간은 불교의 '찰나'라는 시간 단위에서만 존재해야 하는 공간이었다.

요약하면 상대방 골대로부터 26.5미터 밖에서는 끊임없이 축구공의 비약으로 공간을 채워야 하고 26.5미터 안에서는 주제와 응답(대주제)을 주고받는 푸가의 속성을 모방, 재현해야만 한다. '비약'과 '푸가 속성의 흉내' 이 두 관념이 퍼거슨 경의 축구 철학이자, 속성이었다. 한마디로 말하면 '피아니스트' 퍼거슨 경은 '비약'과 '푸가 속성의 흉내'를 보여주는 음악을 우리에게 선사하는 셈이다.

베토벤 소나타, 퍼거슨의 축구를 품다:
'질풍노도'와 '피구 주기(Pigou's cycles)'의 우연한 만남

그렇다면 '피아니스트' 퍼거슨 경이 축구장에서 재현했던 '비약'과 '푸가 속성의 흉내'를 가진 음악은 실제 역사상에서 존재했을까? '비약'이 있기에 '체계적 위험의 발랄함'으로 가득 찬 모차르트의 피아노 소나타도 아니고, 푸가 속성을 흉내만 내기 때문에 '진짜 대위법'도 아니어서 바흐의 평균율 곡도 아니다. 사실 '비약'과 푸가 속성을 흉내내는 '가짜 대위법'은 바흐의 '진짜 대위법'과 모차르트의 '발랄함'을 교묘하게 섞어 놓은 관념이다. 정설이었던 '진짜 대위법'은 보다 단순화된 '가짜 대위법'으로 계승, 진화되고, 고전파의 '발랄함'은 '도약과 비약'으로 대체되었다고 볼 수 있다. 변증법으로 무장된 역사가의 입장에서 서술한다면, '진짜 대위법'에 저항해서 '발랄함'과 '단순함'으로 대변되는 고전파 음악이 탄생했고, '비약'과 '가짜 대위법'은 정설thesis인 '진짜 대위법'과 반설antithesis인 고전파 음악을 포괄하는 합synthesis의 정신을 대변한다고 볼 수 있다. 결국 퍼거슨 경의 축구는 '진짜 대위법'과 고전파 음악을 융합하는 합의 음악과 일맥상통한다.

다행히도 음악사에서 그러한 합의 목표를 달성하려 시도한 야심찬 곡이 존재하는데, 베토벤 피아노 소나타 3번은 '비약'과 '가짜 대위법'이 동시에 실현된 예라 볼 수 있다. 곡 전체가 끊임없이 비약과 도약으로 얼룩진 거친 필체의 유화인 듯하면서도, 부분적으로 오밀조밀한 '가짜 대위법'이 얼굴을 내미는 섬세함도 가지고 있다. 바흐나 모차르트와는 달리, 베이스에서 소프라노 성부까지 거침없이 상승하기도 하고 반대로 소프라노에서 베이스 성부로 한없이 추락하기도 한다. 그 '질풍

베토벤의 피아노 소나타 3번 1악장

노도'의 속도감에 마치 놀이동산의 급행열차를 탄 듯 현기증을 느끼는 것이다.

피아노 소나타 3번의 1악장처럼, 주제가 제시되자마자 그 단순한 주제를 '가짜 대위법'으로 변용했다가 피아노 협주곡의 중간에서 등장하는 피아니스트의 단독 카덴차*로 도약하기도 한다. 그러나 그 '질풍노도'

---

* 협주곡 악장이나 아리아 등에서 독주자 또는 독창자가 기교를 드러내기 위해서 삽입하는 솔로 부분으로 대체로 곡의 마지막 파트에 자리한다. 1780년 이후 작품에서 주제와 연관성을 갖도록 카덴차를

의 카덴차는 베토벤이라는 영혼의 탄생지이자 마지막 종착지인 '빈 고전파Wiener Klassik의 세계', 즉 고전파 음악의 본성으로 다시 귀속된다.

더욱 놀라운 것은 이 '질풍노도'의 여정이 1악장 첫 26개의 마디에서 완성된다는 점이다. 사실 이러한 비약과 도약은 요한 세바스찬 바흐의 아들, 칼 에마뉴엘 바흐가 제창한 '질풍노도Stum und Drang'의 작곡 원리를 계승, 발전 및 완성한 것이라 볼 수 있다. 다시 말하면 칼 에마뉴엘 바흐가 제창하고, 베토벤의 스승 하이든이 계승한 '질풍노도'의 원리를 '비약'과 '가짜 대위법'의 기법을 이용해서 베토벤이 완성한 것이다. '질풍노도'의 작곡 원리란 사전에 잘 짜여진 설계도에 의해 곡이 전개되는 것이 아니라, 즉흥적으로 일어나는 영감에 의해 곡이 전개될 것을 요구하는 원리이다. 청중 입장에서는 항상 허를 찌르는 방식으로 곡이 전개되기에 곡 자체가 "기대를 배신하는 놀라움"으로 가득 차게 마련이다. 베토벤 피아노 소나타 3번의 비약과 도약은 "영감Inspiration의 도래"로부터 오는 힘을 바탕으로 한다.

그러나 베토벤은 단순히 우연히 발생하는 '영감 또는 악상'으로 곡을 지속하는 것이 아니라, 곧 도래하는 악상에 대한 '막연한' 기대감, 환희, 그리고 실제 실현된 악상이 그 '막연한' 기대감에 못 미칠 때의 '귀족적이지 못한' 실망감 또한 곡에 드러냈다는 점에서 천재적이다. 기대가 막연하다는 것은 내가 실수할 수 있다는 것을 의미하는 것이고, 실수에 근거한 잘못된 예측으로 인한 실망감은 확대되기 마련이다. 바흐나 모차르트처럼 '위험'이라는 사고 틀에서 음악의 동력을 유지하는 것이 아니라, 나의 '막연한' 기대감으로 인한 '충격'까지 음악의 동력으로

삽입했는데, 이것은 고전파 작곡가들이 조화와 통일성이라는 시대적 흐름을 따른 것이었다.

활용했다. 사실 바흐는 '체계적 위험' 또는 '체계를 뒤흔드는 위험'은 허용했어도 '막연한' 기대감, 그리고 그에 따른 '귀족적이지 못한' 실망감은 결코 용납하지 않았다.

이러한 "막연한 기대감으로 인한 충격"이라는 사고의 틀은 역사적으로 피구(Pigou : Industrial Fluctuation, MacMillan, London, 1926)라는 경제학자가 '수요 충격'에 의한 전파 경로로 경기변동이 가능하다는 주장과 맥을 같이한다. '수요 충격'에 의한 전파 경로란 기업 및 가계가 미래의 경제상황 및 생산성을 '낙관적'으로 기대함에 따라 지출·투자·소비 확대가 일어나고, 만일 실제 실현된 생산성이 생산성에 대한 '낙관적' 기대를 만족시키지 못하는 경우, 급격한 경기위축이 일어나는 과정을 말한다.*

이러한 '수요 충격'의 전파 경로로 인한 경기의 주기적 반복을 "피구 주기Pigou cycles"라 부른다. 결국 '수요 충격'이란 경제 주체의 미래 경제 상황에 대한 예측과 기대에 대한 일종의 충격, 즉 '기대 충격Expectation Shocks'이라 볼 수 있다. 베토벤은 바로 이러한 '기대 충격'을 교묘하게 곡에 편입시켰다. 이러한 의미에서 베토벤의 '질풍노도'는 '계산된 질풍노도'였다.

---

* 현대적 의미의 '수요 충격'은 아래 문헌에 잘 소개되어 있다. 모형적 사고 절에서 언급했듯이, 현대의 경제학 방법론에 의거하여 '수요 충격'을 분석한 결과를 요약, 정리한 문헌들이다.
Lorenzoni, Guido. "News and Aggregate Demand Shocks," *Annual Review of Economics* 2011, 3:537–557.; Beaudry, Paul and Franck Portier. "News-Driven Business Cycles: Insights and Challenges," *Journal of Economic Literature* 2014, 52: 993–1074.

베토벤 : 융합의 화신

베토벤 피아노 소나타 3번은 '진짜 대위법'이 보다 단순화된 '가짜 대위법'으로 계승, 진화되고, 고전파의 '발랄함'은 '도약과 비약'으로 대체된 합synthesis의 음악을 대표한다. 칼 에마뉴엘 바흐의 위대한 계승자임을 공표하는 대관식과도 같은 곡이다.

그러나 베토벤은 단순히 칼 에마뉴엘 바흐의 위대한 계승자 위치에 머물지 않았다. 베토벤 피아노 소나타 32곡 전집은 단순히 위대한 계승자라는 작위를 거부하는 베토벤의 '진보성'을 증언해 준다. 보통 베토벤 피아노 소나타 32곡을 전기·중기·후기 소나타, 세 부분으로 나눈다. 이 세 부분은 더 큰 의미에서의 변증법적 역사 발전을 대변한다. 전기 소나타는 칼 에마뉴엘 바흐의 '질풍노도'의 계승자이자 완성자의 면모를 보여준다. 중기 소나타는 칼 에마뉴엘 바흐의 '질풍노도'에 대한 반항으로 나타난다. '도약 또는 비약'은 급격히 '선율화 또는 성악화'로 대체되고, '가짜 대위법'은 '가짜 오케스트라의 음향 효과'로 대체, 확대된다. 그러나 완전히 청력을 잃어버린 시기에 작곡된 후기 소나타는 '도약', '성악화', '진짜 대위법'이 어우러진 합의 음악으로 융합된다. 그럼에도 32곡 전체는 "계산된 질풍노도"라는 이름을 가진 아버지의 세 아이들로 남는다.*

---

* 사실 베토벤뿐만 아니라, 바흐 또한 융합의 화신으로 보는 것이 합당하다(패디슨 지음/최유준 옮김의 『아도르노의 음악미학』 참조). 아도르노에 의하면, 바흐는 당시 전승된 음악 재료의 두 극단적 경향들, 즉 엄격한 대위법의 전통과 갈랑트 양식으로 대변되는 보다 화성적이고 단선율적인 트렌드 두 극단적 성향을 재료 자체의 원형성을 보존하는 가운데, 내적 형식 논리로 통합, 화해시킨 음악가로 본다. 이러한 바흐를 아도르노는 "재료적 자기반성에 대한 첫 번째 주인공"으로 '극찬'했다.

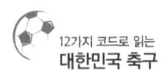

융합의 키워드: 퍼거슨 경의 축구와 베토벤의 소나타

'융합 또는 융합교육'이 한국 사회의 화두로 등장한 오늘날 퍼거슨의 축구, 베토벤의 피아노 소나타는 '융합'의 실체가 무엇인지 정확히 알려준다. '융합교육'이라는 대의명분 아래, 대학에서는 복수전공, 고교에서는 '스토리텔링 story-telling'이라는 국적 불명의 영어 아래, 문·이과 통합교육이 추진되고 있다.

베토벤이 '가짜 대위법'과 '도약'을 융합한 '융합'의 화신인 사실은 잘 알려져 있겠지만, 베토벤의 첫 스승 크리스티안 네페 Neefe가 베토벤이 바흐의 '진짜 대위법' 평균율 클라비어 곡집을 통째로 외워 버릴 때까지 가르쳤다는 사실을 아는 사람은 많지 않다.* 스승 네페 덕분에 요한 세바스찬 바흐의 옛 양식을 잘 알 수 있었고, 에마뉴엘 바흐의 새 양식과 결합하여 새로운 융합을 만들어냈다.

이런 이유로 융합의 시발점은 바로 고전의 철저한 이해에서 비롯된다. 고전의 철저한 이해는 오직 기본 전공의 철저한 학습부터 시작되어야 한다. 기본 전공의 심도 있는 학습 없이, 초·중·고·학부 학생에게 학제간 교차 학습을 요구하는 것은 매우 위험하다.

우리의 교육정책은 지금 베토벤의 스승 네페의 지혜를 망각하고 있다. 어린 베토벤이 융합의 화신으로 성장하기 위해서는 먼저 평균율에 대한 온전한 이해가 선행되었다는 사실은 시사하는 바가 크다. 기본 수준에서는 융합이 나올 수 없다. 융합은 고등 수준에서만 실현된다. 베토벤의 융합은 기본 수준에서 '융합'이 아닌 '진짜 대위법'만 배웠기 때문

---

* 반 룬 지음, 이철범 옮김의 『예술의 역사』 참조.

에 가능했다. 한국의 '뻥축구'는 바로 어설픈 '융합'의 추악한 모습을 그대로 보여준다. 퍼거슨 경의 '뻥축구'와 비슷한 듯하지만, 기본을 망각한 '뻥축구'는 하품 나게 하는 한국 축구, 축구장에서 관중을 쫓아내는 한국 축구, TV 밖으로 쫓아내는 한국 축구와 동의어이고, 기본을 중시한 '뻥축구'는 맨체스터 유나이티드를 세계에서 가장 인기 있는 축구팀으로 각인시킨다는 것을 명심해야 한다.

쇼팽의 예 또한 '융합'의 추격자로서의 한국이, 이미 존재하고 있는 '융합'과 색다른 '융합'을 어떻게 만들어내야 할지 보여준다. 베토벤의 피아노 소나타 전집 때문에 가장 압박받은 작곡가는 아마도 쇼팽임에 틀림없다. '도약 또는 비약'을 멋진 '성악화한 도약 또는 비약'으로 대체하고 '가짜 대위법'과 결합하여 또 다른 의미의 융합 음악을 만들고 싶었던 쇼팽에게 베토벤 피아노 소나타 전집은 거대한 방해물이었다. 베토벤 피아노 소나타 전집에서 이미 '도약', '성악화', '가짜 대위법', 심지어 '진짜 대위법'의 융합을 보여주었기 때문이다.

이러한 도전에 직면하여 쇼팽이 선택한 '추격 전략'은 무엇이었을까? '성악화한 도약'과 '가짜 대위법'을 결합하되, 베토벤의 '막연한' 기대감과 '귀족적이지 못한' 실망감을 철저히 배제했다. 다시 말하면 '기대충격'의 요소를 제거한 대신, 바흐의 '반음계 효과'와 모차르트의 '체계적 위험 효과'를 도입했다.

그렇기 때문에 우리는 쇼팽의 곡에서 도약하는 성악가수의 면모를 보면서도, 실수 없는 귀족적인 단아함의 자태를 본다. 새로운 형태의 '융합'을 만들어낸 것이다. 이러한 융합은 하루도 빠짐없이 바흐의 평균율 클라비어곡을 연습했던, 모차르트의 선율을 끊임없이 암기했던,

쇼팽의 연습에서 기인했다는 것을 역사가 증명해 준다.*

　쇼팽뿐만 아니라, 축구에서도 '융합'의 추격자로서의 축구 감독이, 어떻게 퍼거슨경의 '뻥축구'와는 색다른 '융합'을 창조할 수 있는 보여주는 실례가 있다. 바로 게겐프레싱 Gegenpressing 즉 '독일식 압박축구'의 창시자 클롭 감독인데, 바로셀로나의 최종 수비진의 공간지우기와 맨체스터 유나이티드의 '뜀박질' 축구를 교묘하게 결합해 놓았기 때문이다. 일자 최종 수비진에 의해 압축된 공간 안에서 중앙 미드필더, 공격수 모두 공격과 수비의 반복·교차를 끊임없이 요구하지만, 공격이 시작될 때, 상대방 페널티 영역 16.5미터와 그 페널티 영역 밖 10미터 내외까지의 거리를 합친, 상대방 골대로부터 26.5미터 안의 공간으로 가능한 한 많은 공격수들이 비약, 또는 도약한다.

　클롭의 축구는 같은 베토벤 소나타의 범주에 들어가지만, '진짜 대위법'과 '성악화한 도약'을 결합한, 그러나 다시 '빈 고전파의 세계'로 마무리짓는 후기 소나타의 전형을 보여준다. 퍼거슨의 축구, 클롭의 축구 모두 "계산된 질풍노도"를 아버지로 둔 아이들이기에, 퍼거슨 경이 퇴진한 맨체스터 유나이티드의 차기 감독은 클롭이 가장 적합하지 않을까?**

---

*　쇼팽이 바흐와 모차르트의 열렬한 '숭배자'였다는 것은 잘 알려져 있다. 『쇼팽의 음악과 사랑』(송숙영 엮음)와 『쇼팽』(Bourniquel 저/김미애 역) 참조.

**　필자의 '바람(disideratum)'과는 달리 클롭 감독은 리버풀에 정착했고, 퍼거슨 감독의 사임 후, 모예스·반할 감독이 차례로 맨체스터 유나이티드의 감독 자리를 수행하고 있으나, 맨체스터 유나이티드는 다른 팀과 구별되는 전술적 개성을 잃어버린 채 표류하고 있다.

정몽준, '학력 카르텔' 그리고 '축구인의 카르텔'

정몽준 전 대한축구협회 회장은 한국 축구계의 '마틴 루터' 히딩크를 '환생'시키는 데 결정적 역할을 했다. 그럼에도 왜 축구팬의 시각이 관대하지 않은가? 정몽준 회장 본인의 열렬한 신앙심에 의해 '마틴 루터'가 환생한 것도 아니고, 정몽준 회장의 과학적 광기에 의해 '마틴 루터'를 인간 복제한 것도 아닌, 바로 본인의 정치적 야심에 의해 비롯된 것이라는 세간의 평가에서 벗어나지 못하기 때문이다. 사실 정치적 동기가 없었다고 보기도 어려운 것이 사실이다. 2002년 월드컵 4강 '신화'를 바탕으로 그해 대선주자의 반열에 올랐다고 주장하는 것을 '음모론'이라고 주장한다면, 정신분열증을 극복하고 노벨경제학상을 수상한 미국의 수학자이자, 할리우드 영화 〈뷰티풀 마인드〉의 실제 주인공 존 내쉬 이래로, 적어도 한국에서 두 번째로 유명한 정신분열증 환자였을 것이다.

그러나 정몽준 회장은 적어도 한국 축구계에서 축구사의 한 획을 그은 중요한 인물로 간주되어야 한다. 2002년 당시 정몽준 회장 이외 또 다른 대한축구협회 회장 적임자를 상상하는 것은 매우 어렵다. 아마도 한국 축구 역사상 가장 위대한 인물이었던 차범근 전 감독이 그 당시 대한축구협회 회장이었더라도, 월드컵 4강의 결과를 얻어내기는 매우 힘들었을 것이다. 이용수 기술위원장을 영입하고, 이용수 기술위원장이 추천한 히딩크 감독을 선임하는 배포를 보여주기는 쉽지 않은 일이었을 것이다. 물론 정몽준 회장의 그러한 배포가 재벌 아들의 (금전적) 배포에서 나왔다는 사실을 부인할 수는 없을 것 같다.

또한 재벌의 배포, 또는 재벌 아들의 배포 이상으로 정몽준 회장의 시기적절한 등장은 한국 축구사에 또 다른 의미를 선사한다. '정몽준 회장'이라는 브랜드는 한국의 엘리트 계급 또는 지식인 계급이 최초로 축구를 진지하게 고민했다는 의미이기도 했다. 한국 재벌의 계승자이자, 한국 최고 학부 출신인 대한축구협회 회장이 한국 최고 학부 출신인 기술위원장을 선임했다는 사실이 한국 축구사에 끼친 영향이 더 막대했다고 볼 수 있다.

 야구가 지식 계급 또는 엘리트 계급 사이의 지적 담화로 소비될 수 있었던 이유 중 하나는 야구라는 스포츠가 과거 명문고, 명문대로 이어지는 '사후적 학력 카르텔'의 보호를 받았기 때문이다. 과거 경남고·광주일고·부산고 등 대부분의 지방 명문고가 야구팀을 가지고 있었고, 그 명문고 졸업생들의 '학력 카르텔'과 한국 야구계가 자연스러운 방식으로 인적 자본을 교환, 공유했기 때문이다. 그 '학력 카르텔' 속에 편입된 이상, 야구를 좋아하는 사람을 한국에서 머리가 나쁜 사람이 하는 것이라고 단언하기는 매우 힘들다. 이 글 '전주곡' 부분에서 등장하는 영어 선생의 발언은 바로 이러한 야구 뒤에 존재하는 '학력 카르텔'에 대한 찬사일지도 모른다.

 반면 축구라는 스포츠는 과거 명문고와 철저히 분리된 '학력 카르텔' 밖의 스포츠였다. 더욱 놀라운 것은 '학력 카르텔' 밖에 있다고 해서 온전히 노동자 계급의 스포츠가 된 것도 아니었다는 점이다. 만일 유럽이었더라면 '학력 카르텔' 밖에 있다는 사실이 오히려 축구라는 스포츠를 더욱 발전시켰을 것이다. 노동자 계급의 전유물로 인식되었을 것이고, 그렇기에 가장 인기 있는 스포츠로 자리매김했을 것이다. 한국에서 축구는 '학력 카르텔' 밖에 있던 '축구인'들이 형성한 '축구인의 카르텔'에 불과했다. 말 그대로 그들만의 리그였다. 한국의 기이한 '학력 카르텔'을 모방한 더욱 기이한 '카르텔'이었다. 기본적으로 축구는 그들의 것이었다. 축구인만이 축구를 논할 수 있고, 축구 감독이 될 수 있고, 축구 행정가가 될 수 있으며, 축구 해설을 할 수 있다. 무릿요 감독과 같은 통역가 출신이 축구 감독이 된다는 것은 6두품이 성골·진골이 되는 것만큼 불가능했다. 히딩크가 월드컵 4강 개선식을 서울 한복판에서 할 때, 그들은 비통한 마음으로 눈물을 흘렸다. 축구는 축구인 것인데, 파란 눈을 가진 희씨 성을 가진 동구라는 사람이 한국 축구의 중심에 있었기 때문이다.

정문준 회장의 등장은 바로 이러한 '축구인의 카르텔'를 해체하려 했다는 데에 있다. 그리고 한국의 지식인 계급, 엘리트 계급이 수혈되도록 물꼬를 틀었다는 데에 의미가 있다. 2002년 이래로 축구의 담화는 '유기적'이라는 상투어를 넘어 양적·질적 측면에서 급격히 신장했다. 단적인 예로 2002년 이래로 인터넷·TV에서 노출되는 축구 해설의 '기술적' 수준은 꾸준히 성장 중이다. 축구가 지식인 계급의 지적 담화로서의 위치로 승격될 토대를 마련한 셈이다.

국가대표 감독: '체계를 뒤흔드는 위험'의 인지자이자 위험관리사

2014년 월드컵의 실패는 축구가 왜 감독 덕이거나, 감독 탓인지 확인시켜 준 사례이자, 이 글이 존재할 만한 가치가 있다는 것을 보여준

아주 고마운 사례이기도 하다.

 2014년 한국의 월드컵을 한마디로 촌평한다면, 한국 축구를 1990년 월드컵 한국 축구 수준으로 되돌려 놓았다는 것이다. 1990년 한국 축구대표팀의 감독이 한국을 대표하는 공격수였고, 2014년 한국 축구대표팀의 감독이 한국을 대표하는 수비수였다는 점은 바로 2002년 이래로 시도되었던 '축구인 카르텔'이 여전히 공고하다는 사실을 확인해 준 기묘한 대칭이기도 하다.

 한국 대표팀의 평균연령이 월드컵 출전국 중 가장 낮은 집단에 속했다는 것은 월드컵에서의 재앙을 예약해 놓은 것이나 다름없다. 퍼거슨 감독의 경기, 특히 챔피언스 리그의 8강, 4강 또는 결승전을 유심히 보면, 언제나 30세 이상 선수와 23세와 30세 사이의 선수, 그리고 23세 이하 선수를 고르게 선발하고 있음을 알 수 있다. 팀 안에서 연령별로 일종의 황금비율을 구성하는 것을 원칙으로 한다. 특히 30세 이상의 노장 역할이 무엇보다도 중요한데, 축구 경기 중에 발생하는 '체계를 뒤흔드는 위험(체계변동 위험)'을 방지하는 일종의 안전판 역할을 노장이 담당하기 때문이다.

 전쟁터에서 사소한 공포가 체계 전체를 뒤흔드는 위험으로 확대된다는 것은 잘 알려져 있다. 역사에서 우리는 믿기 어려운 한쪽의 일방적인 승리와 동시에 반대편의 일방적인 참패에 놀라곤 한다. 2차 세계대전 당시 독일 전격전의 핵심은 바로 적의 약한 지점에 '우리' 군의 총화력 및 전력을 집중해서 적의 대형을 무너뜨리면서 빠른 속도로 진격하여, 나머지 대형을 형성하고 있는 적의 공포감을 극대화함으로써 적 스스로 패하고 있다는 자기실현적 예언의 함정에 몰아, 실제 공포감으로 도주하도록 유도하는 것이다.*

다시 말하면 축구의 속성 편에서 논했듯이, 내가 사냥감이 될 수도 있는 불확실성에 직면할 때, 동물원(체계) 자체를 무너뜨리는 체계를 뒤흔드는 위험에 노출되어 있는 것이고, 이 체계를 무너뜨리는 위험 요인은 내가 대결하는 외계인 사냥꾼의 압도적인 힘에서 오는 것이 아니라, 종종 내가 상대하는 적이 외계인 사냥꾼의 압도적 힘을 갖고 있을 것이라는 내 자신 안의 믿음에서 발생하곤 한다. 상대방이 외계인 사냥꾼이라는 믿음은, 그 믿음이 진실이든 진실이 아니든, 나의 근육을 경직시키고, 바로 경직된 근육 때문에 실제 경기장에서 외계인 사냥꾼에 쫓기는 인간 사냥감의 신세로 전락하는 결과를 초래한다. 전격전의 핵심은 바로 상대방에게 이러한 체계를 뒤흔드는 위험을 선사하는 것을 목표로 한다.

축구 경기도 마찬가지이다. 사소한 공포가 체계 전체를 뒤흔드는 위험으로 확대된다. 알제리와의 경기에서 우리가 사전에 약속했던 전술을 전개될 수 없게 되자, 팀 전체가 급격히 흔들리는 것을 보았다. 바로 '체계를 뒤흔드는 위험(체계변동 위험)'에 축구팀 전체가 노출되었던 것이다. 이때 노장은 팀을 안정화시키는 안전판 역할을 해야 한다.

그러나 한국 대표팀에는 노장 자체가 없었다. SBS 배성재 아나운서가 차두리 선수의 아시안컵 활약을 보면서 "왜 저렇게 잘 뛰는 선수를 우리가 월드컵에서 볼 수 없었을까요?"라고 외친 그 촌평은 '체계를 뒤흔드는 위험'을 미리 고려하지 못한 축구 감독의 위험관리자로서의

---

* 독일 전격전에 관한 실제 사례는 리델 하아트 지음/황규만 옮김의 『롬멜 戰沙錄』, 리델 하아트의 『German Generals Talk』, 남도현의 『히틀러의 장군들』에 잘 묘사되어 있다.

능력을 날카롭게 비평한 것이다.

　국가대표 감독이라는 보직은 프로축구팀 감독에 비해 훨씬 어려운 보직이다. '감독＝피아니스트' 모형에 의하면, 3일만 연습하고 무대 위에 올라가는 피아니스트의 처지와 다를 바 없다. 연습시간이 짧으면 피아니스트의 레퍼트와repertoire도 짧아질 수밖에 없다. 연습시간이 짧기 때문에 실수하기도 쉽다. 따라서 즉흥적으로 연주할 수밖에 없는 일도 벌어진다. 암기한 부분을 순간적으로 까먹었을 때, 적절히 새로운 음으로 메워야 하는 일도 생긴다. 결국 그러한 환경에서도 성공적인 피아니스트가 되는 방법은 '경험' 외에는 없다.

　마찬가지로 국가대표 감독의 자격 조건은 무조건 '경험'이어야 한다. 홍명보는 사실상 경험이 일천한 감독이었다. 프로축구팀의 감독조차도 하지 않았다. 올림픽과 월드컵은 차원이 다른 무대이다. 2류 국제 콩쿠르와 쇼팽 콩쿠르는 전혀 다른 무대이다. 선수의 황금비율 원리조차도 몰랐다는 것은 경험이 일천했다는 것을 여과 없이 드러내는 장면이다. 축구대표팀의 감독은 백전노장이어야 한다. 경험이 일천한 감독에게 대표팀을 책임지게 한다는 것은 그 감독을 망신 주는 것 외에는 어떠한 명확한 목표도 보이지 않는다.

　홍명보 감독을 선임한 이 '축구인 카르텔'은 과연 무슨 생각을 하고 있었던 것일까? 전주곡에서 등장한 영어 선생만큼 의문투성이다. 분명한 것은 한국 축구를 90년대 한국 축구로 역주행시켰다는 것이다. 모두의 축구가 아니라 축구인의 축구로 회귀시킨 것이다.

글렌 굴드와 에필로그*

이 글에는 글렌 굴드라는 피아니스트가 종종 등장한다. 글렌 굴드를 한마디로 말한다면 '20세기 최고의 바흐 건반음악 연주자'라고 말할 수 있다.** 특히 그의 끊어 치는 주법은 어느 고적한 산사의 목탁 소리처럼 탁탁 피아노를 때린다. 연주회용 피아노, 슈타인웨이가 선사하는 페달, 셈여림, 루바토라는 이름의 화장품으로 범벅이 되어 버린 피아노곡의 얼굴을 목탁 소리와 같은 점묘법을 통해 가차없이 지워 버린다. 곡의 '생얼'을 여과 없이 까발린다.

남는 것은 회색빛 불교의 승려복 그리고 머리카락 하나 없는 두상뿐이다. 그래서 굴드의 곡은 색채가 없다. 색채가 없기 때문에, 여성과 남성 구분도 없다. 햇빛에 반사되는 승려복의 회색이 때로 보여주는 회색의 착시 현상만 있을 뿐이다. 또한 산사의 목탁 소리로 인해 두상의 이미지만 곡에서 전달된다.

그렇기에 굴드는 낭만파 작곡가의 곡을 거의 연주하지 않았을 뿐만 아니라, 노골적으로 적대감을 표시하곤 했다. '피아노의 시인'이라 불리는 쇼팽의 곡도 단 한 곡만 녹음한 것이 남아 있다. 사실 20세기 연주

---

* 에드워드 사이드는 그의 책 『음악은 사회적이다』에서 연주자로서의 굴드의 권능을 작곡가 바흐의 권능과 필적하는 것으로 파악했다. 굴드의 연주를 통해 작곡가 바흐의 진면모를 볼 수 있기 때문이다. 글렌 굴드에 대한 보다 심도 있는 분석을 원하는 독자는 다음 책들을 참조하기 바란다. 슈나이더/이창실 옮김, 『글렌 굴드: 피아노 솔로』, 오스왈드/한경심 옮김, 『글렌 굴드: 피아니즘의 황홀경』, 몽생종/임동현, 『글렌 굴드: 나는 결코 괴짜가 아니다』.

** 아이자코프는 그의 책 『피아노의 역사』에서 굴드에 대한 짧은 전기를 수록했는데, 굴드 전기의 첫 시작 문장은 "그는 살짝 미쳤다"이다. 또한 독일의 저명한 음악비평가 요아킴 카이저는 그의 책 『그가 사랑한 클래식』(홍은정 옮김)에서 글렌 굴드를 "지나치게 똑똑한 이 피아니스트는 필요 이상의 말과 글 때문에 자신을 더 망친다"고 평했다. 실제 "모짜르트는 더 일찍 죽었어야 했다"는 글렌 굴드의 평은 널리 알려져 있다.

회용 피아노 슈타인웨이의 효과를 가장 크게 본 곡은 쇼팽의 곡이다. '성악화', '반음계', '가짜 대위법'을 절묘하게 결합한 쇼팽의 곡은 슈타인웨이가 선사하는 페달, 셈여림, 루바토에 의해 곡의 완벽한 화장은 극대화된다. 굴드는 목탁 소리로 이 쇼팽의 곡을 언제나 해체하고 싶은 시체 해부자의 본능에 시달렸다. 굴드의 결론은 해체하고 나니 아무것도 없다는 것이었다. 색즉시공, 공즉시색을 발견하는 순간이었다. 색깔은 애시당초 존재하지 않았다.

사실 그는 본인 자신이 피아니스트로 불리는 것 자체도 불쾌하게 여겼다. 바흐의 악보를 보면, 피아노라는 악기가 아니라 클라비어라는 일반적인 건반악기를 위한 곡임을 알 수 있다. 사실 바흐 자신이 주로 연주한 악기는 쳄발로, 클라비코드, 오르간이었지 피아노가 아니었다. 프리드리히 대왕이 바흐 말년에 궁전에 초대했을 때, 피아노의 선조인 피아노 포르테를 프리드리히 대왕의 요청(요구)에 의해 시범으로 연주했다는 기록이 있다. 바흐의 피아노 포르테에 대한 평가는 건반이 무겁다는 것이다. 어쨌든 바흐의 곡은 일반적 건반악기를 위한 곡이다. 따라서 굴드의 목표는 피아노곡을 연주하는 것이 아니라, 일반적인 건반악기의 음성을 추구했다. 쳄발로도 아닌, 피아노도 아닌, 그 중간 어딘가의 소리를 추구했다.

그 중간 어딘가의 음성을 낼 때, 바흐의 대위법이 무엇보다도 중요했다. 목탁 소리의 기본은 그 목탁음 하나하나가 명확히 들려야 한다는 점이다. 음 하나하나 모두 독립성을 가져야 한다. 그러한 면에서 바흐의 푸가는 그 목적에 너무나도 부합되는 음악이었다. 각 음의 독립성이 보장되면서도, 대위법의 원리에 의해 놀라운 조화를 선사하기 때문이다. 반면에 성악화가 한 부분인 낭만파 음악에서는 각 개별적인 곡은 성익을 위해 독립성을 유보해야 했다. 어느 한 순간 각 음의 독립성이 들려야 하는 바흐의 푸가에 비하면 낭만파 음악은 숨겨진 욕망을 가면 뒤에 숨긴 가면무도회와도 같았다.

　보통 음악이란 기대와 그 기대에 반하는 놀라움 사이를 교차하는 것으로 이해된다. 축구 또한 '체계적 위험' 또는 '체계를 뒤흔드는 위험'이라는 '기대에 반하는 놀라움'과 그 위험을 사전에 인지하고 예측하려고 노력하는 '기대'를 교차하는 것으로 이해된다. 그리고 '체계적 위험'과 '체계를 뒤흔드는 위험' 두 가지를 가진 음악은 바흐의 푸가임을 축구의 속성 편을 통해 우리는 알고 있다. 또한 히딩크 감독이 한국 축구사에서 축구에서 일어나는 '체계적 위험'과 '체계를 뒤흔드는 위험' 모두를 사전에 인지하고 대비한 최초의 지도자였다는 점에서 위대했다는 것도 안다.

　따라서 축구 감독이 피아니스트라면, 글렌 굴드와 같이 바흐 연주의 명수여야 하지 않을까? 각 선수의 독립성을 파악하고 그 독립성이 대위법이라 불리는 축구 전술의 틀 안에서 명확히 규정되고 투영되도록 연주해야 하지 않을까? 우리 모두 메시가 얼마나 위대한 선수인지 안다.

　그러나 바로셀로나의 메시와 아르헨티나 국가대표팀의 메시는 전혀 다른 선수임도 안다. 바로 감독 또는 감독의 전술이 얼마나 중요한지 알려주는 대목이기도 하다. "한국 축구 수준=선수의 개인기 수준"이라는 저주의 굿판이 한국에서 완전히 사라지길 바란다. 우리 모두 한국의 선수가 메시가 아님을 잘 알고 있다. 우리가 원하는 것은 손가락을 탓

하는 감독이 아니라, 그 감독이 어떤 곡으로, 어떤 주법으로, 어떤 해석으로 감동을 주길 원하는 것뿐이다.

  마지막으로 위대한 피아니스트가 되려면 '메시 손가락'이 있어야 한다는 것은 의문의 여지가 없다. 실제 굴드는 어느 피아니스트보다도 큰 엄지손가락을 가지고 있었다. 바흐 연주에서 엄지손가락은 매우 중요한 역할을 한다. 나머지 손가락이 전개되는 동안 엄지손가락이 깊은 음을 유지해야 대위법의 효과를 낼 수 있기 때문이다. 굴드는 또한 왼손잡이였다. 그 때문에 베이스와 테너를 연주하는 데 누구보다도 유리했다.

CODE 04. 전술

축구는 '무빙 체스 게임'

이용수·최대혁

TACTICS

축구는 전술적 측면에서 서양의 체스나 동양의 장기·바둑과 유사한 점이 많다. 따라서 축구 전술에 체스·장기·바둑의 전술을 더하면 수백 가지 상황을 만들어 경기를 더욱 흥미롭게 만들 수 있다. 그런데 같은 전술을 사용했음에도 성공하는 경우가 있는가 하면, 반대로 실패하는 경우도 있다. 예컨대 2014년 브라질 월드컵 때 한국은 4-2-3-1 전술로 패배한 반면, 프랑스는 똑같은 전술로 1998년 월드컵에서 우승했다. 왜 그런가? 이 장에서는 축구 전술에 대한 이해와 함께 '생각하는 축구'를 위해 창의적 사고와 훈련이 어떻게 이루어져야 하는가를 살핀다.

축구는 '무빙 체스 게임 moving chess game'

축구 전술에 대해 이야기할 때 흔히 체스와 비교하곤 한다. 체스의 역할이 정해져 있듯이 축구에서도 각 포지션의 역할이 정해져 있다는 공통점이 있기 때문일 것이다.

그러나 축구는 체스와 결정적으로 다른 점이 한 가지 있다. 체스는 정해진 길로만 가야 하지만, 축구는 자유롭게 움직일 수 있다는 것이다. 다시 말해 체스는 기물 하나하나마다 움직임이 정해져 있어 그 길로만 반드시 가야 하는 반면, 축구는 그 길을 한 선수가 두 번 왔다 갔다 할 수도 있고, 선수들이 자신의 위치를 벗어나 다른 위치로 움직여 특정 상대 선수나 지역을 압박할 수도 있다. 이는 축구 전술에 따라 얼마든지 선수 역할이나 위치에 변화를 줄 수 있다는 뜻이다.

그래서 축구를 흔히 '무빙 체스 게임'이라고 표현한다. 축구가 정해진 길로만 가야 하는 체스와 달리 자유롭게 움직일 수 있다는 뜻에서

'움직이는 체스 게임'이라고 하는 것이다.

세계 최고의 체스 선수인 가스파로프는 20년간 세계 정상의 자리에 있으면서 "체스 경기의 승패는 겸손의 미덕과 신중함이 결정한다"고 하였다. 비록 신중을 미덕으로 삼는 가스파로프는 1997년 IBM 슈퍼컴퓨터 딥블루에게 패배했지만, 경우의 수가 훨씬 많은 바둑에서 알파고 컴퓨터와 인간의 경기는 전 세계의 이목을 집중시키고 있다.

축구에서 전술의 목표는 크게 두 가지다. 첫째는 자기편의 장점을 극대화하는 것이다. 경기장에서 뛰는 열한 명의 선수뿐만 아니라 교체 선수를 포함해서 그 팀이 갖고 있는 선수의 경기력을 극대화해야 한다. 둘째는 자기 팀의 단점을 최소화하는 것이다.

결국 상대팀에 대한 분석을 통해 자기 팀의 장점은 최대화하고 상대팀의 장점은 발휘되지 못하게 함과 동시에 자기 팀의 단점을 최소화해 전력을 높이는 것이다.

축구의 규칙은 비교적 쉽지만 이를 활용하는 전술은 눈에 잘 보이지 않기 때문에 관중들이 전술을 꿰뚫어보기가 쉽지 않다. 축구에 대한 배경지식이 없으면 4-4-2와 4-3-3이 어떻게 다른지, 또 백 스리 back three 와 백 포 back four 가 어떠한 차이가 있는지 이해하기 어렵다.

튼튼한 수비를 바탕으로 공격 전술을 활용하는 현대 축구에서는 수비도 잘하고 측면 공격으로 상대 수비를 흔들 수 있는 강한 윙백을 보유한 팀이 상대적으로 강한 면모를 보인다.

그렇다면 우리나라 상황은 어떠한가? 현재 한국 선수들이 유럽과 일본에 진출해 있긴 하지만 공격 포지션이 우세하고, 수비수나 골키퍼가 진출한 경우는 매우 드물다. 그것은 선수층이 얇다는 문제도 있

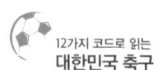

지만 공격수만 선호하는 특성 때문이라고 할 수 있다. 축구 역시 장기나 체스같이 공격적 특성을 활용한 수비 전술을 택해야 유리하지만, 그렇지 못한 것이 현실이다. 그 때문에 국내 K리그는 경기 속도가 느리고 공격보다 수비에 치중하는 소극적인 경기가 많아 재미가 덜하다는 이야기를 많이 듣는다.

현재 유럽과 남미 대부분의 축구팀은 백 포를 기본으로 팀마다 특색 있는 전술을 펼치고 있다. 그런데 같은 전술을 사용했음에도 성공하는 경우가 있는가 하면, 반대로 실패하는 경우도 있다. 예컨대 2014년 브라질 월드컵 때 한국은 4-2-3-1 전술로 패배한 반면, 프랑스는 똑같은 전술로 1998년 월드컵에서 우승했다. 또한 2002년 한·일 월드컵 당시 한국팀은 3-4-3 포메이션 전술로 4강에 진출하는 성과를 올렸으며, 스페인은 2010년 스트라이커 없이 패싱 게임으로 동료에게 공을 연결해 득점하는 제로톱 전술로 우승을 거머쥐었다. 또 2014년 브라질 월드컵에서 독일은 중원을 강화한 4-5-1 포메이션 전술로 우승의 영광을 안았다. 어떻게 성공한 것일까?

흔히 중원에서 우위를 차지하지 못하면 경기에 질 수밖에 없다고 말한다. 미드필드 싸움이 결국 승부를 좌우한다는 말이다. 하지만 현대 축구의 미드필드 싸움은 매우 복합적이어서 팀을 구성하는 선수 개개인의 스타일뿐만 아니라 각 팀이 운용하는 시스템과 밀접한 관계가 있다. 또한 이러한 약점을 보완하기 위한 부분 전술은 미드필드 싸움에 아주 다양한 변수를 만들어낸다. 따라서 미드필드 싸움은 전술적·전략적 차원에서 분석해야 한다.

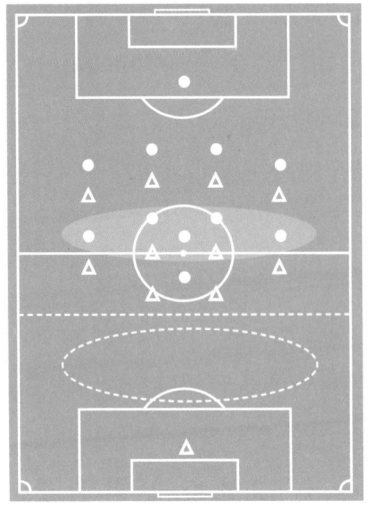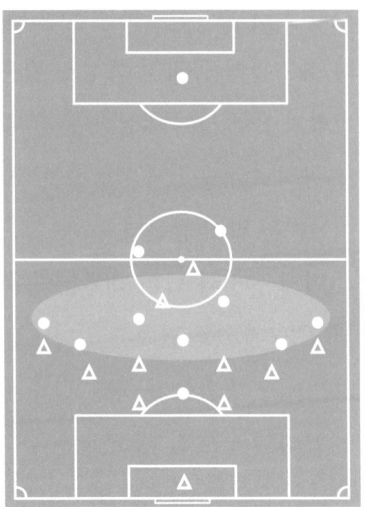

그림 1 _ 미드필드 전술의 예. 한쪽에 선수들을 밀집시키면 다른 한쪽에 빈 공간이 생길 수밖에 없다.

    축구 경기장은 20명의 선수와 2명의 골키퍼가 뛰는, 105×68미터의 매우 넓은 공간이다. 이는 어느 한쪽에 선수들을 밀집시켜 공간을 좁히면 다른 한쪽에는 반드시 빈 공간이 생길 수밖에 없다는 뜻이다. 미드필드의 공간을 좁히면 수비 뒷공간이 넓어지고, 반대로 골대 쪽으로 수비가 쳐지면 미드필드 공간이 넓어진다.

    축구에 전술 요소가 도입되어 처음으로 유행한 포메이션은 수비 2명, 미드필더 3명, 공격 라인 5명으로 구성된 피라미드 시스템, 즉 2-3-5 형태였다. 그러다가 1925년 패스를 받을 때 공과 골대 사이에 있어야 하는 상대 선수가 골키퍼를 포함하여 3명에서 2명으로 줄이는 것으로 오프사이드 규칙이 개정되면서 새로운 전술들이 등장하기 시작했다.

이와 같은 오프사이드의 규정 완화는 공격하는 팀에게 유리하게 되어 2명의 수비수만으로는 상대의 공격을 효과적으로 막아내기 어려워졌다. 그로 인해 5명의 공격수와 5명의 수비수로 역할분담을 하는 WM 시스템*이 탄생하였다.

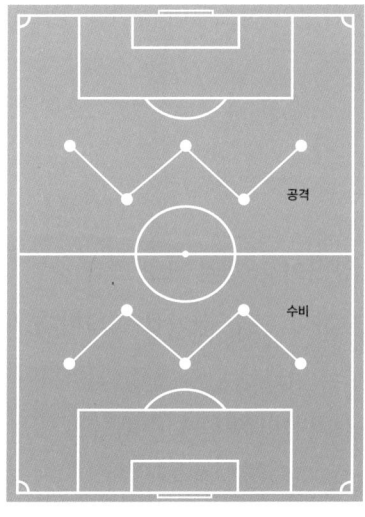

그림 2 _ WM 시스템

이는 공격수와 수비수를 철저하게 구분하여 체스에서와 같이 자신의 역할에 충실하여 공격과 수비의 균형을 유지하겠다는 의미로, 철저한 1:1 대인 방어를 기본으로 한다. 이러한 WM 시스템으로 인해 감독들은 자기 팀이 필드를 지배할 수 있도록 새로운 전략·전술을 개발

---

* 공격수 5명과 수비수 5명이 각기 알파벳 W와 M 모양으로 포진하고 있는 데서 비롯된 명칭. 잉글랜드 아스널의 허버트 채프먼 감독이 완성시킨 시스템으로, 1920년대 후반부터 1950년대까지 축구계의 상식으로 받아들여졌다.

하게 되면서 이른바 '감독의 시대'가 시작되었다.

이때만 해도 축구는 체스처럼 공격과 수비의 역할을 정확히 분담했으며, 1950년대까지 축구의 종가 잉글랜드가 축구계를 지배하고 있었다. 이 WM 시스템에 의해 축구가 발전하였던 것은 공격적 역할의 인사이드 포워드 두 명과 수비형 미드필더들이 마법의 사각형을 구축하여 미드필더의 독자적인 시스템인 공간을 창조했기 때문이다.

장기와 축구 전술

장기는 판 위에 양편이 16개의 크고 작은 장기짝을 갖고 경기하는 것으로, 체스와 비슷하다. 또한 장기짝 하나마다 각각의 역할이 있고 장기짝 하나가 일정한 역할에 따라 움직이는 것이 축구 또는 농구 선수가 포지션에 따라 자신의 역할을 수행하는 것과 비슷하다. 축구의 경우 센터라인에 있는 골키퍼, 센터백, 미드필더, 최전방 공격수들은 포지션에 따라 각기 하는 역할이 다르다.

그런데 장기는 상대편의 부하들이 살아 있어도 왕만 죽이면 경기가 끝난다. 반대로 부하들이 다 죽어도 최후까지 왕이 살아 있으면 승리한다. 이는 왕을 안전하게 지키는 것이 최우선이라는 말이다. 축구에서도 골을 넣는 것보다 골을 먹지 않는 게 중요하다. 이것이 축구 경기에서 수비가 강한 팀이 승리를 하지는 못하지만 비길 수 있는 확률이 높은 이유이다.

하지만 1960년대 브라질의 4-2-4 또는 4-3-3 공격 축구에 대응하기 위한 전략으로 수비 포메이션에 변화가 오기 시작했다. 이탈리아 인테르 클럽의 에레라 감독은 대인방어 이론에 지역방어 개념을 도입하여 4명의 수비수에게 1:1 대인 마크를 하도록 하고, 그 뒤에 최종 스위퍼sweeper 한 명을 배치함으로써 커버 플레이 및 협력 수비 등의 임무를 수행하게 하였다. 이는 장기에서 왕을 보호하는 사士가 있어서 골을 먹지 않으려는 최후의 수비를 하는 것과 비슷하다.

이것은 수비수가 전담 마크할 공격 선수가 정해지지 않았고 스위퍼가 골문 앞을 걸어 잠그는 형태였기 때문에 '빗장수비'라는 뜻의 이탈리아어 '카테나치오Catenaccio'로 명명되었다.

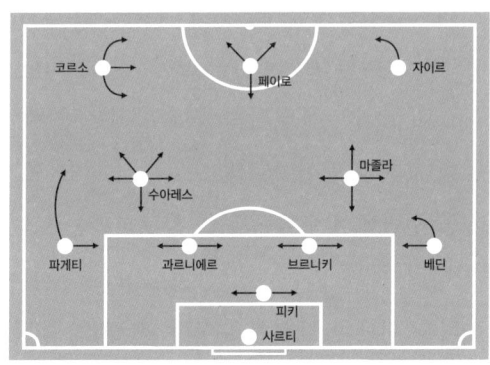

그림 3 _ 공격 축구에 대응하기 위한 전략으로 생겨난 빗장수비의 예

다시 말해 빗장이란 3~4명의 수비 라인이 대인 방어를 펼치고 1명의 스위퍼가 이를 뚫고 나온 상대 공격수마저 봉쇄하여 실점을 최소화하는 것을 말한다. 이는 이탈리아 축구 리그에서 현대 축구 흐름의 하나인 '선수비 후공격'으로 정착되었는데, 이러한 포메이션은 이기

길 좋아하기보다 지길 더 싫어하는 이탈리아 국민의 민족적 특성과도 관계가 있어 보인다.

그러나 빗장수비는 수비지향적 시스템으로 '선수비·후역습' 같은 방식에 크게 의존할 수밖에 없었다. 현대 축구에서 스위퍼는 리베로 libero*로 진화하여 최후방에서 수비만 하는 것이 아니라 공격할 때는 전진해 자유롭게 공격에 가담하기도 했다.

바둑과 축구 전술

바둑은 어떤 바둑알이든 하는 일이 다 똑같으며, 지위의 높고 낮음도 없다. 바둑판에서는 바둑알이 놓이는 곳이 곧 싸움터다. 이처럼 바둑은 수평적 조직으로 상대와 부딪치는 곳에서 서로 손에 손 잡고 생존띠를 만들어야 한다. 수비팀이 공격팀으로부터 공을 뺏기 위해 조직적·체계적으로 공 주변에서 수적 우위를 확보하려는 토털축구와 비슷하다고 할 수 있다.

공격보다 수비를 선택한 대부분의 감독과 달리, 네덜란드 아약스 감독이었던 리누스 미헬스는 축구는 아름다워야 하고 보는 이들에게 즐거움을 주어야 하기 때문에 공격적인 전술을 추구해야 한다고 생각했다. 이를 위해 자기 진영에 수비수가 있기보다는 오프사이드 규칙을 활용하여 전진수비 전술을 구사했다.

---

* 리베로는 이탈리아어로 '자유인'을 뜻한다. 축구에서 리베로는 최후방 수비수이지만, 자기 포지션에 얽매이지 않고 자유롭게 공격하기도 한다. 독일의 베켄바워, 한국의 홍명보 등이 대표적인 리베로다.

즉, 공을 빼앗긴 뒤에도 팀 전체가 뒤로 물러서지 않고 최후방 수비 라인을 하프라인과 최대한 가깝게 유지하며 최전방 공격수부터 상대를 적극 압박하는 전술을 펼쳤다. 그러면 유리한 위치에서 공을 뺏을 수 있다고 생각한 것이다. 이것이 압박축구 또는 토털축구의 시초이다. 보통 수비 상황에서 휴식을 취하는 공격수에게 전방에서도 상대를 압박하도록 하고, 공격시에는 포지션 체인지를 통해 수비수들도 적극적으로 공격에 가담케 함으로써 '전원 공격, 전원 수비'의 토털축구를 추구한 것이다. 한마디로 선수들이 자유롭게 포지션의 위치를 바꿔 가며, 바둑처럼 공의 위치에 따라 수비-공격 공간을 극도로 좁히면서 상대 선수를 압박하는 것이다.

그 결과 농구의 가드·포워드·센터라는 포지션을 파괴한 모션오펜스 전술처럼, 멀티플레이어가 된 축구 선수들은 공격-중원-수비 간의 자신만의 역할이 없어지고 위치에 따라 새로운 임무가 주어지는 시스템으로 탄생하였다.

2013년 유럽 챔피언스 리그 준결승에서 독일의 바이에른 뮌헨과 도르트문트 팀이 상대 진영에서부터 적극적으로 압박을 가하는 게겐프레싱 gegenpressing과 빠른 공격으로 바르셀로나와 레알 마드리드를 무너뜨렸던 강력한 전방 압박도 눈여겨볼 필요가 있다.

게겐프레싱은 유럽 챔피언스 리그 경기처럼 일주일 정도 간격으로 진행되어 선수들이 체력을 회복할 수 있는 시간적 여유가 있는 경우에는 활용하는 데 큰 부담이 되지 않을 수 있지만, 월드컵같이 일정 기간 3~4일 간격으로 계속 경기를 해야 하는 경우엔 체력적으로 부담이 되는 전술이다.

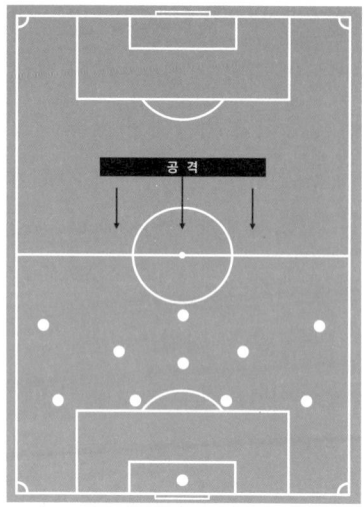
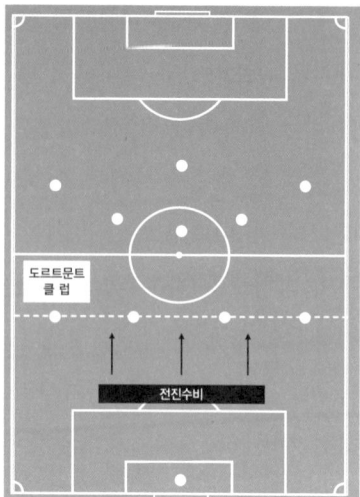
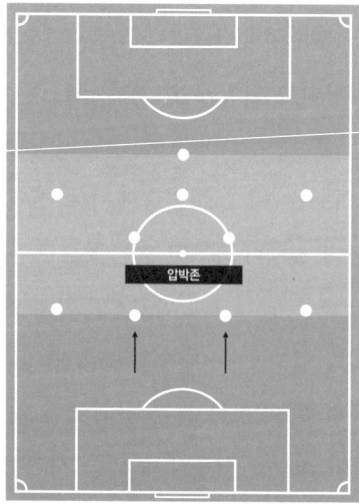

그림 4 _ 압박수비의 예

게겐프레싱이 위력을 발휘했던 2013년과 달리 2014 유럽 챔피언스리그 준결승과 결승전에서는 수적 우위를 중시하는 수비 중심의 안정적인 경기 운영을 바탕으로 공격수 1~2명의 절묘한 개인기와 빠른 공격으로 득점을 올리는 실리적이면서도 효율적인 축구가 펼쳐졌다. 안첼로티 감독의 레알 마드리드와 무리뉴 감독의 첼시가 전형적인 예다.

그런가 하면 최전방 스트라이커를 다양하게 활용하기도 한다. 전방에 배치하지 않고 후방에 배치하여 미드필더의 자유로운 공격을 만들어내는 가짜 스트라이커 false striker 전술이 그것이다. 팀의 공격이 시작되면 센터포워드인 척하던 공격형 미드필더가 뒷공간으로 빠져 다른 선수들이 침투할 수 있게 만드는 것이다. 이른바 '가짜 9번 선수 false 9'를 내세워 공격 기회를 만드는 전술이다.

또 축구 경기에서 반드시 알아야 할 규칙의 하나인 오프사이드는 축구 경기에 긴장감을 주고 강한 내·외적 동기를 유발한다. 이 규정이 적용되면서 축구 경기의 양상까지 바뀌었다. 단순한 규칙 하나가 축구 경기를 보다 조직적으로 만들어 진정한 팀 스포츠로서 많은 사람들을 열광시키는 잠재력을 갖게 된 것이다.

이처럼 다양한 전술과 선수들의 기량에 따라 승패가 결정되기 때문에 세계 축구팬들은 전술을 적절하게 활용하여 경기력을 최대한 발휘하게 만드는 감독에게 열광하는 것이다. 경기장에서 뛰는 것은 선수들이지만, 상대팀을 분석한 전술에 따라 경기에서 감독이 차지하는 비중이 40%가량 된다고 하니 감독의 역할이 얼마나 중요한지 알 수 있다.

히딩크 감독의 2002년 월드컵 로드맵

2002년 월드컵을 준비하면서 많은 축구 전문가들이 한목소리로 두 가지 주장을 했다. 하나는 베스트 11을 조기 확정해야 한다는 것이고, 다른 하나는 베스트 11의 조직력을 극대화해야 한다는 것이었다.

그런데 전술을 결정했다고 해도 우리보다 강한 팀과 경기를 할 때에는 강팀에 끌려갈 수밖에 없다. 예를 들어 상대가 4-4-2로 나오면 우리는 2-4-4 또는 4-4-2로 막아야 한다. 상대가 어떠한 전술을 활용하든 관계없이 우리 팀이 베스트 11을 가지고 나가는 때는 우리가 상대보다 강한 경우이다. 약한 팀은 강팀의 전술 운용을 따라갈 수밖에 없는 것이 축구장 안의 현실이다.

당시 한국 대표팀이 월드컵에서 만나게 될 팀들은 하나같이 우리보다 강했다. 따라서 우리가 의도한 대로 끌고 나가기 쉽지 않다는 것은 분명했다. 그런 상황에서는 상대팀과 비교해 우리 팀이 갖고 있는 장점을 어떻게 효율적으로 살리고 극대화할 수 있는가가 매우 중요하다. 그러나 1986년, 1990년, 1994년, 그리고 1998년 월드컵에서는 우리의 장점이나 잠재력을 발휘하지 못했다.

2002년 월드컵 당시 포르투갈과의 경기를 앞두고 양팀의 전력을 숫자로 비교한 도표가 있다(그림 5). 그때 포르투갈의 FIFA 랭킹은 5위! 우리 선수 1인당 능력이 100이라고 하면 포르투갈은 150 정도였다. 따라서 우리 베스트 11의 전력은 1100이고 포르투갈은 1650이라는 계산이 나온다. 우리가 불리할 수밖에 없는 경기였다. 홈경기의 이점 30%를 더한다 하더라도 열세를 면하기 어려웠다.

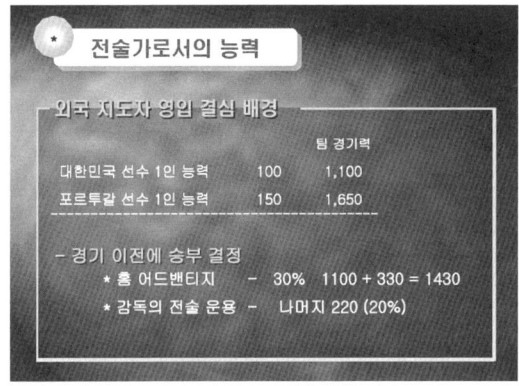

그림 5 _ 2002년 월드컵 당시 한국과 포르투갈의 전력 비교

그러한 열세를 뒤집을 수 있는 방법은 단 하나, 감독의 전술 운용 능력이다. 히딩크 감독을 영입하게 된 것은 바로 그 때문이다.

국가대표팀 감독으로 부임한 히딩크는 월드컵 대회에서 사용할 전술과 경기 로드맵을 작성했다. 1년 6개월의 준비 기간에 히딩크 감독의 가장 큰 로드맵이자 전술의 큰 줄기는 다음 두 가지였다.

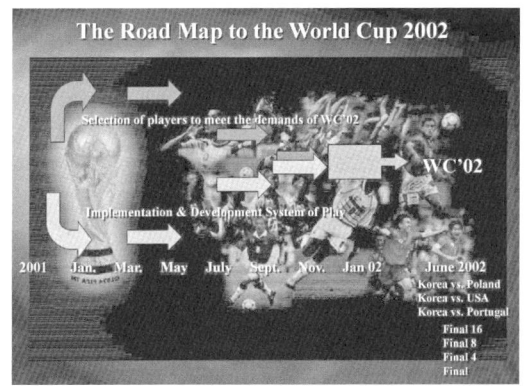

그림 6 _ 히딩크 감독이 작성한 2002년 월드컵 로드맵

첫 번째는 월드컵 경기 전까지 23명의 엔트리를 어떻게 확정지을 것인가. 즉, 어떤 선수들을 선발할 것인가. 두 번째는 이 23명을 가지고 어떤 전술, 다시 말해 어떤 포메이션과 스타일을 선택해 경기를 운용할 것인가였다.

 히딩크 감독은 3-4-3 전술을 선택했다. 3-4-3은 수비 때는 5-4-1이 되고 공격 때는 3-4-3 형태가 되는 전술로, 기본적으로 강한 체력이 요구되는 시스템이다. 선수들이 체력적으로 준비가 안 되면 절대로 활용할 수 없는 시스템이다. 체력을 바탕으로 상대를 압박하고, 우리가 공을 최대한 소유하면서 경기를 통제해야 하기 때문이다. 이를 위해서 히딩크 감독은 선수들의 체력을 다지는 훈련을 철저히 했다.

 당시 체력의 중요성을 말해 주는 재미있는 이야기가 있다. 히딩크 감독은 폴란드와의 경기를 앞두고 마지막 체력 점검을 했다. 심장박동

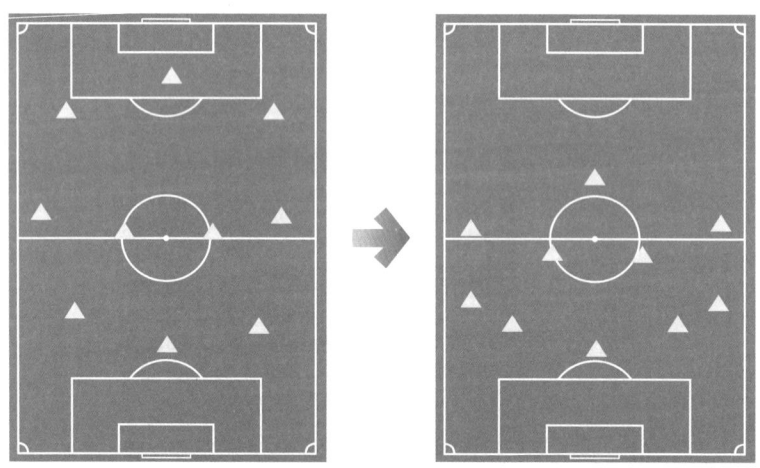

그림 7 _ 히딩크 감독이 선택한 3-4-3 전술. 공격시 3-4-3 포메이션이 수비 때는 5-4-1 포메이션으로 바뀐다.

수 데이터를 본 히딩크는 홍명보 선수를 불렀다. 그리고 그에게 데이터를 보여주면서 "너는 나이가 많지만 지금 이 데이터는 너의 회복력이 아주 뛰어나다는 것을 보여준다. 그러니까 체력적 부담 갖지 말고 최선을 다해서 전반전부터 열심히 뛰어라. 뛰어도 된다"고 말했다. 홍명보 선수가 나이가 상대적으로 많은 데다 체력적 부담을 느끼고 있다는 것을 알고 데이터에 근거해 자신감을 불어넣어 준 것이다. 히딩크 감독은 홍명보 선수가 자신의 약점이라고 생각하는 부분을 데이터와 말 몇 마디로 긍정적으로 바꿔 놓았다.

슈틸리케 감독과 2015년 아시안컵

최근의 예로는 슈틸리케 감독이 지휘봉을 잡고 난 후인 2015년 아시안컵에서 호주와의 결승전을 들 수 있다. 결승전을 앞두고 대표팀은 우려가 많았다. 상대적으로 호주의 전력이 아주 탄탄하고, 한국이 비록 예선에서 1:0으로 이기긴 했지만 전체적인 전략 면에서 호주가 좋은 평가를 받았기 때문이다. 케이힐이라는 걸출한 스트라이커가 위협적으로 버티고 있는 데다, 공격 가담력이 아주 뛰어난 오른쪽 수비수 프라니치에 MVP까지 차지한 미드필더 루옹고도 있었다.

그런 상황인 만큼 슈틸리케 감독과 코칭스태프들은 어떤 전술을 택할 것인가를 두고 고민이 많았다. 사실 코칭스태프들 사이에서는 백스리로 전환해서 수비를 강화하자는 의견이 많았다.

하지만 슈틸리케 감독은 그전 여섯 경기에서 무실점으로 온 백 포라인을 허물지 않았다. 대신 장현수 선수를 수비형 미드필더로 세웠다. 중앙에서의 제공권과 헤딩이 좋은 케이힐에 대응하기 위해서였다. 이와 함께 박주호 선수를 왼쪽 측면 공격수로 세웠다. 같은 포지션의 상대팀 선수가 오버래핑(왼쪽 윙백이 공격진에 올라가서 왼쪽 미드필더를 도와주며 공격의 활로를 열어 주는 것)이 아주 뛰어났기 때문이다. 박주호 선수는 사실 그전까지 측면 수비수나 미드필더 역할을 주로 해왔지, 손흥민이나 이청용 선수처럼 측면 공격수 역할은 많이 경험하지 못한 상태였다.

그런데 슈틸리케 감독은 박주호 선수를 왼쪽 공격수로 배치하고, 대체로 왼쪽에 포진하고 있던 손흥민 선수를 오른쪽 공격수로 바꾸었다. 어떻게 보면 포지션 파괴였다.

물론 그렇게 한 데는 이청용 선수가 부상으로 인해 경기를 뛰지 못하기 때문이었지만, 손흥민 선수의 공격력을 강화하고 박주호 선수로 하여금 상대 수비의 공격 가담을 견제하도록 하기 위해서였다. 포지션을 바꿔 상대팀의 전력, 즉 공격력을 약화시키고 우리 나름의 공격을 할 수 있는 형태로 바꾸려고 했던 것이다. 즉 수비는 상대 장점에 대비하는 형태로 바꾸고, 공격은 공격대로 할 수 있는 체제를 갖춘 것이다. 손흥민 선수를 오른쪽 공격수로 바꾸었다고 오른쪽에만 있는 건 아니지만, 전술적으로 그러한 틀을 만든 것이다. 이것이 바로 상대팀 전술에 따른 우리 팀의 변화이고, 또 우리 팀 안에서도 위치 변화를 통해 전술적 경기 운용 능력을 높여 가는 길이다.

'생각하는 축구'를 위하여

우리 국가대표팀에 대한 평가를 할 때마다 나오는 이야기가 '창의력 부재'다. 한마디로 '생각하는 플레이'를 못한다는 것이다. 이것은 우리 선수들이 유소년이나 청소년 시절 감독이나 지도자들의 일방적인 지시를 그대로 따르던 습관에서 비롯된 것이라고 할 수 있다. 선수들 스스로 생각하고, 감독이나 지도자에게 적극적으로 질문하며, 선수끼리 서로 생각을 교환하고 의논하는 것이 아니라, 일방적인 지시를 계속해서 따르다 보니 창의성이 부족하게 된 것이다.

전술은 그때그때 상황에 따라서 스스로 생각하고 판단하고 행동으로 옮겨야 빛을 발한다. 그런데 우리 선수들은 그런 경험이 부족하기 때문에 국가대표가 된 뒤에도 경기장에서 안타까운 모습들을 계속해서 보여준다. 전술에 대한 이해와 함께 창의적 사고, 생각의 유연성을 기르는 훈련이 되지 않은 상태에서 경기를 하는 것은, 마치 장기판 위의 그어진 길을 따라 다니는 것과 같다.

따라서 선수 스스로 축구를 재미있게 하는 것이 무엇보다 중요하다. 감독은 〈해리포터〉에 나오는 마법의 지팡이가 어떤 주문을 거느냐에 따라 이전과 전혀 다른 능력 또는 모습을 보여주는 것처럼, 선수들의 능력을 배가시키고 잠재된 능력을 최대한 발휘할 수 있도록 만들어야 한다. 그것이 감독의 역할이자 능력이다. 감독의 전술적 사고와 능력에 의해서든, 아니면 경험에 의해서든 선수들의 적절한 조합과 포지션 이동을 통해 선수 11명, 아니 23명이 새로운 모습으로 변화되어야 한다.

하지만 안타깝게도 우리는 이런 훈련이 잘 되어 있지 않다. 그 결과 우리 선수들은 열 가지 재능을 갖고 있음에도 경기장에서는 50~60%밖에 발휘하지 못한다. 최소한 90~100%를 발휘하거나, 더 나아가 그 이상을 발휘해야 함에도 그렇지 못하다. 이것은 전략적 사고를 하는 훈련을 받지 못하고 감독이나 코치의 일방적인 지시를 그대로 학습해 온 결과라 할 수 있다.

선수들이 자신의 잠재력을 폭발시킬 수 있기 위해서는 지도자의 전술적인 터치와 함께 심리적인 터치가 필요하다. 경기장에서 선수들이 자신의 기량을 최대한 발휘할 수 있도록 자신감을 불어넣어 주는 감독의 터치가 이루어질 때 결과는 상상을 뛰어넘는다. 개인이 열 가지 능력을 가지고 있을 때 두세 명의 동료 선수들이 힘을 합해 20 또는 30, 아니 한 발 더 나아가 40 또는 60의 경기력을 발휘하고, 팀으로는 11명의 합인 1100이 아니라 1500 또는 1600 이상을 발휘할 수 있도록 만드는 게 축구 경기에서 전술적 변화로 기대할 수 있는 긍정적인 효과이다.

이처럼 축구에서 전술의 가장 큰 목표는 감독의 전술적·심리적 터치로 선수 개인은 물론, 팀 전체가 자신들이 갖고 있는 잠재력보다 훨씬 크게 꽃피울 수 있게 하는 것이다.

CODE 05. 골

골 결정력의 예술과 과학

이용수

GOAL
CODE 05. 골

이 장의 키워드는 축구의 승부를 가르는 '골'이다.
흔히 한국 축구의 고질적인 문제로 골 결정력 부족을 든다.
우리 대표팀은, 미드필드 지역에서는 빠르게 공을 패스하다가도
슈팅이 가능한 공격 3분의 1 지역에 들어서면 오히려 망설이는
듯한 느릿한 움직임과 세밀하지 못한 볼 컨트롤로 인해
결국 상대 수비에게 공을 빼앗기고 득점 기회를 놓치는 경우가
너무 많다. 슈팅 감각의 습득 없이는 뛰어난 스트라이커가
결코 될 수 없다. 이 장에서는 골 결정력에 대한 과학적 분석과
함께 예술적 경지에 오를 수 있을 정도의 스트라이커가 되기
위해서는 어떻게 해야 하는지를 알아본다.

 이용수

조기 인재 육성과 스포츠 과학을 활용하는 축구만이 대한민국 축구를 한 단계 더 발전시킬 수 있다는 믿음을 갖고 있다. 또한 2002년 한·일 월드컵을 준비하던 시절부터, 또 그로부터 12년이 지난 이 시점에 다시 맡고 있는 대한축구협회 기술위원장직을 수행하는 지금까지도 '즐기는 축구'와 '생각하는 축구'라는 화두를 잠시도 내려놓은 적이 없다.

한국 축구의 고질병, 골 결정력 부족

올림픽·아시안컵·월드컵 대회 등 주요 대회가 끝나고 나서 대표팀의 결과를 정리, 분석할 때마다 나오는 이야기가 골 결정력 부족이다. 2014년 브라질 월드컵 예선 세 번째 경기인 벨기에 경기에서도 같은 평가가 되풀이되었다. 전체 볼 점유율은 51%로 약간 우위를 점하였고, 슈팅은 18회로 벨기에의 16회보다 많았으며, 유효슈팅 역시 12개로 벨기에의 11개보다 한 개 더 많았다.

그러나 결과는 0:1 패배였다. 이번에도 역시 한국 축구의 고질적인 문제로 지적되었던 골 결정력 부족이 패배의 결정적 요인이었다. 상대 팀 선수의 퇴장으로 인한 수적 우위와 상대보다 많은 슈팅과 유효슈팅에도 불구하고 골을 넣지 못하고 오히려 한 골을 내주어 0:1로 패한 것이다.

메시, 호날두, 네이마르 등 세계적인 스트라이커는 골을 넣어도 참

쉽게 넣는다. 반면 우리 대표팀은 골을 너무 어렵게 넣는다. 아시아 축구연맹의 앤디 록스버그Andy Roxburgh 기술국장은 브라질 축구의 감각적인 골 결정력을 방울뱀의 먹이사냥과 비교하여 설명한 적이 있다. 미드필더 지역에서는 개인기를 바탕으로 약간 느린 템포의 패스와 움직임을 보이다가도 득점이 가능한 페널티 에어리어 근처에만 오면 특유의 빠른 스피드와 결정적 슈팅 한 방으로 득점을 만들어내는 브라질 공격의 결정력을 방울뱀의 먹이 사냥으로 비유한 것이다.

방울뱀은 적외선을 인식하는 탁월한 감각기관을 가지고 있다. 즉, 멀리 떨어진 곳에서 먹잇감이 발산하는 적외선을 감지하여 정확하게 사냥을 한다. 적외선을 감지하면 먹잇감 근처로 천천히 이동한 후 결정적인 순간에 먹잇감이 예측 못 하는 빠른 움직임으로 상대를 한순간에 제압하는 것이다. 방울뱀의 이러한 특징과 브라질의 플레이는 비슷한 면이 있다. 특히 방울뱀이 재빠르게 먹이를 사냥하듯 브라질 축구대표팀의 스트라이커는 언제든지 원하는 때에 정확한 슈팅으로 골을 넣는다.

그러나 우리 대표팀은, 미드필드 지역에서는 빠르게 공을 패스하다가도 슈팅이 가능한 공격 3분의 1 지역에 들어서면 오히려 망설이는 듯한 느릿한 움직임과 세밀하지 못한 볼 컨트롤로 인해 결국 상대 수비에게 공을 빼앗기고 득점 기회를 놓치는 경우가 많다.

슈팅은 골문 안에서 골키퍼가 잡지 못하는 곳으로 보내는 패스라 할 수 있다. 슈팅 동작의 기본 기술은 킥이나 패스 동작과 크게 다를 게 없다. 즉, 정확한 킥이나 패스로 골키퍼가 막지 못할 곳으로 공을 보내는 것이다.

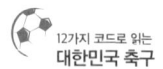

그러나 상대 수비 선수의 마크와 손을 사용할 수 있는 골키퍼의 활동 영역을 피해서 킥 또는 패스를 성공시키기란 결코 쉬운 일이 아니다.

그런 만큼 킥·패스의 기술적 요인의 습득은 물론 슈팅 감각을 체득해야 한다. '슈팅 감각'이란 슈팅하는 순간의 골키퍼의 위치 및 움직임, 상대 수비 선수의 위치, 자신의 위치와 골문과의 각도, 공의 속도, 슈팅하는 거리 등을 고려하여 어떻게 슈팅할 것인가를 판단하고 실행하는 능력을 말한다. 이러한 '슈팅 감각'의 습득 없이는 결코 뛰어난 스트라이커가 될 수 없다.

득점은 어떻게 이루어지는가

다음 〈표 1〉은 2014 브라질 월드컵 대회의 득점을 분석한 결과이다. 총 64경기에서 171골이 터져 경기당 2.67골을 기록했으며, 오픈 플레이 open play로부터 133골, 세트피스 set pieces 38골로 나타났다.

오픈 플레이 득점을 자세히 살펴보면 협력 플레이 combination play 26골, 윙 플레이 wing play 37골, 수비라인 붕괴 패스 defence-splitting pass 17골, 페널티 지역 내 대각선 볼 득점 diagonal ball into penalty area 6골, 중거리슛 long-range shot 11골, 개인기에 의한 득점 solo effort 8골, 우수한 마무리 exceptional finish 3골, 수비실책 defensive error 6골, 라바운드 rebound 14골, 자책골 own goal 5골이다.

표 1_ 브라질 월드컵 경기 중 오픈 플레이 득점 방법

경기 중 득점 방법	소별 예선 48경기/ 득점(%)	16강 8경기/득점(%)	8강 4경기/득점(%)	4강, 준결승, 결승 4경기/득점(%)	총 경기 64경기/득점(%)
협력 플레이 득점	22(21%)	2(13%)	–	2(20%)	26(20%)
윙 플레이 득점	27(25%)	5(33%)	–	5(50%)	37(28%)
– 왼쪽 측면에서	16	2		2	20
– 오른쪽 측면에서	11	3		3	17
수비라인 붕괴 패스	14(13%)	2(13%)	–	1(10%)	17(13%)
페널티 지역 내 대각선 득점	6(6%)	0(0%)	–	–	6(5%)
중거리 슛	10(9%)	1(7%)	–	–	11(11%)
개인기에 의한 득점	7(7%)	1(7%)	–	–	8(6%)
우수한 마무리	2(2%)	1(7%)	–	–	3(2%)
수비 실책	5(5%)	0(0%)	–	1(10%)	6(5%)
리바운드 볼	10(9%)	2(13%)	1(100%)	1(10%)	14(11%)
자책골	4(4%)	1(7%)	–	–	5(4%)
합계	107	15	1	10	133

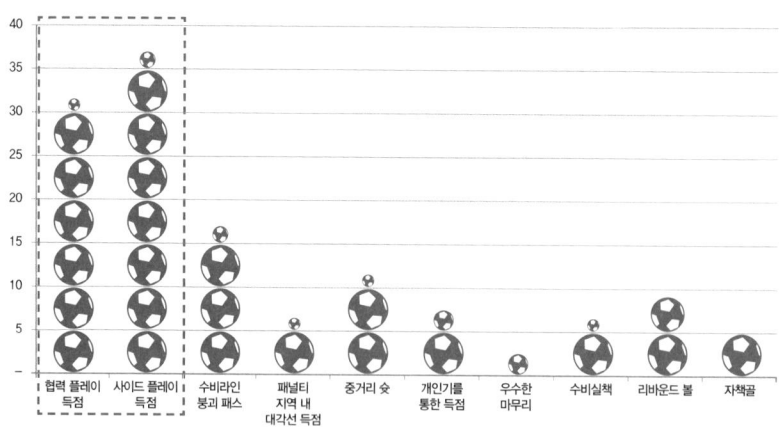

그림 1_ 2014 브라질 월드컵 득점 방법 분석

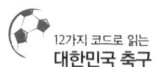

12가지 코드로 읽는
대한민국 축구

특히 〈그림 1〉에 나타난 것과 같이 좌우 측면 공간을 활용하는 윙 플레이에 의한 득점이 37골(28%), 협력 플레이에 의한 득점은 26골(20%)로 나타나 협력 플레이와 측면 공간 활용 및 크로스 연결이 얼마나 중요한지 알 수 있다.

브라질 월드컵 대회 세트피스의 득점은 38골로 전체 득점의 약 22%를 차지하였다. 그중에서도 코너킥에 의한 득점은 18골(47%)로 세트피스 득점의 절반에 가까울 정도로 높은 득점을 보였다.

표 2 _ 세트피스 득점 분석

경기 중 득점 방법	조별 예선 48경기/ 득점(%)	16강 8경기/득점(%)	8강 4경기/득점(%)	4강, 준결승, 결승 4경기/득점(%)	총 경기 64경기/득점(%)
코너킥	14(48%)	2(67%)	1(25%)	1(50%)	18(47%)
- 왼쪽 측면에서	8	2	1	-	11
- 오른쪽 측면에서	6	-	-	1	7
직접 프리킥	2(7%)	-(0%)	1(25%)	-	3(8%)
프리킥 이후 득점	4(14%)	-(0%)	1(25%)	-	5(13%)
페널티킥	9(31%)	1(33%)	1(25%)	1(50%)	12(32%)
스로인	-	-	-	-	-
합계	29	3	4	2	38

또한 득점 유형별로 분석해 보면 페널티킥은 12골(7%), 자책골은 5골(3%), 일반 득점은 154골로 나타났다. 일반 득점 154골은 발을 이용한 슈팅에 의한 득점이 122골(71%), 헤딩골이 32골(19%)이었다.

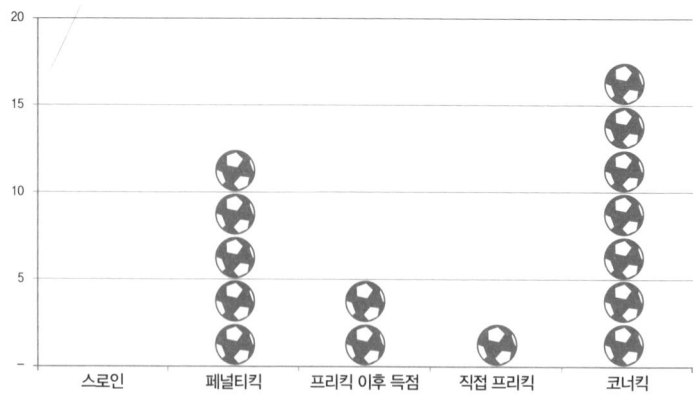

그림 2 _ 세트피스 득점 분석

포지션별 득점을 분석한 결과 스트라이커는 94골(55%), 미드필더는 56골(33%), 수비수는 16골(9%), 자책골은 5골(3%)로 나타났다.

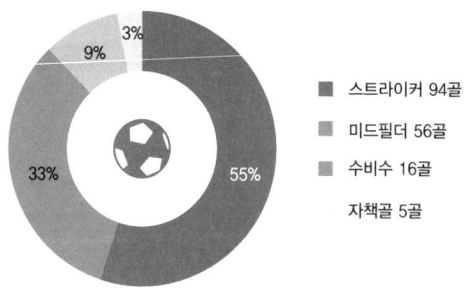

그림 3 _ 포지션별 득점

〈그림 4〉는 경기 시간대별 득점 분포를 나타낸 것이다. 후반 마지막 15분(76~90분)에 가장 많은 41골(24%) 득점을 해 체력적 부담과 경기 승패에서 후반 마지막 15분의 중요성이 득점 분석에도 잘 나타난다.

전체(64경기)	171
1~15분	18(10%)
16~30분	25(15%)
31~45분	22(13%)
46~60분	24(14%)
61~75분	33(19%)
76~90분	41(24%)
91~105분	3(2%)
106~120분	5(3%)

추가 시간에 득점한 수	
전반전(45분 후)	3
후반전(90분 후)	12
전반전 추가 시간	0
후반전 추가 시간	1

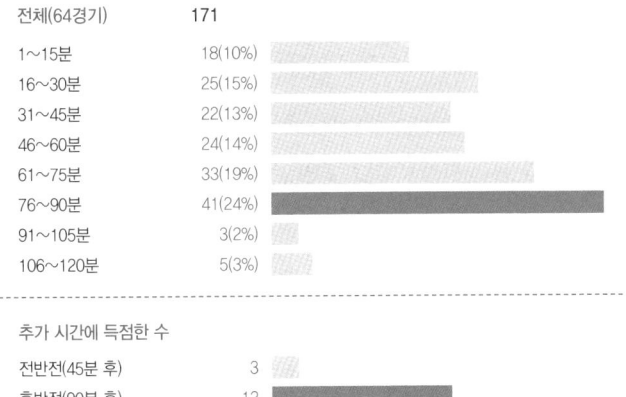

그림 4 _ 경기 시간대별 득점 분포도
(출처 : 2014 FIFA world cup Brazil Technical Report and Statistics)

지금까지 월드컵에서 가장 많은 골을 기록한 선수는 아래에서 보듯이 16골을 넣은 클로제(독일), 15골 호나우두(브라질), 14골 게르트 뮐러(독일), 13골 폰테인(프랑스) 등이다.

미로슬라브 클로제
독일
TOTAL 16
2002 : 5
2006 : 5
2010 : 4
2014 : 2

호나우두
브라질
TOTAL 15
1998 : 4
2002 : 8
2006 : 3

게르트 뮐러
독일
TOTAL 14
1970 : 10
1974 : 4

저스트 폰테인
프랑스
TOTAL 13
1958 : 13

그림 5 _ 월드컵에서 가장 골을 많이 넣은 선수들

FIFA와 AFC(아시아축구연맹)가 주최한 세미나를 통해 최근 월드컵대회에서의 득점 결과를 분석한 자료를 살펴보기로 하자(2014년 2014 FIFA/ AFC/ OFC Conference for National Coaches and Technical Directors - 2014 FIFA world cup Brazil 자료).

2006년 독일 월드컵, 2010년 남아공 월드컵, 2014년 브라질 월드컵 대회의 포지션별 득점 분석은 〈그림 6〉과 같다. 3개 대회 모두 스트라이커의 득점이 50% 이상, 미드필더가 30% 차지한 것으로 나타났다. 스트라이커의 득점은 2014년 브라질 월드컵에서 약간 증가한 반면, 미드필더와 수비수의 득점은 약간 감소하였다.

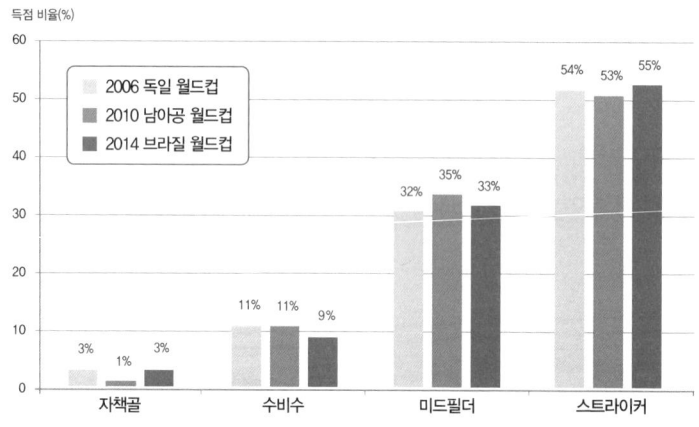

그림 6 _ FIFA 월드컵에서의 포지션별 득점 분석

득점 위치를 보면 2014년 브라질 월드컵 대회의 경우, 페널티 지역 내 득점이 많은 것으로 나타난 반면, 이전 대회에 비하여 페널티 에어리어 밖에서의 득점은 감소하였다.

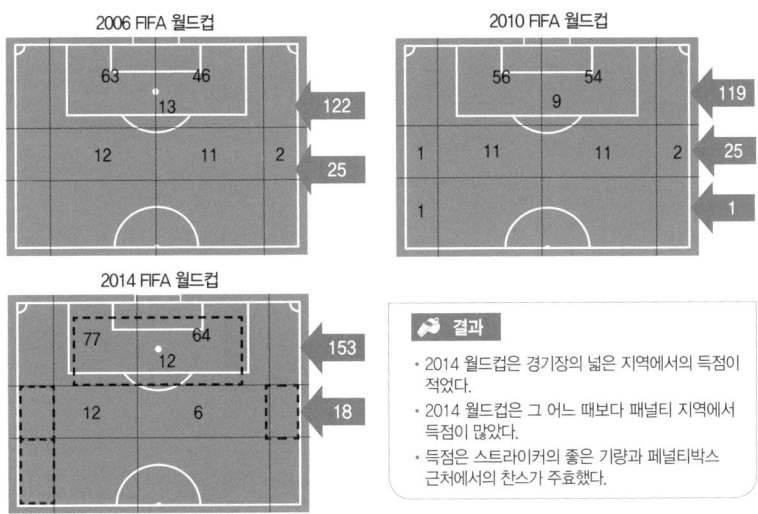

그림 7 _ 역대 월드컵에서의 득점 위치

K리그 평균 득점이 감소하고 있다

이번에는 우리나라 K리그의 득점 현황을 분석한 결과를 보기로 하자. K리그의 경우, 2012년에서 2014년까지 최근 3년 동안 경기당 평균 득점은 2.57골에서 2.22골로 감소한 것으로 나타났다. 2014년에는 일반 득점 497골, 자책골 10골을 포함하여 총 507득점을 한 것으로 나타났다.

2014년 K리그의 경우 슈팅 수, 유효슈팅과 득점 비율을 산출해 보면 전체 슈팅 수는 4907개로 경기당 21.25개를 기록하여 9.8개 슈팅당 한 골을 기록하였다. 유효슈팅은 2263개로 경기당 9.93개를 기록하여

4.5개 유효슈팅당 한 골을 기록하였다. 즉, 한 경기에 10개 정도 슈팅에 한 골, 또는 유효슈팅 5개 중 한 골을 득점한 것이다.

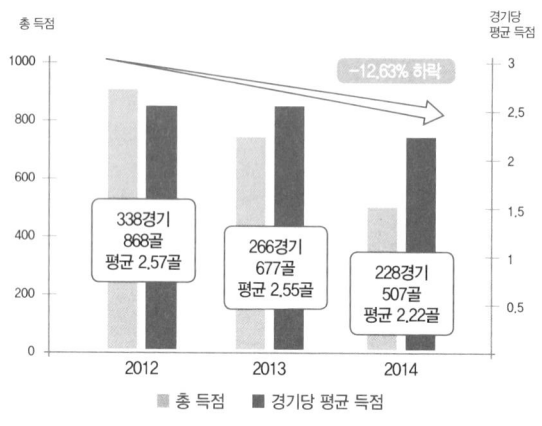

그림 8 _ 최근 3년간 총 득점 및 경기당 평균 득점

그런가 하면 세트피스에 의한 득점은 전체 507골 중 110골로 나타나 21.7%를 기록하였다. 페널티킥이 38골로 34.5%, 코너킥이 29골로 26.3%, 프리킥 직접 득점이 20골로 18.1%를 차지하였다.

K리그 득점 위치는 월드컵대회와 비슷하게 중앙 페널티 지역이 231골로 45.56%를 나타냈고, 골 에어리어가 95골로 18.74%를 기록하였다. 이 둘을 합하면 페널티 에어리어 내의 득점이 전체 득점의 64.3%를 차지한다(2014 KFA Technical Conference proceeding - K리그 득점 분석).

이처럼 월드컵대회와 K리그 득점 분석 결과를 보면 스트라이커의 결정력, 즉 페널티 에어리어 내에서의 원터치 연결에 의한 득점, 세트피스 코너킥 활용, 그리고 직접 프리킥 득점이 중요하다는 것을 알 수 있다.

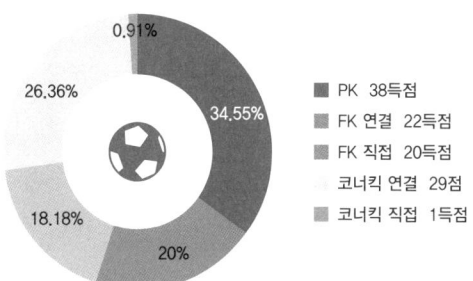

그림 9 _ 2014 K리그 세트피스 득점 분석(전체 507득점 중 21.7% 기록)

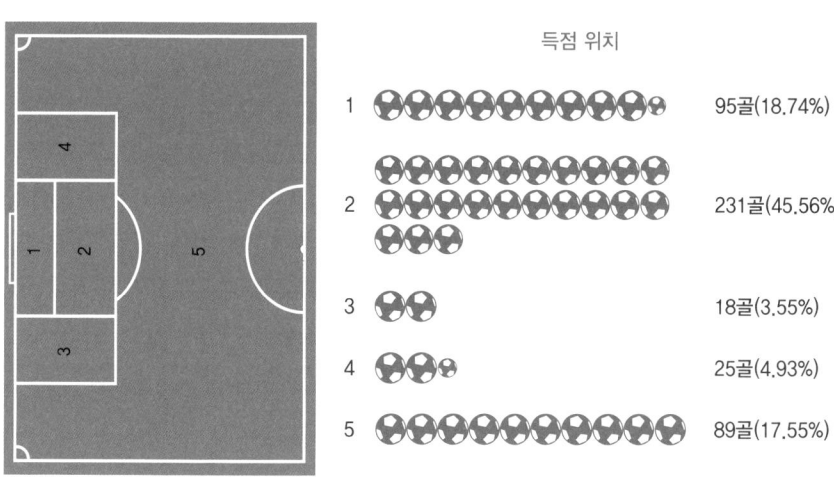

그림 10_ 2014 K리그 득점 위치

스트라이커는 특별하며 매우 중요하다

스트라이커는 축구 경기에서 매우 중요하며 특별하다. 또한 언론의 관심이 모아지는 포지션이기도 하고, 스트라이커의 슈팅 한 번에 경기 결과가 좌우되기도 한다. 스트라이커의 임무는 첫째 득점이고, 둘째는 동료 선수에게 득점 기회를 제공하는 것이며, 셋째는 수비진 돌파, 즉 수비의 균형을 무너뜨리며 공격 기회를 만드는 것이다.

> "현대 축구의 스트라이커는 경쟁적인 공격 지역 내에서
> 최고 속도로 기술을 정확히 발휘할 수 있어야만 한다."
> – 앤선 도란스 Anson Dorrance, 미국 여자 대표팀 감독

그렇다면 스트라이커가 갖추어야 할 기술적·전술적·체력 및 심리적 요인은 어떤 것일까?

기술적 요인

일반적으로 축구 경기에서는 열 개의 슈팅 중 한 개가 득점으로 연결된다. 스트라이커는 지속적으로 정확한 슈팅을 할 수 있어야 하는데, 정확한 슈팅을 위해서는 중거리 슈팅과 발리 슈팅 기술을 익혀야만 한다. 중거리 슈팅은 상대 수비를 끌어낼 수 있다는 장점이 있다. 중거리 슈팅을 할 때는 자신감과 함께 슈팅을 할 수 있게 공을 컨트롤하는 첫 번째 터치가 무엇보다 중요하다.

특히 스트라이커에게 절대적으로 필요한 논스톱 발리 슈팅은 기술과 타이밍이 중요하다. 발리 슈팅은 선수의 기술적 자부심은 물론, 팀

분위기까지 고조시킬 수 있는 기술이다. 강력한 헤딩 연결에 의한 고공 득점 능력은 승리에 필요한 유리한 위치를 확보할 수 있으므로 헤딩 기술도 익혀야 한다. 또한 세트피스 득점의 중요성이 부각되고 있는 만큼 전문 프리킥커로서의 능력도 갖추어야 한다. 스피드를 활용한 1:1 돌파 능력도 스트라이커에게 절대적으로 필요한 기술이다. 무엇보다 스트라이커는 많이 움직여야 하고 첫 번째 동작과 계속적인 제2동작까지 지속적으로 움직여야 한다.

전술적 요인

스트라이커가 갖추어야 할 전술적 요인으로는 공간 만들기, 패스를 통한 공격 기회 만들기, 공 소유, 공격 방향 전환, 수비 가담 등이 있다. 공간 만들기는 스트라이커가 수비 뒤 공간으로 움직이면서 패스를 받아 공격으로 연결하는 것을 말한다. 때로는 두 명이 동시에 움직이면서 위치를 바꾸어 x-change 공간을 만듦으로써 득점 기회를 만들기도 하고, 대각선으로 움직이면서 공격 방향을 바꾸어 상대 수비 선수들을 유인하고 동료 선수에게 득점 기회를 만들어 주기도 한다.

패스를 통한 공격 기회 만들기는 팀워크와 조직력을 활용한 패스 연결로 득점 기회를 만드는 것을 뜻한다. 문전에서의 정교한 2:1 패스, 3자 패스 등 협력 플레이가 좋은 예다. 또한 최전방 스트라이커를 겨냥한 패스 연결로 타깃 플레이를 할 때는 공을 완전히 소유하면서 팀 동료에게 연결해 주어야 한다.

이와 함께 스트라이커는 상대 수비가 모여 압박을 가할 때는 뒤로, 옆으로, 대각선 방향으로 빠르게 공격 방향을 전환하며 상대 수비의 압박에서 벗어나야 한다. 상대 수비진이 동시에 밀고 올라오면서 오프사이드 함정을 만드는 경우, 전방에 위치한 공격수는 수비수와 함께 나오고 뒤에 있던 다른 공격수가 수비 뒤 공간으로 침투하여 오프사이드 함정을 돌파하고 슈팅 기회를 만들어야 한다.

이와 함께 스트라이커에게 전술적으로 중요한 것이 수비 가담 능력이다. 최전방 스트라이커도 상대에게 공이 넘어간 뒤에는 수비 제1선이 되어야 한다. 특히 상대 진영에서 빠른 수비 전환으로 상대 수비의 실수를 유도할 수 있다면 곧바로 득점 기회를 만들 수도 있다. 특히 우리 팀보다 전력이 강한 팀과 경기를 할 때, 수비 가담은 절대적으로 필요하다.

체력과 심리적 요인

스트라이커에게는 스피드와 파워는 물론 상대 수비의 압박과 태클, 몸싸움을 뚫고 슈팅할 수 있는 강한 투쟁심과 정신력이 요구된다. 수비수보다 한 박자 빠른 움직임과 상대와의 경쟁 속에서 몸의 균형을 잃지 않고 슈팅으로 연결하기 위해서는 스피드와 파워는 물론, 민첩성과 평형성이 절대적으로 필요하다.

경기 중 스트라이커는 상대 수비의 강력한 태클을 감수하면서 슈팅을 시도해야 하므로 정신적 투쟁심과 용감성을 갖추어야 하는 것은 물론, 한 골을 득점하기 위해서는 9~10회의 슈팅을 해야 하므로 실패를 두려워하지 않는 강한 정신력이 필요하다.

또한 스트라이커는 공을 소유하면서 플레이하는 시간은 많지 않지만 순간 집중해서 공격 및 슈팅 기회를 포착하고 실행해야 하기 때문

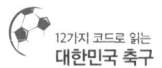

에 고도의 순간 집중력을 잃지 않아야 한다. 따라서 높은 수준의 각성 상태를 유지해야만 한다.

스트라이커나 공격수의 결정력은 약한 팀을 상대할 때보다 강팀을 상대할 때 더욱 의미가 있다. 예를 들어 아시아 지역 대회에서 대표팀의 결정력은 그리 문제되지 않는다. 상대가 약할 경우, 기회를 많이 만들고 그중 한 골만 성공해도 승리할 수 있기 때문이다. 그러나 월드컵 대회와 같이 우리보다 강한 팀과 경기를 할 때는 슈팅 기회를 만들기가 쉽지 않을 뿐만 아니라 득점하기란 더욱 어렵다.

우리 대표팀의 일반적 상황을 고려하면, 즉 수비 중심의 경기를 운용하며 역습을 통해 득점을 노리는 전술을 생각해 보면 상대팀 중앙 공간의 활용과 크로스 연결에 의한 득점 시도는 절대적으로 필요하다고 할 수 있다.

Zone 14(Golden Square)과 Prime Target Area의 활용

역습 전술을 택할 때 중요한 두 가지 요인은 공의 빠른 수직 이동 vertical progression과 목표 지점 공략이다. 먼저 페널티 에어리어 근처에서 상대팀이 공격을 하는 상황에서 압박이나 태클로 공을 빼앗은 후, 상대팀 선수들이 수비 진용을 갖추기 전 빠른 시간 안에 미드필더의 연결로 공을 공격 목표 지점으로 빠르게 이동시키는 수직이동이 이루어져야 한다.

공격 목표 지점으로는 Zone 14이라고 불리는 지역과 Prime Target

Area(주요목표지역)가 있다. Zone 14 지역은 상대 중앙 수비수와 수비형 미드필더 사이의 공간을 의미한다. Zone 14에서는 직접 슈팅도 가능하고, 미드필더와 스트라이커의 콤비네이션 플레이로 슈팅 기회를 만들어낼 수도 있다.

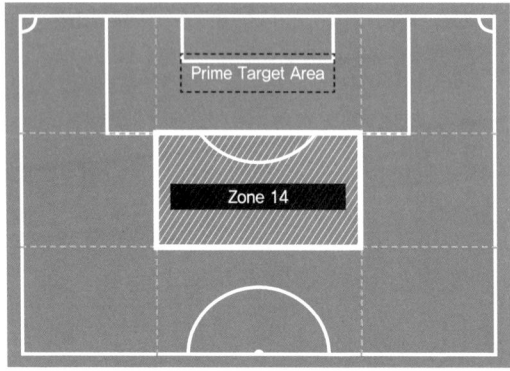

그림 11_ Zone 14과 Prime Target Area

우리 대표팀은 전통적으로 측면 공간을 활용하는 공격 기회를 많이 만들어내 왔지만 중앙 지역에서, 특히 Zone 14 지역에서 절묘한 개인기와 1~2회 정확한 월wall 패스로 슈팅 기회를 만들면 득점 성공 가능성은 더욱 높아질 것이다. 이 공간에서의 창의적 플레이와 움직임 없이 슈팅 기회를 만들 수 없다.

Prime Target Area는 골문 앞 중앙 골 에어리어 라인에서 페널티 에어리어 쪽으로 평행하게 직사각형 모양의 공간을 가리킨다. Prime Target Area는 주로 측면에서 크로스 형태로 공이 투입될 때 공격수가 득점할 수 있는 가능성이 매우 높은 지역이다.

크로스의 미학

월드컵대회나 유럽 챔피언스 리그, 또는 EPL 경기를 보다 보면 크로스 연결로 득점하는 장면이 많이 나온다. 측면 공간에서 강하고 빠르게 연결되는 크로스는 달려가는 공격수에 의해 헤딩이나 발리 슈팅으로 쉽게 득점을 올린다. 특히 공격수가 골 라인 근처까지 빠른 드리블로 돌파하여 중앙 공격수에게 연결하는 상황은 수비수 입장에서는 최악의 상황이다. 측면의 공을 보면서 중앙에서 움직이는 공격수를 동시에 보고 방어해야 하기 때문에 수비수로서는 매우 힘든 상황에 놓이게 되는 것이다. 크로스가 연결되는 경우, 날아오는 공과 자신이 방어해야 할 공격수를 동시에 보며 수비하기란 쉽지 않다. 반면 공격수 입장에서는 수비수보다 한 걸음만 빨리 움직일 수 있다면 수비수와의 경합에서 좋은 위치를 차지하며 측면 크로스를 슈팅으로 연결하여 득점할 수 있다.

크로스를 슈팅으로 연결할 때 가장 중요한 것은 크로스의 정확성과 타이밍이다. 크로스의 정확성은 아무리 강조해도 지나치지 않다. 정확하게 연결되지 않는 크로스는 슈팅으로 절대 연결될 수 없다. 이와 함께 중앙에 위치한 공격수의 움직임과 크로스의 타이밍도 중요하다. 중앙에 위치한 공격수가 움직일 때 타이밍에 맞추어 크로스가 연결되면 파괴력 있는 슈팅으로 이어질 수 있기 때문이다.

또한 중앙에 위치한 공격수의 움직임 역시 크로스 연결을 득점으로 만들기 위해 중요하다. 경기 득점 장면에서 중앙 공격수가 한 걸음, 아니 반 걸음 먼저 움직이는 모습을 자주 볼 수 있다. 수비수보다 빠르게 크로스된 공 쪽으로 움직이며 슈팅으로 연결할 때 득점으로 이어질 가능성이 높기 때문이다. 수비수 뒤에서 공을 기다리고 있어서는 절대 크로스를 슈팅으로 연결할 수 없다.

수비수보다 먼저 움직이는 것은 물론, 중앙에 위치한 공격수의 숫자에 따라 움직이는 방법도 달라져야 한다. 즉, 스트라이커 한 명이 있는 경우에는 수비수와 같이 크로스된 공을 슈팅으로 연결하기 위해 경합할 수 있다. 그러나 순간적으로 두 명의 공격수가 중앙에 있게 된다면 두 명 중 한 명은 크로스 타이밍에 맞추어 크로스되는 쪽 골 포스트 near post 쪽으로 빠르게 먼저 움직이고, 다른 한 명은 수비수 뒤쪽으로 움직이며 슈팅 기회를 노려야 한다. 이러한 움직임은 크로스된 공을 중앙에서 슈팅으로 연결할 수 있는 가능성을 높여 준다.

Prime Target Area를 향한 측면에서의 정확하고 날카로운 크로스 연결 능력과 중앙에서 수비수보다 한 걸음 먼저 움직이는 공격수의 날카로운 움직임은 파괴력 있는 슈팅을 만들고, 이는 득점을 올릴 수 있는 효과적인 공격이 될 수 있다.

완벽한 크로스 연결은 골키퍼와 수비 라인 사이 공간으로 빠르게 연결되는 것이다. 높이는 선수의 정강이와 가슴 사이 정도가 좋다. 이 높이는 수비수들이 쉽게 공을 처리할 수 없도록 만드는 반면, 공격수에게는 자세를 낮추거나 다이빙헤딩을 하기 쉽게 만들어 준다. 가슴보다 높게 크로스를 하면 수비수들이 더 쉽게 공을 중립 지역으로 걷어낼 수 있다. 수비수와 공격수가 페널티박스 라인에 위치한다면, 크로스를 올리는 선수는 페널티킥 지점과 골 에어리어 중간 지점(보통 Second Six Yard로 불리는 공간으로, Prime Target Area의 개념과 일치함)으로 보내야만 한다.

일반적으로 PTA 또는 Second Six-yard box는 골키퍼가 크로스된

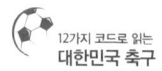

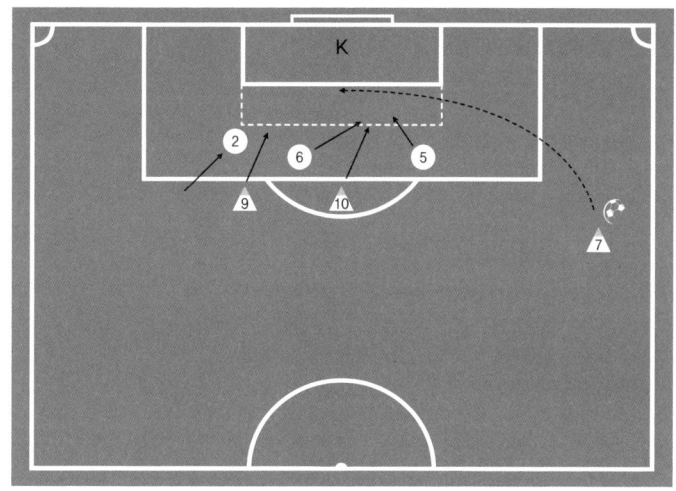

그림 12 _ 골키퍼와 수비수 사이로의 빠른 크로스

공을 잡기 위해 나오기에는 상당히 멀고, 공격수로서는 별다른 기술 없이도 득점하기 좋은 공간이다. 크로스를 하는 선수는 이 공간으로 공을 연결해야 하고, 스트라이커는 이 공간으로 침투하여 슈팅할 수 있도록 해야 한다.

슈팅 장면에서 스트라이커의 움직임을 살펴보면 스피드 가속과 순간적인 감속, 빠른 속도의 공 처리, 그리고 상황마다 순간적이고 빠른 반응 등이 필요함을 알 수 있다.

골키퍼와 수비수가 두려워하는 동작이나 상황을 이해하면 공격수, 특히 스트라이커가 문전에서 해야 할 일이 자연스럽게 결정된다. 빠르고 정확한 크로스, 세트피스의 적극 활용, 골키퍼와 수비수 사이, 또는 수비수와 수비수 사이의 공간 활용, 상대 선수들이 예측하지 못하는 빠른 슈팅 시도와 공격 3분의 1 지역에서 상대 수비수가 공을 가지고

> **슈팅 장면에서 골키퍼가 가장 두려워하는 것**
> - 골키퍼 몸을 가로지르는 강력한 슈팅
> - 낮고 강하게 휘어지는 크로스
> - 반대편 골문으로 연결되는 높은 크로스
> - 세트피스(문전 프리킥, 코너킥 등)
> - 속임 동작의 득점 시도
>
> **수비수가 두려워하는 것**
> - 수비 3분의 1 지역에서 상대에게 공 소유를 넘겨주는 것
> - 수비수 뒷공간으로, 혹은 수비수 사이 공간으로 연결되는 패스
> - 공 소유시 강하게 압박하는 공격수
> - 세트피스 수비
> - 수비수를 자신의 골문 쪽으로 돌아서게 만드는 것
> - 예측 못한 문전에서의 슈팅 시도

있을 때의 적극적 압박 등이 득점 가능성을 높일 수 있는 공격적인 움직임이다.

슈팅이나 킥 기술을 처음 훈련하는 단계를 넘어 골 결정력을 높이는 훈련을 할 때에는 슈팅 훈련을 할 때 되도록 정식 규격의 골문을 활용하고 골키퍼가 있는 상태에서 시도하는 것이 좋다. 이와 함께 실제 경기처럼 수비수와 경쟁하는 상황에서 슈팅 연습을 반복하는 것이 필요하다.

물론 천부적 재능을 타고난 스트라이커도 많이 있다. 그러나 스트라이커에게 요구되는 기술적·체력적·정신적 요인들은 트레이닝으로 향상될 수 있다. 스트라이커로서의 전문적인 기술적·전술적 트레이닝과 스포츠 과학에 근거한 체력 트레이닝은 가공할 능력의 원샷 원킬 저격수로 탈바꿈할 수 있도록 도움을 줄 수 있다.

공격수 또는 스트라이커가 득점에 실패하는 이유
- 책임감 회피 – 슈팅을 시도하지 않음
- 회복 능력 결여
- 득점 기회에 민첩하게 대비하지 못함
- 부족한 기술
- 타이밍 결여
- 제한된 시야와 전술적 이해
- 신체적 도전에 대한 두려움
- 무리한 중거리 슈팅 등 현실적이지 못한 득점 시도
- 스피드 부족
- 느린 판단 과정

스트라이커로서 갖추어야 할 주요 요인
- 날카로운 시야 eagle eye
- 긍정적 태도 positive attitude
- 타이밍 good timing
- 스피드 조절 speed control
- 전술적 이해 tactical awareness
- 기술적 유효성 technical effectiveness
- 용감한 마음 brave heart

그러나 무엇보다 중요한 것은 선수 자신의 의지다. 팀 전체 훈련을 소화해 내면서도 자신의 장점을 개발해 나가는 개인 훈련까지 할 수 있는 의지가 있어야 한다.

이 단계부터는 예술적 경지에 오른다는 생각으로 훈련과 경기에 나서야 한다. 끊임없는 훈련과 노력으로 불필요한 요소를 모두 배제하고 한 동작 한 동작 예술적인 몸동작을 이어가는 예술가의 정신은 스트라이커에도 적용할 수 있다. 정확한 기본기를 바탕으로 기술을 습득한 이후에는 다양한 상황에서 반복적 슈팅 훈련을 하는 것이 절대적으로 필요하다. 반복 훈련을 통해 슈팅 상황에서 반사적 또는 무의식적인 조건반사적 동작이 연결될 때 득점이 가능해지기 때문이다.

이때부터는 스포츠 과학을 넘어 예술적 차원의 순간적 동작이 팬들을 열광하게 만드는 축구의 꽃, 득점을 만들어낸다.

CODE 06. 스피드와 지구력

지칠 줄 모르는 힘의 원천

최 대 혁

SPEED & STAMINA
CODE 06. 스피드와 지구력

보통 축구팬들은 국내 K리그가 유럽 축구에 비해 스피드가 부족해 박진감이 떨어진다고 말한다. 현재 K리그에서 뛰다가 유럽에서 성공한 한국 선수들도 많은데, 왜 국내 K리그 경기는 지루하고 재미가 없다는 것일까? 한국 선수들은 유럽 선수들과 비교했을 때 어떤 차이가 있기에 스피드가 부족하다는 얘기를 듣는 걸까? 현재 한국 선수들과 유럽 선수 개개인을 평가해 보면, 기술적 스피드와 개인적 스피드는 거의 차이가 없으나 두 스피드를 활용하여 경기 내용을 지배하는 창의적 움직임이 많이 부족하다. 이 장에서는 축구 선수에게 반드시 필요한 스피드와 지구력을 어떻게 키워야 하는지 알아본다.

 최대혁

대학 시절 아마추어 농구선수로 활약하면서 세계 스포츠 강국인 한국이 농구경기의 꽃인 덩크슛을 왜 자유롭게 하지 못하는가에 대한 의구심을 갖고 한국인의 스포츠 DNA를 찾고자 운동생리학을 전공하였다. 한국 농구선수가 세계무대인 NBA 코트에서 뛰는 날을 꿈꾸며 농구 전술 및 훈련 방법을 소개한 책을 최근 5년 동안 10권 번역하였다. 아시아의 맹주인 한국 축구가 2002년 월드컵에서 4강의 기적을 이룬 후 현재까지 세계 축구 변방에 머물고 있는 한국 축구를 농구의 다양한 공격과 수비 전술로 비교·분석하고자 했다.

왜 'K리그는 지루하고 재미없다'고 할까

축구 경기에서 선수 개인의 능력과 기술은 예측 가능하지만 상대 선수의 능력이나 동료 선수들끼리의 호흡과 전술에 따라서 변수가 많이 생기기 때문에 팀의 경기력 또는 승패를 예측하기가 쉽지 않다.

보통 축구팬들은 국내 K리그가 유럽 축구에 비해 스피드가 부족해 박진감이 떨어진다고 말한다. 현재 K리그에서 뛰다가 유럽에서 성공한 한국 선수들도 많은데, 왜 국내 K리그 경기는 지루하고 재미가 없다는 것일까?

일반적으로 축구 경기에서의 스피드는 공을 몰면서 빨리 달릴 수 있는 개인적 스피드, 빠르게 공을 패스할 수 있는 기술적 스피드, 신속하게 플레이 내용을 결정하고 상대 선수보다 우위를 선점하는 두뇌적 스피드로 나눌 수 있다.

한국 선수들은 유럽 선수들과 비교했을 때 어떤 차이가 있기에 스피드가 부족하다는 얘기를 듣는 것일까? 현재 한국 선수들과 유럽 선수 개개인을 평가해 보면, 기술적 스피드와 개인적 스피드는 거의 차이가 없다. 따라서 수비에서 공격으로 전환할 때의 스피드, 또는 공격을 전개하는 전술적 스피드를 지배하는 두뇌적 스피드 훈련이 필요하다.

축구를 학문적으로 연구하여 이론을 정립한 프라데Vitor Frade 교수는 축구를 '프랙탈'에 비유했다. 기하학에서 프랙탈은 언제나 부분이 전체를 닮는 자기 유사성이 있다. 이는 부분이 전체이고, 전체가 부분이라는 의미로, 축구를 기술·전술·체력·정신력으로 각각 구분하여 설명하는 것은 무리가 있다는 것이다.

따라서 축구 경기력을 향상시키기 위해서는 위의 네 가지 요소를 바탕으로 상호 시너지 효과를 분석하여 자기 팀만의 스타일을 정립하는 게 중요하다.

그림 1 _ 기하학에서 프랙탈은 언제나 부분이 전체를 닮는 자기 유사성이 있다.

근력·스피드·지구력이 승패를 좌우한다

축구팀을 구성하는 선수들은 각기 특성을 지니고 있다. 여기에 축구의 기본 설계인 포메이션과 이를 바탕으로 선수들 간의 능력을 극대화하기 위해 공격과 수비에서 어떻게 움직여야 하는지에 대한 전술의 이해도가 더해지게 되는데, 포메이션과 전술이 시너지 효과를 발휘하면 그 팀의 특성인 시스템이 결정된다. 이를 '팀 컬러'라고 말한다. 비록 두 팀이 똑같이 4-3-3 시스템을 사용해도 팀을 구성하고 있는 선수들의 능력이 다르고 시스템에 적용되는 포메이션이 서로 다르기 때문에 두 팀의 컬러가 다르게 나타나는 것이다.

이처럼 각 팀의 경기 형태인 포메이션과 전술에 따라 팀 컬러가 정해지면, 팀은 훈련의 주기화 Training Periodization 프로그램에 따라 선수들이 최상의 컨디션을 유지할 수 있도록 훈련 프로그램을 설계해야 한다. 주기화 프로그램이란 경기 일정에 맞춰 각각의 선수들이 최고의 체력과 기술을 발휘할 수 있도록 과학적 트레이닝 계획을 세우는 것을 의미한다.

체력과 운동 능력을 향상시키는 요인 중에서 가장 중요한 것이 근력이다. 이를 기본으로 스피드와 지구력을 같이 향상시켜야 한다. 근력 트레이닝은 축구 경기라는 특성에 맞춰 이에 필요한 에너지를 충족시킬 수 있어야 한다. 근력과 스피드, 지구력은 성공적인 축구를 위해 반드시 갖춰야 할 중요한 요소이다.

근력과 지구력이 합쳐진 것이 근지구력이고, 최대 근력과 속도가 합쳐져야 파워가 생긴다. 축구에 필요한 민첩성은 스피드와 협응성,

유연성과 파워가 합쳐져야 시너지 효과가 크다. 따라서 축구 선수에게 필요한 운동 능력들이 서로 어떤 관계가 있는지를 파악하는 것이 중요하다.

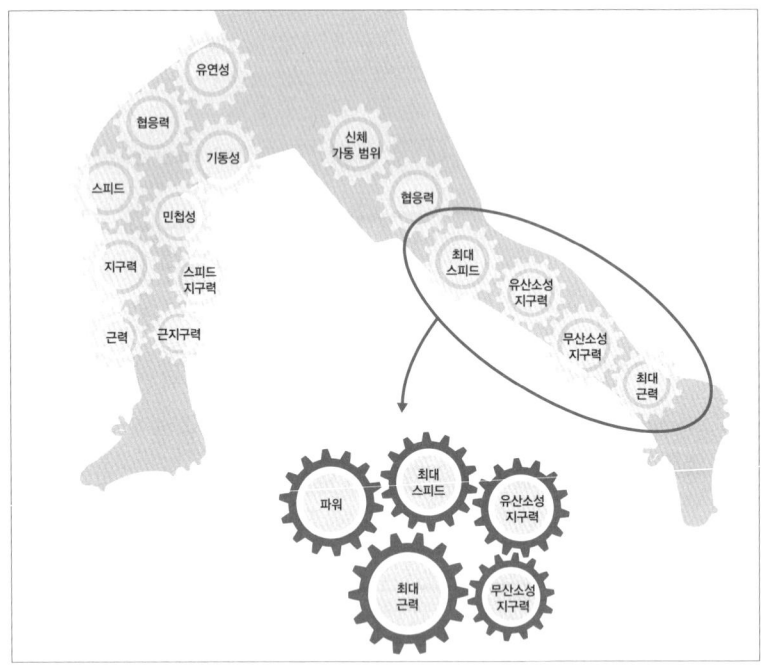

그림 2 _ 축구선수의 운동 능력 관계

포지션별로 필요한 체력이 있다

축구 선수들을 위한 근력과 스피드, 지구력의 상호작용은 개개 선수의 능력에 따라 다르며, 축구 기술 구현에 필요한 동작과 움직임은 훨씬 더 복잡하다. 팀 스포츠라는 특성상 축구에는 공격을 전문적으로 담당하는 공격수, 경기장 중앙에서 공수의 원활한 흐름을 돕는 미드필더, 수비 임무에 비중을 많이 두는 수비형 미드필더, 양 측면을 오가는 측면 미드필더, 그리고 자기 진영의 후방 수비를 책임지는 수비수와 골키퍼가 있다.

이렇게 다양한 포지션이 있지만 일반적으로 축구 선수들에게 요구되는 기본적인 체력 요인은 가속력과 감속력이다. 축구의 기본은 패스와 드리블인데, 대부분 달리면서 축구공을 컨트롤해야 하기 때문에 개인적 스피드를 향상시키기 위해서는 팔과 다리 근육의 파워와 민첩성이 무엇보다 중요하다.

이와 함께 한 방향으로 빨리 드리블하고 가다가 속도를 줄여 방향

그림 3 _ 축구의 체력 요인

을 바꾸면서 수비수가 따라올 수 없게 하기 위해서는 감속력도 매우 중요하다. 즉, 빠르게 드리블하는 것도 중요하지만 수비수를 효과적으로 따돌리기 위해서는 다른 방향으로 재빠르게 감속해 움직이는 능력이 중요하다는 것이다. 이는 다리의 대퇴사두근, 허벅지근, 종아리 근육 등을 얼마나 효율적으로 주기화 트레이닝을 하는가에 달려 있다.

그렇다면 축구 포지션에 따라 특히 필요한 체력은 무엇일까? 공격수와 수비수, 골키퍼는 반응력·가속력·감속력이 중요하고, 미드필더는 가속력·감속력·근지구력이 중요하다.

또 헤딩을 하기 위해 점프하는 동작에서는 파워와 지구력이 중요하고, 점프 후 곧바로 다른 동작을 취할 수 있도록 좋은 균형감각을 유지하기 위해서는 향상시켜야 한다. 헤딩을 위한 점프와 착지에 필요한 파워는 선수의 체중과 힘, 그리고 착지시 충격을 흡수하기 위한 관절의 각도에 따라 무릎과 발목에 미치는 충격량이 다르다. 일반적으로 착지할 때 자기 체중의 3~4배 정도의 충격을 받는데, 이때 관절을 구부리지 않으면 체중의 6~8배에 달하는 충격으로 인해 부상 위험이 높아진다.

주기화 트레이닝

축구 선수는 농구 선수와 마찬가지로 강하고 빠른 동작을 할 때가 많다 보니 무릎 관절과 발목을 자주 다친다. 때문에 가속력과 감속력, 스피드-지구력을 키우기 위한 주기화 트레이닝이 반드시 필요하다.

운동 기술이 복잡하고 빠른 동작을 반복하거나 유지해야 하기 때문에 스피드와 지구력이 합쳐진 형태를 유지해야 하는 것이다.

축구 선수의 능력을 향상시키기 위한 스피드-지구력에는 세 가지 유형이 있다.

1. 10초 이내 빠른 움직임에 에너지를 공급하는 ATP-PC 시스템
2. 90초 이내 빠른 움직임에 에너지를 공급하는 무산소성 역치 능력
3. 90분간 선수들의 움직임에 기본적인 에너지를 공급하면서 평균적 스피드를 제공하는 유산소성 역치 능력

축구에서는 패스 및 골 결정력이 30~60초 이내에 정해지기 때문에 무산소성 에너지가 70%로 가장 많이 사용되며, 유산소성 에너지 비율은 30%이다. 따라서 최고의 선수를 만들기 위해서는 경기에 필요

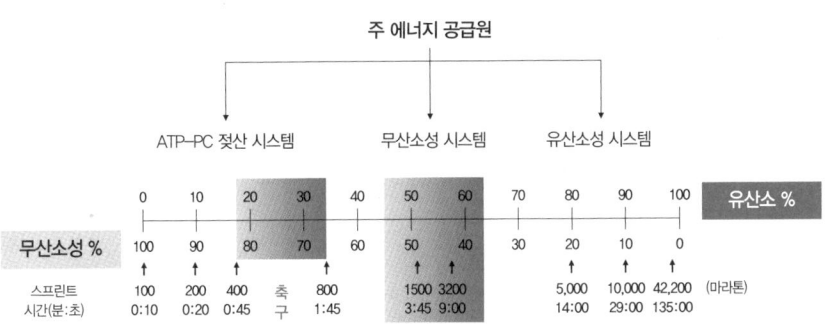

축구 경기에서 유산소와 무산소성 에너지 공급원의 기여도(%). 어두운 부분은 무산소 시스템과 유산소 시스템이 거의 동일하게 중요한 경기이고 그렇지 않은 부분은 무산소 대사(왼쪽)와 유산소 대사(오른쪽) 중 어느 하나가 지배적인 경기이다.

그림 4 _ 축구 에너지 시스템

한 에너지 공급 체계를 주기화 트레이닝으로 만드는 것이 중요하다.

축구의 연간 주기화 프로그램은 근력의 주기화 개념을 바탕으로 월 단위로 주간 트레이닝 목표를 설계해야 한다. 연간 주기화 트레이닝의 주요 목표는 선수 개개인이 경기에서 최상의 운동 능력을 발휘할 수 있도록 근력을 발달시킬 뿐만 아니라 기술과 전술, 정신력을 향상시켜야 한다. 특히 기술적 트레이닝, 전술적 트레이닝, 최대 근력, 순발력, 스피드, 지구력 등을 기르기 위해서는 반드시 과학적 원리와 주요 에너지 시스템에 기초하여 훈련 프로그램을 구성해야 한다. 어떻게 훈련을 계획해야 선수들이 피로를 느끼지 않고 최상의 컨디션을 유지할 수 있는가가 무엇보다 중요하기 때문이다.

이를 위해서 선수들이 하루에 한 가지 에너지 시스템을 향상할 수 있도록 트레이닝을 계획하고, 주간계획에는 다른 에너지 시스템을 향상시키는 훈련 프로그램을 설계해야 한다. 이를테면 월요일에는 무산소성 에너지 시스템을 향상시키는 훈련 프로그램을 실시하고, 화요일에는 선수들의 체력 상태를 고려해 무산소성 에너지 시스템을 활용한 전략 및 스피드–지구력 훈련을 하며, 수요일에는 선수들의 회복을 위해 유산소성 시스템을 활용해 기술적·전술적 트레이닝의 강도를 줄이는 식이다.

표 1 _ 주간 훈련 프로그램

팀 스포츠(준비와 시합 전 단계)를 위한 근력 형태와 에너지 시스템의 관계					
월	화	수	목	금	토
· 기술 · 스피드 · 근력/파워	· 전략 · 스피드–지구력 · 파워–지구력	· 기술 · 전술	· 기술/전략 · 유산소 운동 · 근력/파워	· 기술/전략 · 스피드 · 파워–지구력	· 기술/전략 · 유산소 운동

연간 주기화 프로그램은 경기 일정에 맞춰 트레이닝 단계를 어떻게 구분하고 축구에 필요한 체력 요인을 어떻게 향상시키는가가 중요하다. 준비 단계에서의 해부학적 적응과 최대 근력을 만드는 것은 선수가 최상의 퍼포먼스를 위해 근육와 인대, 건과 관절을 적응시키는 기간이다. 파워는 스피드와 최대 근력에서 나오기 때문에 근력을 최대로 향상시키기 전에는 높은 파워를 기대할 수 없다.

선수가 최대 근력을 갖게 되면, 축구 경기에 필요한 스피드-지구력의 근력 형태를 만들기 위해 다양한 훈련으로 최대 근력을 점차 전환해야 한다. 축구는 전환 단계에서 민첩성과 빠른 반응 그리고 스피드를 발달시키도록 훈련 프로그램을 구성해야 한다. 이때 팀 내의 포지션에 따라 프로그램이 달라진다.

특히 축구 선수들은 파워와 스피드, 지구력이 모두 유지될 수 있도록 하며, 필요한 근력을 유지하기 위해 선수들의 체력과 기술 수준에 따라 주 2~4회 트레이닝을 실시하여 시합을 위한 에너지 시스템을 만들어야 한다. 회복 단계에서는 트레이닝의 양과 강도를 줄이고 그동안 쌓인 피로를 없애며 부상을 치료하고 고갈된 에너지를 재충전시킨다. 이때 선수들은 축구 이외의 다양한 스포츠 및 취미 활동에 참여함으로써 스트레스 해소와 심리적 만족감을 갖게 된다.

표 2 _ 축구 주기화 프로그램

1월	2월	3월	4월	5월	6월	7월	8월	9월	10월	11월	12월
준비 단계			K 리그 클래식							회복 단계	
2주 해부학적 적응	6주 최대 근력	2주 파워로 전환	유지 : 파워, 파워-지구력							보강	

지금까지의 내용을 요약한다면 축구에는 기술·전술·체력·정신력 등 네 가지 요소가 있는데, 이를 개별적으로 볼 때에는 예측 가능하지만 축구라는 팀 전체를 구성하는 요인이 상호작용을 일으킬 때는 축구의 승패를 예측하기가 매우 어렵다는 것이다.

하지만 체력을 기본으로 팀 선수의 특성을 파악하여 포메이션을 정하고 전술 시스템을 접목하여 시스템을 구축하고 주기화 훈련으로 선수들의 컨디션을 최상으로 유지한다면 이길 수 있는 확률이 높은 팀을 만들 수 있다.

CODE 07. 데이터

데이터 축구 시대가 오고 있다

이용수

DATA
CODE 07. 데이터

이 장의 코드는 '데이터'다. 다양한 기록과 통계 자료가
활용되어 온 야구와 달리, 축구는 경기력 분석 요인을
측정하기 어려워 오랫동안 통계적 방법을 적용하지 못해 왔다.
그러나 이제 축구에서도 영상 추적 분석 프로그램을 도입한
이후 경기 분석 결과에 관한 다양한 데이터가 만들어지고 있다.
140여 년의 세월 속에서 다듬어진 『야구 개요』에 비하면
아직은 광석을 찾고 캐는 수준이기는 하지만 축구 경기,
또는 선수들의 경기력을 수치로 표현할 수 있는 데이터들이
본격적으로 개발되기 시작한 것이다.

"야구는 통계 또는 기록의 스포츠"

2012년 국내에도 개봉되어 화제가 되었던 〈머니볼〉은 야구에서의 기록과 통계의 의미를 진지하게 생각해 볼 기회를 주는 영화이다. 〈머니볼〉의 주요 내용은 다음과 같다.

　메이저리그에서 가장 가난한 팀 중 하나인 오클랜드 애슬레틱스 구단의 빌리 빈 단장은 경제학을 전공한 피터라는 직원을 영입하여 기존의 선수 선발 방식과는 전혀 다른 방법으로 선수들을 선발, 새로운 도전을 시작한다. 빌리 빈 단장은 경기 데이터를 철저하게 분석한 후 그 자료들을 근거로 선수들을 평가하고 적은 비용으로 최대한의 효과를 거두는 선수 트레이드를 활용해 승률을 높이는 게임 이론, 이른바 머니볼money ball 이론으로 140년 메이저리그 역사상 최초의 20연승이라는 기적을 일구어낸다.

빌리 빈 단장의 실화를 그린 영화 〈머니볼〉

이러한 결과는 그에 대한 스카우트 제의로 이어지나, 빌리 빈 단장은 보스턴 레드삭스의 천문학적 금액의 영입 제안을 뿌리치고 오클랜드 애슬레틱스 단장으로서 다음 경기를 이기기 위해 준비한다. 이러한 빌리 빈 단장의 모습은 또 다른 감동을 준다. 영화의 마지막 장면에서 통계 수치나 기록에 의존하여 경기 운영하는 것을 조심스러워하던 보스턴 레드삭스가 『야구 개요 Baseball Abstrac』의 저자 빌 제임스를 영입하여 월드시리즈에서 우승하였다는 이야기가 자막으로 펼쳐진다.

많은 사람들이 야구는 통계, 또는 기록의 스포츠라고 생각한다. 그러나 실제로 야구에서 의미 있는 통계 자료가 사용되기 시작된 것은 그리 오래지 않다.

야구 관계자들은 선수들의 플레이를 직접 눈으로 보는 것만으로도 판단할 수 있다고 생각했다. 그러나 빌 제임스는 이러한 생각은 착각이라고 이야기한다. 눈으로 보는 것만으로는 3할 타자와 2할 7푼 5리 타자의 차이를 절대 알아낼 수 없다는 것이다. 만일 기록이 없다면 제임스의 표현처럼 1년 내내 경기를 지켜보는 기자들이나 그 차이를 알아낼 수 있다. 그러나 한두 경기를 보는 일반인이라면 두 선수의 차이를 결코 알 수 없다. 좋은 타자, 즉 3할 타자와 평범한 타자의 차이는 경기를 보는 것으로 찾아낼 수 있는 것이 아니라 기록을 보아야만 정확히 판단할 수 있다는 것이 빌 제임스의 생각이다.

야구 관계자들과 빌 제임스의 생각의 차이를 나타내는 대표적인 예가 있다. 메이저리그에서는 팀별 공격 부문 순위를 나타낼 때 평균 타율을 사용한다. 즉, 팀 공격력의 순위를 매길 때 공격 부문에서 공격의 목적은 결코 높은 타율을 만들기 위한 것이 아닌데도 평균 타율이 가장 높은 팀을 1위에 올려놓는다. 그러나 빌 제임스는 득점생산력(RC : Runs Created)이라는 다음과 같은 공식에 의해 산출된 자료를 활용하여 팀 공격력을 분석한다.

$$RC = (안타+볼넷) \times 총루타수 \div (타수+볼넷)$$

특이한 것은 이 공식에서 평균 타율, 도루 등은 제외된다는 것이다. 빌 제임스는 『야구 개요 Baseball Abstracts』에서 자신의 기록 분석을 다음과 같이 설명한다. "나는 경기에서 직접 본 것과 사람들이 말하는 것을 가지고 이렇게 질문한다. 그것이 사실인가? 입증할 수 있는가? 측정할 수 있는가? 다른 통계 수치와 맞아떨어지는가? 이러한 질문에 답을 얻기 위해 기록표를 들여다본다."

빌 제임스의 이러한 노력은 철저한 지성으로 무장한 야구 분석가들이 등장하고, 세이버메트릭스 Sabermetrics라는 연구 분야를 개척하는 계기가 되었다.

야구를 객관적으로 이해하기 위한 종합적인 노력으로 정의할 수 있는 세이버메트릭스는 야구 통계 및 기록의 의미를 경기에 대한 이해와 연관하여 평가한다. 세이버메트릭스의 매니페스토manifesto인 다비드 그라비너는 "야구 통계는 경기에 대한 이해를 높일 수 있을 때 가치를 지닌다"면서 "야구 통계는 실제 경기에서 일어나는 것을 얼마나 잘 표현할 수 있느냐에 따라 평가받아야 한다"고 주장한다. 또한 "의미 없는 통계는 무시되어야 하며 교체되어야 한다"고 강조한다.

새로운 데이터 활용에 관심을 갖고 있는 야구 분석가들은 프로야구 관계자들에게 통계 자료를 얻고 싶어 했지만 그들은 주지 않으려고 했다. 메이저리그 관계자들은 외부인, 특히 야구를 직접 해보지 않고 기록만 분석하는 사람들에게는 언제나 적대적인 태도를 보였다. 빌 제임스는 야구 관계자로부터 야구 기록의 의미와 사용가치를 찾기가 힘들자, 야구팬들을 직접 찾아다니며 야구 기록과 의미 있는 데이터의 가치를 설명하기 시작하였다.

그 결과 프로야구 관계자들로부터 이러한 통계 자료를 빼앗아 오자는 운동이 펼쳐졌다. 이를 제임스는 '득점기록표 프로젝트'라 명명하였다. 이러한 운동은 딕 크레이머가 야구 경기에서 벌어진 주요 사건을 최대한 완벽하게 기록하는 것을 목표로 설립한 스태츠Stats라는 회사와 연결되었다. 1985년부터 스태츠는 이러한 고급 통계 자료를 구단이 아닌 야구팬들에게 팔기 시작하였다. 40여 년이라는 오랜 기간 축적되어 온 다양한 기록과 그 기록의 의미와 표현 방법에 대한 새로운 도전이 시작된 것이다. 이러한 노력은 야구 통계에 대한 인식을 바꾸는 계기가 되어 마침내 '야구는 기록 및 통계의 스포츠'라는 생각을 하게 만들었다.

1985년 빌 제임스가 한 다음 말은 통계와 기록이 야구 선수들의 경기력을 요약해 표현해 주는 것은 물론, 야구에 대한 일반인의 흥미를 이끌어내는 역할을 해온 것을 잘 나타내고 있다.

"내가 이 일을 통해 이루고자 했던 것은 야구를 더 재미있게 만드는 것이었다."

축구 기록과 통계는 의미가 없는가

다양한 기록과 통계 자료가 활용되어 온 야구와 달리, 축구 경기는 경기력 분석 요인을 측정하기 어려워 통계적 방법을 적용하는 문제는 오랫동안 현실적으로 생각하지 못하였다. 대신 다음과 같은 축구 경기력 분석 방법을 사용해 왔다.

우리나라의 경우, 1970년대에는 현장지도자들이 주로 경기 내용과 선수들의 특징을 수기로 요약, 정리하였다. 상대팀의 경기를 분석하고 그 대응 방법으로 활용하기 위해 팀 포메이션, 주요 선수의 장단점, 개인별 공격과 수비의 특징 등을 주로 분석한 것이다.

이후 1980년대 프로축구가 출범하면서 미디어 분야에서 다양한 데이터를 요구하는 목소리가 높아지기 시작했다. 중계방송을 하면서 그 전까지의 경기 내용을 요약해 시청자들에게 서비스할 필요성이 있었던 것이다. 이때 대표적으로 활용된 것들이 프리킥, 코너킥, 오프사이드, 슈팅 수 같은 기술 통계 자료였다.

이처럼 방송에서 다양한 통계 자료가 사용되기 시작했지만, 현장에서는 이런 데이터보다는 선수 지도 방법의 하나로 비디오 분석 방법이 사용되었다.

1986년 프랭크스와 밀러Franks and Miller는 국가대표급 축구 코치들을 대상으로 한 실험에서 그들이 경기의 30%만 기억한다는 사실을 알아냈다. 이로 인해 선수들에게 적합한 피드백을 전하지 못하고 있다는 것이다. 이를 극복하기 위해서 도입한 방법이 바로 비디오 분석이다. 이후 영상을 통한 피드백은 보다 효과적인 경기 분석 방법으로 자리 잡게 되었다.

1990년대 중반 이후, 특히 2002년 FIFA 한·일 월드컵을 계기로 축구 경기력 분석에 대한 관심이 부쩍 증대되었다. 이에 따라 상대팀 경기 분석과 중계방송 도중 실시간 경기 분석 같은 다양한 시도가 이루어졌다. 특히 비디오 분석 프로그램과 컴퓨터와 마우스를 이용하여 선수들의 경기장 내 공간적 위치 변화와 패스 연결, 득점 방법, 세트 플레이를 분석하는 등 이전보다 한층 정확한 방법으로 선수 개개인에 대한 기술적 분석이 이루어졌다. 이로 인해 선수들의 팀 내 공헌도와 상대팀의 전력 분석이 가능해져 전술 운용 능력이 향상되었다.

또한 스포츠 과학의 연구 주제로서 경기 분석에 대한 관심도 증대되었다. 이는 주로 다음과 같은 방법론적인 단계를 거쳐 발전하였다.

- 시간동작 분석Time-motion Analysis : 경기 중 이동거리, 활동 형태 분석 등
- 프로파일 분석Profiling Analysis : 선수 또는 팀의 시즌별 경기력 특징 및 변화 분석
- 기술적·전략적 분석Technical / tactical Analysis : 기술적 분석, 경기 패턴, 전술 분석

이러한 분석 단계는 축구 경기 분석 방법을 획기적으로 발전시켜 기록 및 분석의 자동화를 가져오고, 나아가 선수 평가를 위한 분석 지표 및 새로운 경기력 변인을 개발할 수 있게 만들었다.

특히, 최근에는 IT 기술의 발달로 축구 경기를 다양한 방법으로 측정하고 분석할 수 있게 되었다. 그중에서도 영상 추적 방법을 이용하는 VITS Visual-based Image Tracking System 프로그램은 축구 경기의 다양하고도 정확한 객관적 데이터를 활용할 수 있게 한 획기적인 프로그램이다. 영상 추적 방법을 이용한 기술은 자동차 번호판 인식, 카메라의 얼굴 인식, 문자 인식 시스템, 무인 자동차 등 생활 속에서 이미 다양하게 사용되고 있다. 영상 추적 방법에 의한 축구 경기 분석 프로그램을 소개하면 다음과 같다.

트라캅 Tracab 시스템

스웨덴에서 활용되는 시스템으로, 카메라 16대(8대 2세트)와 추적 카메라 1대로 구성되어 있다. 국내에는 ㈜스포츠투아이가 수입하여 K리그에 도입하였으며, 일부 데이터의 실시간화로 방송에서 활용 가능하다. 트라캅은 스웨덴 자동차 회사인 SAAB 계열사로, 미사일 추적 기술을 활용한 시스템이다.

프로존 Prozone 시스템

영국에서 활용되는 시스템으로, 고정 카메라 8대와 추적 카메라 1대로 구성되어 있다. 서버를 경기장에 설치해야 하므로 설치 공간이 필요하고, 고정식 시스템이라 설치된 경기장 외 다른 경기장에서는 경기 분석이 불가능하다. 실시간 중계방송보다는 경기 분석에 적합하다.

SportVU 시스템

미국에서 활용되는 시스템으로, 선수들이 뛴 거리에 대한 데이터를 실시간으로 알려준다. 카메라 3대와 추적 카메라 1대로 구성되어 있다. 2011년 아시안컵에서 활용된 바 있다.

비주얼 사커 Visual Soccer 시스템

국내 ㈜비주얼스포츠에서 자체 개발한 시스템으로, 고정 카메라 4대와 가변형 추적 카메라 1대로 구성되어 있다. 경기 분석용으로 적합하고, 자체 엔진으로 다양한 요구 사항을 수용할 수 있으며, 일부 데이터는 실시간으로 방송에 활용할 수 있다.

이처럼 영상 추적 프로그램은 4대에서 16대의 카메라를 활용하여 경기 영상 정보를 얻고, 그 영상 정보를 데이터로 추출할 수 있도록 만드는 영상 처리 과정을 거쳐 그 데이터를 인식하는 영상 인식 과정을 통해 축구 경기의 다양한 데이터를 제공한다.

영상 추적 분석 프로그램은 카메라를 경기장 특정 위치에 고정시켜 경기를 촬영하고, 촬영된 영상을 PC로 입력받아 영상 처리, 영상 조합, 추적 단계를 거쳐 경기장의 움직이는 물체를 추적하는 시스템이다. 각 단계를 구체적으로 보면, 영상이 촬영된 이후 해당 영상은 케이블을 통해 서버에 입력된다. 각 서버는 네트워크를 통해 트래커Tracker와 연결되어 있는데, 트래커에서는 서버에서 처리된 트래킹Tracking

데이터만을 취급하며 각 추적 데이터를 조합하는 추적 단계를 거쳐 가용 데이터를 생성한다.

영상 추적 분석 프로그램을 이용하여 다양하고 의미 있는 데이터를 얻기 전에는 수치 또는 데이터 자체로서 의미 있거나 선수들의 경기력, 팀의 경기력을 표현하거나 설명할 수 있는 데이터는 거의 없었다. 예를 들어 중계 도중 TV 화면에 나타난 다음 화면은 실제 데이터와 경기 승패의 결과는 거의 연관이 없음을 보여준다.

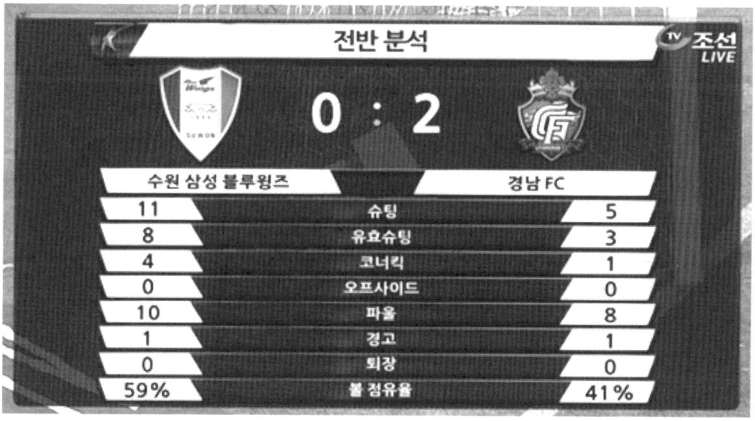
전반 분석
TV 조선 LIVE
0 : 2
수원 삼성 블루윙즈
경남 FC
11 슈팅 5
8 유효슈팅 3
4 코너킥 1
0 오프사이드 0
10 파울 8
1 경고 1
0 퇴장 0
59% 볼 점유율 41%

그림 1 _ 경기 중계 화면의 예

볼 점유율에서 슈팅, 유효 슈팅, 그리고 코너킥까지 기록 면에서는 수원이 앞서고 있으나 득점 면에서는 경남이 두 골을 기록하여 2대0으로 이기고 있다. 이처럼 기록으로 설명할 수 없는 득점 차이와 같은 일들이 축구에서는 너무나 많이 일어난다. 일방적으로 경기 운영을 하면서도 역습을 받아 한 골을 허용하여 패하는 경우, 또는 한 명이 퇴장당하는 등 기록 면에서는 모두 뒤지고 있지만 결과적으로 이긴 경우도 많다.

이러한 차이는 빌 제임스가 야구 기록에 대하여 스스로 질문했던 것 중에서 특히 "측정할 수 있는가? 다른 통계 수치와 맞아떨어지는가?"라는 질문에 대한 답을 얻기 어렵게 만든다. 기록과 승리의 결과가 서로 연결이 되지 않는다면 그 기록은 의미 없는 기록이 될 수밖에 없다.

데이터 축구 시대가 오고 있다

그렇다면 기록 그 자체로서 의미를 가지고 선수들의 경기력을 객관적으로 나타내며, 팀의 경기력을 나타낼 수 있는 기록이나 통계 자료의 활용이 축구에서는 불가능한 것인가?

야구에서 세이버매트리션의 활약이 의미 있는 기록이나 통계 자료를 만들어내고 찾아냈던 것처럼, 축구에서도 영상 추적 분석 프로그램을 도입한 이후 경기 분석 결과 다양한 데이터가 만들어지기 시작했다. 140여 년의 세월 속에서 다듬어진 『야구 개요』에 비하면 아직은 광석을 찾고 캐는 data mining 수준이기는 하지만 축구 경기, 또는 선수들의 경기력을 수치로 표현할 수 있는 데이터들이 본격적으로 개발되기 시작한 것이다.

영상 추적 분석 프로그램을 통해서 얻을 수 있는 경기력 평가 요인은 크게 세 가지다.

첫 번째는 트래킹 데이터로 분류되는 선수들의 속도별 이동 거리 등을 측정하여 얻어진 체력적 요인이다. 이동거리, 속도별 활동 형태, 스프린트, 움직임 궤적, 히트맵heatmap* 등이 이에 속한다. 이러한 운동량을 측정하게 되면 선수들의 체력적 요인을 평가할 수 있고, 운동량 데이터를 분석하면 보다 의미 있는 데이터를 얻을 수 있다. 한 팀이 90분 동안 120km를 달릴 수 있다면 경기에서 승리할 수 있다고 주장하는 리버풀의 클롭 감독이 선수를 평가할 때 반드시 필요한 것이 바로 체력적 요인이다.

두 번째는 선수들의 기술과 연관 있는 '이벤트 데이터event data'로 패스, 슈팅, 태클, 오프사이드, 반칙 등 경기 중에 일어나는 선수 개인의 기술적 또는 전술적 동작의 기록 요인이다. 세 번째는 경기의 모든 것을 원하는 영상으로 데이터화할 수 있는 영상 기록 요인이다. 선수 개인별 또는 부분별, 그리고 공격적인 면, 수비적인 면, 세트플레이 상황 등 다양한 영상을 데이터베이스 형태로 저장하고 언제든지 활용할 수 있다.

뿐만 아니라 공격수와 수비수의 간격이나 공을 중심으로 한 미드필더의 압박 정도, 역습 속도 및 위험지역에 보낸 패스 성공률 등 전술적 요인까지도 분석할 수 있다. 현대 축구의 최대 화두인 역습을 예로 들어 보자.

역습counterattack 전술을 활용할 때 중요한 두 가지 요인은 빠른 수직이동vertical progression과 목표지점 공략이다. 우리 진영 페널티 에어리어

---

* 열을 뜻하는 히트(heat)와 지도를 뜻하는 맵(map)을 결합시킨 단어로, 색상으로 표현할 수 있는 다양한 정보를 일정한 이미지 위에 열분포 형태의 비주얼한 그래픽으로 출력하는 것이다.

근처에서 상대팀이 공격하는 상황에서 압박이나 태클로 공을 빼앗은 후 상대팀 선수들이 수비 진용을 갖추기 전 빠른 시간 안에 우리 미드필더에 연결해 슈팅이 가능한 지역으로 공을 이동시키는 수직이동이 이루어져야 한다.

이러한 빠른 수직이동과 더불어 중요한 것은 공이 투입되었을 때 상대 수비진이 힘들어하는 목표 지점에 공과 우리 공격수가 들어가는 것이다. 공격 목표 지점으로는 Zone 14(또는 Golden Square)이라고 불리는 지역과 주요목표지역 Prime Target Area이 있다(186쪽 그림 참조).

Zone 14 지역은 상대 중앙 수비수와 수비형 미드필더 사이의 공간을 의미하고, Prime Target Area는 골문 앞 중앙 골 에어리어 라인에서 페널티 에어리어 쪽으로 평행하게 직사각형 모양의 공간을 가리킨다. Zone 14에서는 직접 슈팅도 가능하고 미드필더와 스트라이커의 콤비네이션 플레이로 슈팅 기회를 만들어낼 수 있다. Prime Target Area에서는 주로 측면에서 크로스 형태로 공이 투입될 때 공격수가 득점할 수 있는 가능성이 비교적 높기 때문에 좌우측의 측면 공간을 활용한 공간 패스와 크로스가 잘 연결되어야 한다.

영상 추적 프로그램은 어느 선수가 Zone 14, 또는 Prime Target Area에서 패스를 몇 회 시도하여 성공률이 얼마인지 분석할 수가 있다. 이러한 분석은 상대 팀 선수 중 누구를 집중해서 방어해야 하는지, 즉 수비 전술의 대응 방안을 제시해 줄 수 있어 매우 유용하다. 세계축구연맹에서도 2010년 남아프리카공화국 월드컵대회부터 이전과는 다른 형태의 경기 분석 자료를 제공하기 시작했으며, 2014년 브라질 월드컵에서는 한층 발전된 경기 관련 기록을 제공하였다.

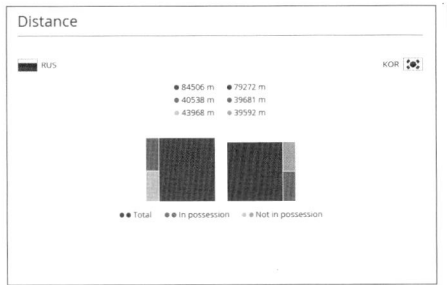

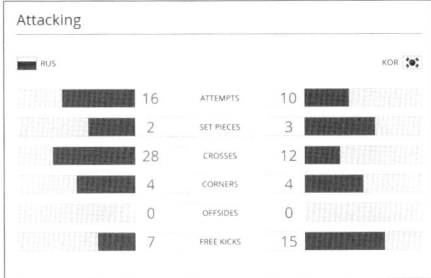
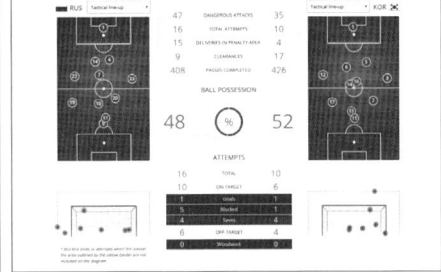

그림 2 _ 브라질 월드컵 당시 사용되었던 경기 데이터의 예

대한민국 대표팀에게는 아쉬운 월드컵이었지만 전 세계 축구팬들은 많은 이변과 이야기들로 재미있었던 월드컵 중 하나로 기억될 브라질 월드컵의 특징 중 하나는 기록 및 통계 자료를 활용한 다양한 팀 및 개인 분석이다. 체력적 요인, 기술적 요인, 각종 이벤트 요인 등을 이용한 팀 및 개인 분석은 승부 예측, 득점선수 예측 등의 예상치를 만들어냈다. 이는 월드컵을 지켜보고 있는 전 세계 축구팬들에게는 월드컵의 재미를 한층 배가시켜 준 배경이기도 하다.

브라질 월드컵에서 제공되었던 경기 요인 통계 자료를 정리하면 다음과 같다.

이동거리 distance covered(km)
이동거리는 총 이동거리와 선수가 공을 소유하고 있을 때 이동거리, 즉 공격시의 이동거리In poss : distance covered in possession와 공을 소유하고 있지 않을 때 이동거리, 즉 수비시의 이동거리Not in poss : distance covered not in possession로 구분한다.

시간소비 Time spend(%)
시간소비는 상대 진영에서의 시간소비(opp. Half : In opposing half)와 공격 진영 3분의 1 지역에서의 시간소비(Att. 3rd : In attacking third) 그리고 패널티 지역에서의 시간소비(pen. Area : In penalty area)로 구분된다. 이는 경기 시간 활용에서 골이 들어갈 수 있는 지역에서의 시간소비가 승패를 결정짓는 데 매우 중요하기 때문이다.

스프린트와 최고속도 Sprint & Top speed
Sprint는 매우 빠르게(25km/h over a distance of up to 20m) 달린 횟수를 의미하고, Top speed는 가장 빠르게 달린 속도(km/h)를 말한다.

Activity time spend (%)
경기 중 활동 강도를 시간으로 나타낸 것으로 Low(저강도), Mid(중강도), High(고강도)로 구분된다. 이는 A선수(90분 경기 참여)의 총 이동거리가 7km이고 그중 High(고강도)로 시간을 소비한 비율이 70%라면 A선수는 고강도의 활동으로 경기를 했다고 할 수 있고, 반면에 B선수(90분 경기 참여)의 총 이동거리가 7km이고 그중 High(고강도)로 시간을 소비한 비율이 40%라면 B선수는 저강도의 활동을 했다는 의미다.

distance covered (km)
이동거리를 속도별 형태로 구분하는 방법으로 Low activity distance covered는 시간당 14.4 km 미만의 속도로 이동한 거리를 측정하는 것이고, Medium activity distance covered는 19.8km 이상의 속도로 이동한 거리를 측정한 것이다. 마지막으로 High activity distance covered는 19.8 km/h~25 km/h over의 속도로 이동한 거리를 측정한 것이다.

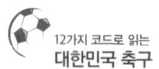

이벤트

공격 지역에서의 공격 전개Delivery/solo runs into the attacking third, 패널티 지역에서의 공격 전개Delivery/solo runs into the penalty area, 공을 빼앗은 태클Tackles gaining the ball, 공을 빼앗지 못한 태클Tackles not gaining the ball, 태클에 의해 공 빼앗김Tackles suffered losing the ball, 태클에 의해 공 뺏기지 않음Tackles suffered not losing the ball, 가로채기, 슈팅, 어시스트, 오프사이드, 골키퍼 선방, 옐로카드, 레드카드, 파울 등의 기록을 나타낸다.

이러한 다양한 기록은 개인은 물론 팀별로도 정리되어 팀 간의 비교, 또는 주요 선수 간의 비교 등 또 다른 스토리텔링으로 이어지며 많은 축구팬들의 기록에 대한 관심을 증대시키는 역할을 하였다.

영상 추적 방법에 의한 다양한 데이터의 활용은 스포츠 과학의 연구 영역에서도 활용되고 있다. 국가대표 선수의 경기 중 포지션별 이동거리와 활동 형태를 분석한 연구 결과를 보면 포지션별로 차이가 있는 것으로 나타난다. 국가대표 경기를 대상으로 90분 전체 경기에 참여했던 선수들을 대상으로 포지션을 측면 수비수side defender; SD, 중앙 수비수central defender; CD, 중앙 미드필더central midfielder; CM, 측면 미드필더side midfielder; SM, 중앙 공격수forward; FW 등 다섯 가지로 구분하여 총 이동거리, 공격시 이동거리, 수비시 이동거리, 전반전 이동거리, 후반전 이동거리, 속도별 활동 형태 등을 분석하였다.

총 이동거리는 측면 미드필더가 11.47±0.23km로 가장 많이 움직이는 것으로 나타났으며, 중앙 미드필더 11.06±0.62km, 중앙 공격수 10.82±0.04km, 측면 수비수 10.55±0.31km 순이었다. 그리고 중앙 수비수가 9.71±0.37km로 가장 적게 움직이는 것으로 나타났다. 속

1 : 공격수(Forward : FW)
2 : 측면 미드필드(Side Midfielder : SM)
3 : 중앙 미드필드(Central Midfielder : CM)
4 : 측면 수비수(Side Defenders : SD)
5 : 중앙 수비수(Central Defenders : CD)

그림 3 _ 축구 경기의 포지션

도별 활동 형태는 중앙 수비수는 걷기, 측면 수비수는 스프린트, 중앙 미드필더는 조깅, 측면 미드필더는 달리기와 고강도 달리기 비중이 높게 나타나 포지션에 따라 이동거리와 활동 형태가 차이가 있는 것으로 나타났다.

한편 대한민국 국가대표들을 대상으로 한 연구와 Di Salvo 등(2007)의 스페인 프로축구 선수들을 대상으로 한 연구 결과를 비교하면 스페인 프로축구 선수들의 이동거리가 한국 선수들보다 많은 것으로 나타났다. 그리고 우리 국가대표팀의 경우엔 측면 미드필더가 가장 많이 움직이는 것으로 나타난 데 반해, 스페인 프로팀의 경우는 중앙 미드필더가 가장 많이 움직이는 것으로 나타났다. 여러 가지 조건이 다른 연구 결과를 단순 비교할 수는 없겠지만, 측면 공간과 공격을 활용하는 대표팀과 중앙 지역에서의 짧은 패스 연결에 의한 공격을 활용하는 스페인 프로팀의 특징이 그러한 결과로 나타난 것으로 판단된다.

이렇듯 데이터와 경기 형태, 또는 전술적 움직임이 일관성을 나타내기 시작한다는 것은 데이터의 신뢰도와 가치가 이전과는 비교할 수 없을 정도로 높아졌음을 의미하는 것이다.

실제 경기 내용과 연관성이 높은 데이터가 개발되면서 선수들과 팀 경기력을 기록으로 나타내거나 평가하는 방법도 달라지고 있다. 예를 들어 스트라이커의 경우, 출전 경기 수, 득점, 도움을 나타내는 '30경기, 20골, 15도움' 등의 기록이 다음과 같이 바뀔 수도 있다.

30경기, 20골, 15도움, 고강도 달리기 15m/min

경기 수, 득점, 도움 기록에 고강도 달리기 활동을 1분 단위로 환산하여 비교한다면 스트라이커의 체력적 활동 능력을 한눈에 파악할 수 있다.

미드필더의 경우도 마찬가지다. 패스 성공률(86%), Zone 14 연결 패스 횟수(2회), 슈팅으로 연결된 패스 횟수(4회), 90분간 총 활동 거리(11.9km), 고강도 활동 거리(3.2km) 등을 활용한다면 이전과는 다른 차원의, 실제 경기에서 나타난 경기력 및 경기 결과와 연관된 기록으로 선수들을 평가할 수 있을 것이다. 팀 경기력도 11명(교체선수 포함)의 총 활동 거리, 팀 패스 성공률, 최전방 공격수와 최후방 수비수의 간격, 공 소유 후 슈팅까지 소요되는 평균 시간(역습 속도) 등 다양한 기록 요인을 활용하여 객관적으로 평가할 수 있다.

기술은 우리의 생각보다 훨씬 빠르게 발전되고 있다. 축구에서도 이전과는 다른 생각하면 생각할수록 재미있고 다양한, 그리고 경기 결과를 나타내고 예측할 수 있는 기록을 찾아내고 만들어낼 수 있다. 축구를 사랑하는 마음과 통계 분석, 기록에 대한 차별화된 생각 등 데이터 분석에 관심 있는 새로운 세대의 등장에 기대를 거는 이유이다.

새로운 축구 기록의 창출, 기록에 대한 의미 부여 그리고 경기력과 연관된 자료의 활용이라는 축구의 새로운 세계, 새로운 영역은 창의적인 사고와 축구에 대한 열정을 가진 새로운 세대를 기다리고 있다.

월드컵 16강 승패 확률

월드컵 대회의 운영 방식이 앞으로 어떻게 바뀔지 모르겠지만 현재는 전 세계를 망라한 지역 예선을 통해 32개 팀이 출전권을 획득한다. 이 32개 팀이 네 팀씩 8개 조로 나뉘어 치르는 1라운드에서는 풀리그를 통해 각 조의 상위 두 팀이 16강에 진출하고, 16강부터는 토너먼트 방식으로 진행된다. 그렇다면 1라운드에서 어느 정도 성적을 올리면 16강 진출이 가능할까?

각 조의 네 팀이 풀리그로 치르는 여섯 경기의 결과에 따라 네 팀의 전적표(승–무–패, 승점)를 만들어 보면 모두 40가지가 나옴을 알 수 있다(여기에 골–득실차를 포함시키고 나라별로 순위까지 고려하면 경우의 수는 엄청나게 늘어난다). 전적표를 관찰해 보면 흥미로운 경우가 아주 많다. 2승1패로 승점 6점이면 16강 진출이 유력하긴 하지만(시드니 올림픽에서 우리나라가 모로코와 칠레에 각각 1:0으로 이기고도 스페인에 0:3으로 져서 골 득실차에 의해 탈락한 것처럼) 골 득실차나 추첨에 의해 탈락할 수도 있는 데 반해, 2무1패로 승점이 겨우 2점이라도 운이 아주 좋으면 16강에 진출할 수가 있다. 후자의 경우 한 번도 못 이기고 16강에 진출하게 되는 셈이므로, 월드컵 16강보다 월드컵 1승이 더 어려울 수도 있다.

아래의 표는 40가지의 전적표를 분석하여 계산한 1라운드 전적별 16강 진출 확률이다. 단, 경기에서 승부가 날 확률 대 무승부가 될 확률은 유럽 프로축구의 통계를 참고하여 3:1로 하였으나, 특정 팀이 이기거나 질 확률 등은 고려하지 않았다. 이 확률을 바꾸면 아래 표의 확률도 조금씩 바뀐다.

전적	승점	16강 진출 확률
3승	9	100%
2승1무	7	100%
2승1패	6	99%
1승2무	5	99.7%
1승1무1패	4	53.3%
3무	3	12.2%
1승2패	3	1%
2무1패	2	0.3%
1무2패	1	0%
3패	0	0%

대체로 전적이 좋을수록(승점이 높을수록) 16강 진출 확률은 그만큼 높아진다. 하지만 1승–2무 승점 5점이 2승–1패 승점 6점보다 16강 진출 가능성이 오히려 조금 높으며, 3무의 경우가 1승–2패보다 훨씬 유리함을 알 수 있다.

_ 김명환(서울대학교 수학과 교수)

CODE 08. 축구공

축구공마다 날아가는 궤도가 다르다

홍 성 찬

SOCCER BALL
CODE 08. 축구공

2006년 독일 월드컵을 시작으로 월드컵 공인구의
거죽 형태가 크게 변화하면서 볼 컨트롤과 볼 스피드 등에
영향을 미치는 공의 비행 특성이 다양해지고 있다.
2010년 남아프리카공화국 월드컵 때 사용되었던 '자블라니'의
경우, 기존의 축구공에 비해 공을 컨트롤하기가 상당히 어려워
브라질 대표팀 골키퍼였던 줄리우 세자르 선수는
"마치 슈퍼마켓에서 파는 고무공 같다"며 강한 불만을
토로했을 정도다. 이 장에서는 현대 축구공의 변천과
그 안에 숨겨진 과학 이야기를 주제로 축구공에 따라
공력과 비행 특성이 어떻게 달라지는지 알아본다.

 홍성찬

서울대학교 재학 시절 서울대 축구부에서 골키퍼를 했다. 상대적으로 수준
이 조금 낮았던 탓에 상대 학교 골키퍼보다 몇 배 이상 공이 날아오는 것을
볼 수 있었다. 물론 잡거나 막은 공도 꽤 있었다. 그리고 간혹 내 생각과 다
르게 날아오는 공도 볼 수 있었는데, 이때 생긴 궁금증이 계기가 되어 축구
공과 비행궤도에 대해 연구하게 되었다. 약 10년간 '무회전 슛이 왜 불규칙
하게 흔들리게 되는지'와 '어떻게 무회전 슛을 찰 수 있는지'에 대해 연구를
해왔고, 지금은 축구공의 공력 특성에 대해 풍동실험을 통한 유체역학적 관점
에서 연구를 하고 있다. 최근에는 직접 축구공을 제작하면서 미래의 축구공
개발에 힘쓰고 있다.

월드컵 공인구의 탄생

일반적으로 월드컵에서 사용되는 축구공은 4년에 한 번씩 열리는 FIFA 월드컵을 계기로 하여 공인구公認球가 변화해 왔다. 초창기 월드컵에서 사용된 축구공은 배구공과 비슷한 형태의 거죽panel으로 만들어졌으며, 공식 사용구가 없었던 관계로 각국이 직접 축구공을 준비해 와서 경기를 치렀다. 특히 1930년 우루과이에서 열린 제1회 월드컵에서는 결승전에 오른 아르헨티나와 우루과이가 자신들의 공을 서로 사용하려고 전·후반으로 나누어 각국이 준비한 축구공으로 시합을 하기도 했다.

이후 1970년 멕시코 월드컵에서 최초로 공인구(텔스타)가 도입되었다. 이때 만들어진 축구공의 거죽 모양은 2002년 한일월드컵 공인구 '피버노바'까지 약 30년 동안 같은 형태를 유지해 왔다(그림 1). 이 축구공은 오각형 형태의 거죽 12장과 육각형 형태의 거죽 20장, 총 32장으

그림 1_ 월드컵 공인구의 변천 과정

로 구성되어 있다. 그러니까 우리가 흔히 보는 축구공 형태는 약 40년 전에 만들어진 것이라고 할 수 있다. 여기서 한 가지 매우 흥미로운 사실은 32장의 거죽으로 구성된 축구공이 본선 진출 국가 수와 정확히 일치한다는 것이다.

하지만 2006년 독일 월드컵에서 지금까지 유지되어 오던 전통이 깨지는 일이 벌어졌다. 축구공은 오각형과 육각형의 거죽 32장으로 되어 있다는 고정관념을 완전히 부수고 14장의 거죽으로 이루어진 획기적인 축구공이 등장한 것이다. '팀가이스트'라는 이름의 이 공인구는 긴 타원 모양의 거죽과 부메랑 형태의 거죽 조합으로 만들어진 덕분에 당시 큰 이슈가 되었다. 나아가 2010년 남아프리카공화국 월드컵에서는 8장의 거죽으로 만들어진 공인구 '자블라니'가 선보였으며, 2014년 브라질 월드컵에서는 그 누구도 예상하지 못했던 6장의 거죽으로 만들어진 공인구 '브라주카'가 등장하여 큰 사랑을 받았다.

축구 경기의 룰에 따르면 축구공(성인용 : 5호)의 크기는 원주가 68.6~71.1cm(27~28인치)여야 하고, 무게는 최대 450g(16온스), 최소 410g(14온스)이어야 한다고 명시되어 있다. 초창기의 축구공은 고무주머니에 가죽을 입힌 것이 대부분으로, 비가 오거나 눈이 오는 날에는 공이 습기를 흡수해서 무거워지고 컨트롤하기 힘들다는 것이 가장 큰 문제였다. 이와 같은 문제점을 보완하기 위해서 그 뒤 여러 합성(방수) 재질을 도입하여 현대식 축구공은 천연 라텍스 소재에 폴리우레탄 외피와 다층의 보강제로 만들어 비나 눈 등에 의한 피해가 많이 줄어들었다.

그러나 일부 축구공의 재질이나 구조에 대해 선수들이 불만을 갖는 경우도 있었다. 2010년 남아프리카공화국 월드컵 때 사용되었던

'자블라니'의 경우, 기존의 축구공에 비해 공을 컨트롤하는 데 상당히 어렵다는 불만이 많았다. 브라질 내표팀 골기피였던 줄리우 세자르 선수는 "마치 슈퍼마켓에서 파는 고무공 같다"며 강한 불만을 토로했을 정도였다.

이처럼 2006년 독일 월드컵을 시작으로 월드컵 공인구의 거죽 형태(거죽의 수·모양·방향 등)가 크게 변화하면서 볼 컨트롤과 볼 스피드 등에 영향을 미치는 공의 비행 특성이 다양해지고 있다. 하지만 이들의 비행 특성(공이 날아가는 궤도)이나 공기역학과 관련된 연구는 거의 이뤄지지 않고 있어 종전의 공과 비교해 공의 비행 궤도와 공력 특성(공이 날아갈 때 공기로부터 받는 저항)에 관한 정확한 정보를 얻기가 매우 힘들다.

따라서 이 장에서는 현대 축구공의 변천과 그 안에 숨어 있는 과학 이야기를 주제로 축구공의 거죽 형태에 따라 공력 특성과 비행 특성이 어떻게 달라지는지 알아보자.

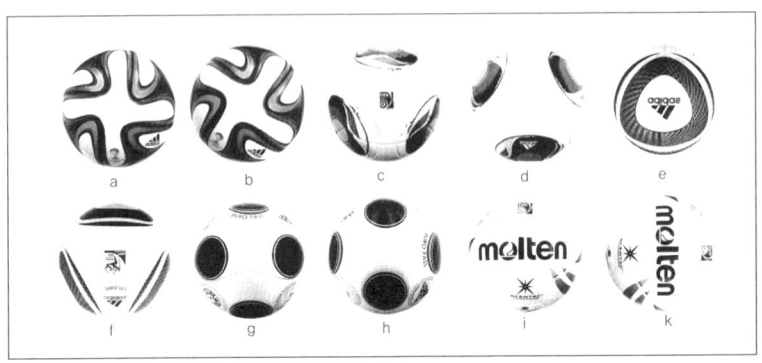

그림 2 _ 공의 방향을 달리했을 경우의 축구공 모양. 브라주카(a, b), 카푸사(c, d), 자블라니(e, f), 팀카이스트(g, h), 일반 축구공(j, k) (출처 : www.nature.com)

축구공마다 날아가는 궤도가 왜 다를까

먼저, 가장 최근에 열렸던 2014년 브라질 월드컵 공인구인 '브라주카'를 비롯해 2010년 남아프리카공화국 월드컵 공인구 '자블라니', 2006년 독일 월드컵 공인구 '팀가이스트', 2013년 브라질 컨퍼더레이션스컵 공인구 '카푸사', 그리고 우리가 흔히 사용하고 있는 오각형과 육각형 거죽 형태인 일반적인 축구공을 대상으로 각각의 축구공이 갖고 있는 비행 특성을 살펴보기로 하자. 이와 함께 프리킥 등의 프레스 킥에서 선수들이 자신이 정해 놓은 거죽 방향으로 공을 놓고 차는 모습을 쉽게 볼 수 있는데, 이처럼 동일한 축구공이라 하더라도 공의 방향(거죽 형태)을 달리했을 경우 실제 공이 날아가는 궤도가 어떻게 변화하는지를 알아보기로 하자.

이를 위해 풍동실험 wind tunnel test 을 통해 각각의 축구공이 갖고 있는 공력 특성을 살펴보기로 한다. 풍동실험이란 윈드 터널 안에 공을 설치하고 고정된 공에 일정한 속도의 바람을 불게 함으로써 공이 갖고 있는 특성을 공기력(저항)으로 설명하는 것을 말한다. 특히, 최근 월드컵과 리그에서 사용되었던 다섯 종류의 축구공을 대상으로 각각의 공의 거죽 방향을 두 가지로 구분하여 거죽 형태에 따른 항력 drag force, 날아가지 못하게 잡아당기는 힘 의 변화를 관찰하였다.

〈그림 3〉에서 볼 수 있듯이, 축구공의 종류에 따라 공이 공기로부터 받는 항력이 달라진다. 또한 같은 축구공이라도 거죽 방향이 다르면 항력도 조금씩 변화하는 것을 알 수 있는데(그림 3b, 3c), 이것은 선수들이 실제로 자신이 즐겨 차는 공의 방향을 이론적으로 뒷받침해 주

는 결과라고 할 수 있다. 다시 말해 선수들마다 스윙 패턴이나 공과 발의 임팩트 시 발목의 움직임 등이 다르기 때문에 각자에게 맞는 적절한 공의 방향이 있다는 것이다.

그리고 공이 달라지면 공의 속도 역시 바뀌는 것을 알 수 있다. 예를 들어, 슈팅이 이루어지는 속도 구간에서 2014년 브라질 월드컵 공인구인 '브라주카'는 전년도 대회인 2013년 브라질 컨퍼더레이션스컵 공인구인 '카푸사'에 비해 공의 항력이 상대적으로 작은 것으로 나타났다. 이것은 같은 스윙 속도와 동일한 임팩트로 공을 찼을 때 '브라주카'가 '카푸사'보다 빠르게 날아간다는 말이다.

이번에는 〈그림 3〉의 항력을 기초로 하여 공의 비행 특성을 2D 시뮬레이션으로 살펴보기로 하자. 골대에서 25m 떨어진 곳에서의 프리킥을 대상으로 킥커가 찬 공의 속도를 108km/h로 설정하고, 이때의 공이 날아가는 각도를 15도로 설정한 결과, 다섯 종류의 축구공 중에서 가장 먼저 골대에 날아가는 공은 '자블라니'로 약 0.96초가 걸렸다. 반면, 가장 느리게 골대에 도착하는 공은 '팀가이스트'로 약 1.01초 후였다. 브라질 월드컵에서 사용되었던 '브라주카'는 약 0.99초로 '팀가이트'와 '자블라니'의 중간 정도 속도를 나타냈는데, 이는 일반적인 축구공(약 0.99초)과 유사한 결과이다. 이로 보아 동일한 속도와 동일한 각도로 공을 찰 경우, 공이 골대에 도달하는 시간은 공의 종류가 어떤 것이든 큰 차이가 없음을 알 수 있다.

그런데 여기서 한 가지 흥미로운 사실은 공의 도달 시간이 아닌, 공의 도달 지점이다. 공이 골대의 어느 지점에 도착하는지를 살펴보았더니 '자블라니'가 약 2.49m로 가장 높은 곳으로 날아가고, '팀가이스트'는 약 2.16m로 가장 낮은 지점으로 날아간 것을 알 수 있었다. 그리고 '브라주카'는 약 2.28m, '카푸사'는 약 2.41m 지점으로 날아가는 것으로 나타났다. 이러한 결과를 골대의 높이(2.44m)에 대입하면 100km 이상의 강한 슛을 동일한 각도로 찼을 경우, 2010년 월드컵(자블라니)에

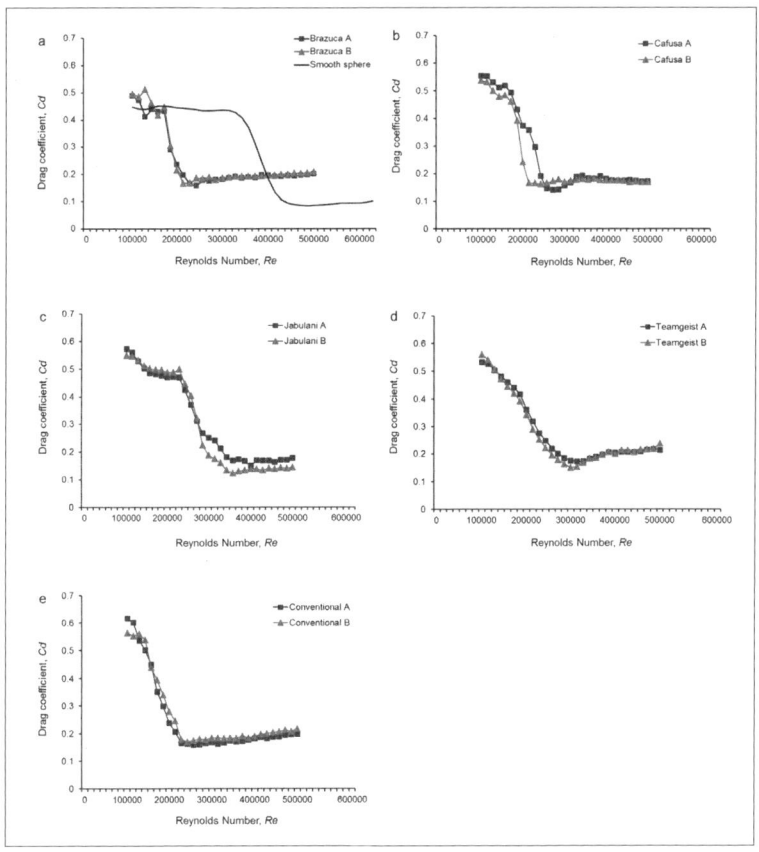

그림 3 _ 각 축구공의 거죽 방향에 따른 항력계수의 변화 (출처 : www.nature.com)

서는 골포스트 상단을 맞고 튕겨 나왔을 공이 2013년(카푸사)에는 골포스트 하단을 맞고 골인이 되고, 2014년 월드컵(브라주카)에서는 골대 상단에 꽂히는 골인이 된다는 것을 알 수 있다.

이러한 결과는 축구공의 종류에 따라서 킥의 종류가 바뀌어야 한다는 것을 말해준다. 예를 들어 카푸사의 경우(그림 3b), 롱킥이나 패스가 이루어지는 스피드 구간에서 공의 거죽 방향에 따라 공이 받는 저항(항력)이 달라지는 것으로 나타났기 때문에 프리킥이나 롱킥 상황에서는 이와 같은 공의 특성(방향)을 이용한 슛을 하는 것이 좋다.

반대로, 자블라니(그림 3c)는 강력한 슈팅이 이루어지는 스피드 구간에서 공의 거죽 방향에 대한 의존도가 높은 것으로 나타났기 때문에 동일한 선수가 동일한 스윙 속도로 킥을 하더라도 공의 스피드가 달라질 수 있다. 물론 이는 바람이나 기온, 습도 등의 환경적 요인을 배제한 결과이지만, 공에 따라 비행궤도가 변할 수 있다는 것과 같은 공일지라도 공을 놓는 방향(거죽 방향)에 따라 공이 다르게 날아갈 수 있다는 것을 의미한다.

그렇다면 강한 슈팅이 무회전으로 날아가면서 공의 궤도가 불규칙하게 흔들리는 것을 이른바 '너클슛knuckle shot' 또는 '너클링슛knuckling shot'이라고 하는데, 무회전으로 날아갈 때 축구공에 따라 공의 흔들림에 차이가 있을까?

〈그림 4〉는 풍동실험을 통해 무회전으로 날아가는 다섯 종류의 축구공에 대한 양력(lift force : 공이 위아래로 움직이는 힘)과 횡력(side force : 공이 좌우로 움직이는 힘)을 나타낸 그래프로, 각각 롱킥이나 빠른 패스에 해당하는 스피드(20m/s; 약 70k/h) 구간과 강한 슈팅에 해당하는 스피드(30m/s, 약100k/h)

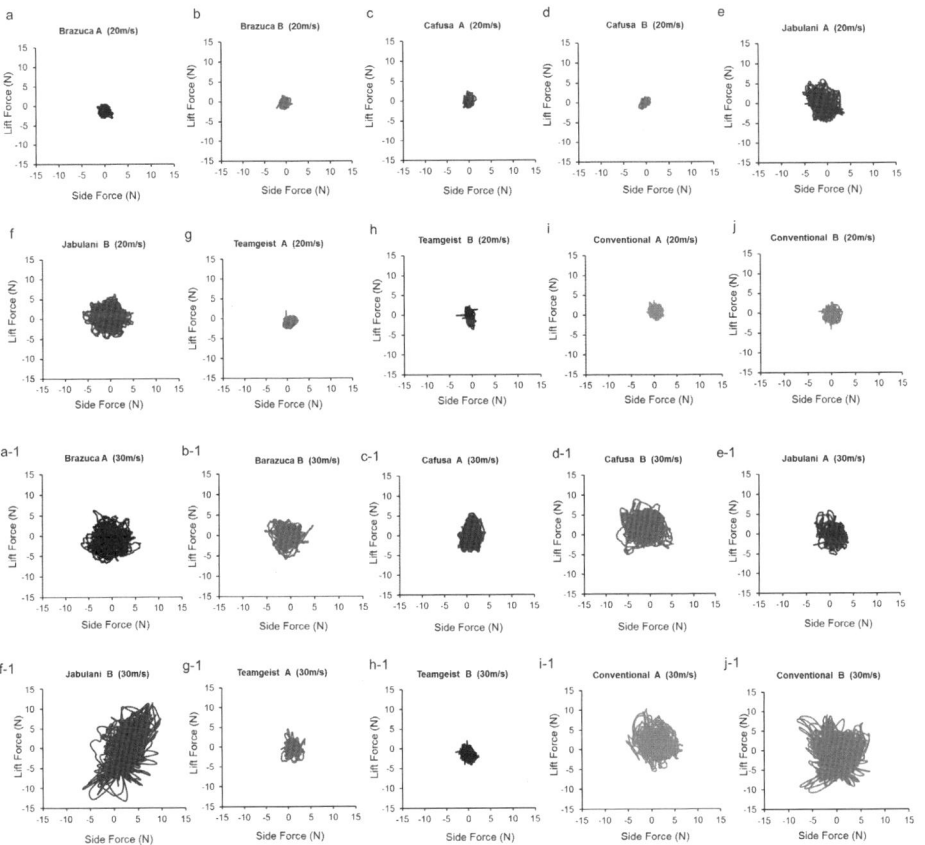

그림 4 _ 각 축구공 및 거죽 방향에 따른 양력과 횡력의 변화 (출처 : www.nature.com)

구간을 나타낸 것이다.

〈그림 4〉에서 볼 수 있듯이 '자블라니'는 일반적으로 프로 선수가 롱킥을 했을 때 나오는 공의 스피드인 20m/s에서 다른 공들에 비해 상대적으로 상하좌우 방향 모두에서 크게 요동치는 것을 알 수 있다. 또한 강한 슈팅에 해당하는 스피드 구간(30m/s)에서도 다른 공들에 비해 움직임이 크게 나타난다. 이는 롱킥을 비롯한 강한 패스와 슈팅에서 공의 비행 궤도가 불안정하다는 것을 의미한다. 앞서 브라질 대표팀 골키퍼인 세자르 선수가 '자블라니'에 대해 불만을 드러냈던 이유도 이러한 공의 양력과 횡력 특성으로 설명할 수 있다. 또한 다른 역대 월드컵에 비해 유독 2010년 남아프리카공화국 월드컵에서 불규칙한 무회전 슛을 자주 볼 수 있었던 이유 중 하나도 이러한 맥락에서 해석이 가능하다.

반면 2014년 브라질 월드컵 공인구인 '브라주카'는 '자블라니'에 비해 상하좌우의 흔들림 폭이 작고, '카푸사'나 일반적인 축구공과 매우 흡사한 형태의 공력 특성을 보이고 있다. 따라서 무회전 슛으로 날아갈 경우 일반적인 축구공처럼 비교적 안정적인 궤도가 예상된다. 특히, 다섯 종류의 현대 축구공 중에서는 '팀가이스트'가 가장 흔들림이 적은 것으로 나타나 매우 안정적인 비행궤도가 예상된다.

그렇다면 풍동실험의 결과처럼 실제로 축구공의 종류에 따라 공이 날아가는 궤도가 바뀔까? 이번에는 임팩트식 킥로봇 실험impact type kick-robot test을 통해 각각의 공의 비행궤도를 비교해 보았다. 프리킥을 가정하여 골대 앞 25m 지점에 킥로봇을 설치하고 동일한 조건(초속 약 100km)에서 공을 찼을 때 각각의 축구공이 골 네트에 닿는 부분을 비교

한 것이다.

〈그림 5〉는 다섯 종류의 축구공을 풍동실험과 동일하게 각각 두 가지 거죽 방향으로 설정하고 총 10종류 공의 탄착점(공이 모이는 지점)을 나타낸 그래프이다. 그림에서 볼 수 있듯이 2014년 브라질 월드컵 공인구인 '브라주카'의 탄착점은 다른 세 종류의 축구공(카푸사, 자블라니, 팀가이스트)

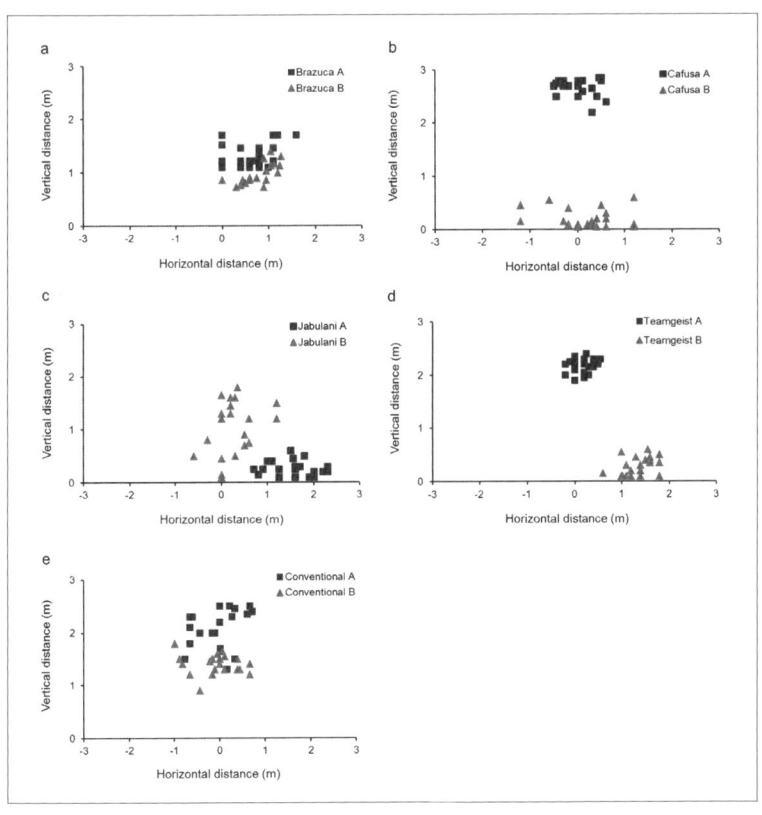

그림 5 _ 탄착점을 이용한 공의 비행궤도 비교 (출처 : www.nature.com)

에 비해 안정적인 궤도를 보였으며, 일반적인 축구공과 유사한 결과를 나타냈다. 반면 '자블라니'의 경우에는 매우 불안정한 탄착점을 보였으며, '카푸사'와 '팀가이스트'는 공의 거죽 방향 의존도가 매우 높은 것으로 나타났다. 이것은 2014년 월드컵 공인구인 '브라주카'의 경우, 공을 놓는 거죽 방향이 어떻든 궤도 변화가 크게 없다는 의미로, 풍동실험의 결과와도 비교적 일치하는 것이다. 한편 '팀가이스트'는 탄착점은 안정적이지만, 거죽 방향에 따라 궤도가 크게 변하는 비행 특성을 보였다.

결론적으로 말해 축구공의 종류에 따라 실제 날아가는 공의 비행궤도가 달라지는 것은 물론, 특히 공을 놓는 거죽 방향에 따라 궤도가 크게 달라진다고 할 수 있다.

그렇다면, 왜 이처럼 축구공에 따라 공이 날아가는 비행궤도가 바뀌는 것일까? 일반적인 축구공은 앞서 말했듯이 오각형 거죽 12장과 육각형 거죽 20장, 총 32장의 거죽으로 만들어진다. 이에 비해 최근 등장한 월드컵 공인구들은 공의 거죽 모양도 달라졌지만 그 수도 다양해졌다. 그러면 공을 둘러싸고 있는 거죽의 모양과 수가 축구공의 비행궤도를 좌우한다고 볼 수 있는가?

이 문제는 거죽과 거죽 사이에 움푹 들어간 본드(혹은 실밥)의 길이로 설명할 수 있다. 유체역학에서는 어떤 물체의 공력 특성을 설명할 때 임계레이놀즈수critical Reynolds number를 이용하는데, '임계레이놀즈수'란 물체의 후방에서 생기는 유동이 층류(공기가 흐트러지지 않고 움직이는 것을 말함. 난류는 그 반대임)에서 난류(불규칙한 유체의 흐름으로, 층류에 비해 물체에 대한 저항이 크다)로 천이transition되는 지점의 레이놀즈수로, 항력이 가장 작아지는 부분이라고

할 수 있다.

먼저, 축구공이 갖고 있는 공 표면의 본드 길이를 살펴보자. 다섯 종류의 축구공 중에 '카푸사'의 본드 길이가 4470mm로 가장 길고, 일반적인 축구공이 그다음으로 3840mm였다. '팀가이스트'는 3470mm, '브라주카'는 3320mm, '자블라니'는 1980mm로 가장 짧았다. 이렇게 나타난 축구공 본드의 총 길이와 임계레이놀즈수를 비교해 보면 그 상관관계가 약 0.96으로 매우 높음을 알 수 있다.

다시 말해 축구공을 둘러싸고 있는 거죽과 거죽 사이의 움푹 들어간 작은 홈seam의 총 길이가 공의 비행궤도를 결정하는 데 중요한 역할을 한다는 것이다. 물론 공 표면에 있는 작은 돌기와 공의 재질 따위도 중요하지만, 현재까지 밝혀진 연구 결과에 따르면 공 표면을 둘러싸고 있는 본드의 길이가 가장 중요한 요인인 것으로 나타났다. 또한 작은 홈의 위치와 간격 역시 중요한 것으로 판단된다.

앞서 설명했듯이 축구공 표면의 본드 길이와 함께 공의 비행궤도에 영향을 미치는 중요한 요인으로 거죽 형태(위치나 수)를 들 수 있다. 예를 들어, 그림 6(a)와 6(b)는 거죽 위치(방향)는 다르지만 동일한 속도로 날아가는 축구공을 촬영한 사진이다. 공 후류後流의 공기 흐름을 흰 연기(사염화티타늄)로 시각화한 것으로, 그림 안에 있는 화살표는 박리점separation point을 나타낸다. 박리점은 물체 후방에서 공기의 흐름이 분리(역류가 일어나는)되는 지점이다. 그림 6(a)에 비해 6(b)의 박리점이 공의 후방에서 형성되는 것을 볼 수 있는데, 이렇게 박리점이 뒤로 이동하여 흰 연기의 부분이 줄어들면 그만큼 공을 뒤에서 끌어당기는 힘(항력)이 작아져 공이 빠르게 날아간다.

같은 현상을 PIV(Particle Image Velocimetry : 입자 영상 유속계)를 이용해서 관찰해 보니(그림 6c와 6d), 공 표면에 있는 거죽과 거죽 사이의 작은 홈(본드)이 박리점을 뒤로 보내는 역할을 하는 것으로 나타났다. 그림 6(d)는 박리점이 형성되는 부근에 홈이 위치해서 그림 6(c)에 비해 박리점을 뒤로 보냄으로써 공기가 역류하는 부분이 줄어든 것을 볼 수 있다. 이처럼 거죽과 거죽 사이의 작은 홈의 위치에 따라 공이 받는 공기력이 달라져 결과적으로 공의 비행궤도가 바뀌는 것이다.

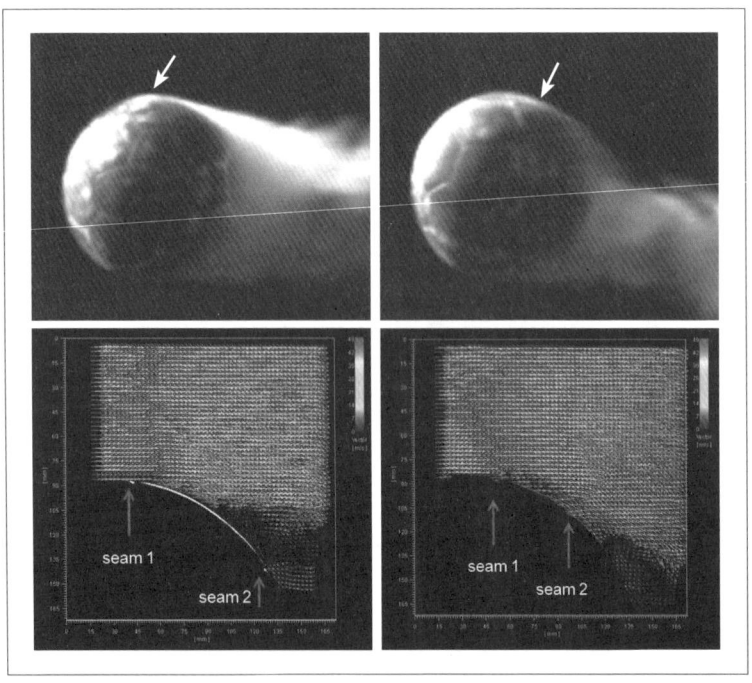

그림 6 _ 축구공의 거죽 위치에 따른 박리점의 변화 (재구성:일본유체역학회 강연 논문집)

축구공의 모양은 나날이 진화한다

지금까지 축구공의 변천에 따른 현대 공인구의 공력 특성과 비행 특성에 대해 알아보았다. 축구 경기에서 없어서는 안 될 절대적으로 필요한 축구공이지만, 과거에 비해 현대의 축구공은 거죽 모양이 매 월드컵이나 각 리그에 따라 변화하고 있는 실정이다. 이로 인해 선수들은 시합에 사용되는 공인구의 특성에 매우 민감하게 반응하고 있고, 많은 선수들이 각 공의 특성을 이해하고 적응하기 위해 자신만의 트레이닝도 하고 있다.

앞으로도 월드컵 공인구를 비롯해서 각국 리그에서 사용하는 축구공의 모양은 나날이 진화할 것이다. 물론 지금까지 말한 내용은 실험실 안에서의 연구 결과로, 실제 선수들이 경기장에서 느끼는 것과는 다소 차이가 있을 수 있다. 선수들이 직접 공을 차고 받고 던지면서 체험하는 것이 가장 정확한 '축구공'의 특성이라고 할 수 있다. 다만, 이와 같은 연구 결과를 이해한다면 우리가 경기에서 볼 수 있는 여러 장면을 좀 더 쉽게 이해할 수 있고, 선수들 또한 더 빠르고 쉽게 축구공의 특성을 이해하여 경기를 할 수 있을 것으로 생각된다.

미래에 선보이게 될 다양한 모양의 축구공과 함께 서로 다른 축구공의 특성을 이용한 기상천외하고 멋진 플레이를 기대해 본다. 앞으로 축구공이 또 어떤 모습으로 변화할지 흥미진진하다.

프리킥 – 무회전의 비밀

축구프리킥 상황에서 선수들은 여러 종류의 슛을 사용하는데, 각각의 슛을 공의 회전 유무와 회전 방향 등을 고려해서 비교하면 다음과 같다. 먼저, 프리킥 상황에서 선수들이 가장 즐겨 차는 회전 슛(커브 슛)은 가능한 한 공에 회전을 많이 줘서 공의 비행궤도를 최대한 안정적(magnus effect, 공 표면의 공기 압력차로 인해 공이 휘는 현상)으로 유지하면서 원하는 방향으로 공을 보내는 것이다. 이와 반대로 무회전 슛은 가능한 한 공에 회전이 발생하지 않도록 차는 것이 중요한 포인트이다. 이렇게 무회전이 걸린 슛은 날아가는 동안 공이 불규칙하게 흔들리거나 비행 중 갑자기 공의 궤도가 바뀌는 현상을 보이는데, 이와 같은 현상을 '너클 이펙트knuckle effect'또는 '너클슛'이라고 한다. 이처럼 무회전 슛은 골키퍼가 날아오는 공의 방향을 예측하기가 매우 어렵기 때문에 프리킥 상황에서 득점으로 연결될 가능성이 높아 최근 주목받고 있는 프리킥이다.

무회전 슛은 날아가는 공 뒤에서 형성되는 공기 소용돌이vortex의 불규칙한 진동과 함께 공과 발이 임펙트되는 시점에서 발생하는 출발 소용돌이의 모양(제트기류)이 중요한 역할을 하는데, 소용돌이의 진동이 크면 클수록 공이 불규칙하게 날아가는 것으로 나타났다. 무회전 슛으로 공이 날아가더라도 불규칙하게 생성되는 공기 소용돌이의 진동이 다르고, 그 크기와 흔들림의 폭 등에 따라 예측 불가능한 무회전 슛(너클슛)이 되기도 하고, 일반적인 스트레이트 슛(무회전 스트레이트 슛)이 되기도 한다. 다시 말해, 무회전 슛이 곧 불규칙한 너클슛이 되는 건 아니라는 이야기다.

이러한 무회전 슛의 공기 소용돌이를 '카르만 소용돌이Karman vortex' 현상과 혼동하는 경우가 많다. 하지만 카르만 소용돌이는 규칙성(일정한 속도 안에 있는 어떤 물체 배후에서 주기적으로 규칙적인 소용돌이가 발생하는 현상)을 갖는 층류laminar flow 구조인 반면, 무회전 슛에서 나타나는 소용돌이는 불규칙성(소용돌이의 발생·성장·이탈을 반복하며 상하좌우 방향에 불규칙한 변동 장력이 발생)난류turbulent flow로 그 형태가 매우 비정상적이고 비대칭적 구조인 'loop vortex' 혹은 'hairpin vortex'라고 할 수 있다. 다시 말해 이 변화무쌍한 마구의 비밀은 카르만 소용돌이에 의해 일어나는 것이 아니라 쌍둥이 소용돌이와 헤어핀 소용돌이의 흔들림(진동)에 의해 만들어진다는 것이다.

_ 홍성찬

CODE 09. 경기장

경기장의 정의가 바뀌고 있다

정 성 훈

STADIUM
CODE 09. 경기장

과거에는 올림픽이나 월드컵 같은 스포츠 이벤트를 경험하기 위해서는 경기장을 찾는 게 유일한 방법이었지만, 지금은 미디어의 발달로 경기장에서의 경험과 더불어 라디오나 TV를 통해 각종 스포츠 이벤트를 경험할 수 있게 되었다. 그렇다면 팬들은 더 이상 경기장을 찾을 이유가 없어진 것일까? 그런데도 여전히 경기장을 찾는 팬들이 많은 것은 왜일까? 이 장에서는 '경기장'이란 코드를 중심으로 최근 달라지고 있는 축구 경기장의 다양한 면모를 살핀다.

 정성훈

어린 시절부터 축구뿐만 아니라 모든 스포츠를 즐기는 소년이 미국으로 건너가 스포츠 경기장을 전문적으로 설계하는 건축가가 되었다. 올림픽스타디움, NFL 풋볼스타디움, MLB 볼파크, NBA 아레나, NHL아레나, 그리고 MLS 축구전용구장 등 주로 북미 지역의 경기장 디자인을 맡아 활동하던 중 3년 전쯤 한국 스포츠계와 인연을 맺고 국내 경기장에 관심을 갖기 시작했다. 지난 3년간 K리그, KBO, 평창동계올림픽, 문화체육관광부, 여러 지방자치단체의 공식·비공식 자문 역할을 하며 서서히 변화하고 있는 국내 경기장의 모습에 뿌듯함을 느낌과 동시에 책임감을 갖게 됐다. 현재 소수의 국내 경기장 프로젝트를 진행 중이며, 동시에 한양대학교 글로벌스포츠마케팅학과의 겸임교수로 출강하며 젊은 인재들과의 교류를 통해 국내 경기장 발전의 희망을 만들어 가고 있다.

사람들은 경기장을 왜 찾을까

우리는 올림픽이나 월드컵 등 메가스포츠mega sporting 이벤트와 축구를 비롯한 여러 가지 프로스포츠 이벤트에 열광한다. 과거에는 이러한 스포츠 이벤트를 경험하기 위해서는 경기장을 찾는 게 유일한 방법이었지만, 지금은 미디어의 발달로 경기장에서의 경험과 더불어 라디오나 TV를 통해 각종 스포츠 이벤트를 경험할 수 있게 되었다. 최근 들어서는 혁신적 기술 덕분에 TV나 인터넷을 통해 경기장에서 경기를 보는 것보다 더 나은 환경에서 스포츠 이벤트를 관람하기도 한다. 또한 집이나 스포츠바, 식당 등지에서 훨씬 편안하게 스포츠 이벤트를 즐길 수도 있다.

그렇다면 팬들은 더 이상 경기장을 찾을 이유가 없어진 것일까? 그럼에도 왜 아직도 많은 팬들이 여러 가지 불편함(예를 들어 날씨, 교통, 화장실 등)을 감수하면서까지 경기장을 찾는 것일까?

스포츠팬의 심리와 경험

경기장 이야기를 하기 전에 먼저 스포츠팬에 대한 이야기를 해보자. 왜 사람들은 스포츠에 열광하는 것일까? 스포츠 심리학자인 다니엘 완Daniel Wann은 『스포츠팬의 동기부여 등급Sports Fan Motivation Scale』에서 그 이유를 여덟 가지로 말한다. 긍정적 스트레스, 일상으로부터 탈출, 오락, 경제적 요인, 심미적 요인, 집단소속감, 자존감, 그리고 가족의 요구이다.

또한 미국의 스포츠 엔터테인먼트 에이전시인 옥타곤Octagon은 'Passion Drivers®'라는 연구를 통해 스포츠팬이 되는 근거 13가지를 제시했다. 적극적 공감active appreciation, 복합적 소비 행위all consuming, 만족감gloating, 경기에 대한 애정love of the game, 향수nostalgia, 선수와의 유대

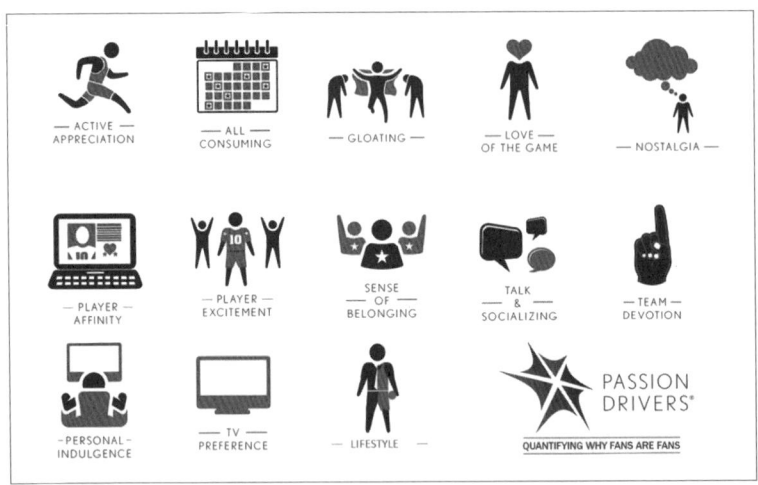

그림 1 _ 스포츠팬이 되는 근거(출처:Octagon)

player affiliation, 선수에 대한 흥분player excitement, 소속감sense of belonging, 대화와 사교talk & socializing, 팀에 대한 헌신team devotion, 개인적 방종personal indulgence, TV 선호TV preference, 그리고 라이프스타일이다.

이러한 이유와 모티브는 스포츠 종목, 지역, 나이, 성별 등에 따라 달라진다. 축구를 예로 들면 유럽에서는 '팀에 대한 헌신'이 첫 번째 이유인 데 반해, 아시아에서는 '경기에 대한 애정', 북미에서는 '복합적 소비 행위'이 첫 번째 이유다.

이렇게 다양한 이유와 모티브를 가진 팬들의 욕구를 충족시키기 위해서는 팬 경험fan experience이 필요한데, 팬 경험을 제공해 주는 수단이 팬들이 스포츠라는 콘텐츠를 소비하는 방식이 된다. 어떤 팬들에게는 TV나 인터넷이 충분한 팬 경험을 제공하지만, 다른 팬들에게는 실제 경기장에 가는 것만이 그들이 원하는 팬 경험을 제공한다. 결국 경기장을 찾는 이유에 대한 질문으로 다시 돌아가 보면 팬 경험이라는 단어와 맞닥뜨릴 수밖에 없다.

따라서 경기장은 팬들이 경기장을 찾는 이유를 만족시켜 줄 수 있는 다양한 팬 경험을 제공해야 한다. 위에서도 잠시 살펴보았듯이 팬들은 경기만을 보기 위해 경기장을 찾지 않는다. 선수를 직접 보고 싶어 오기도 하고, 같은 팀을 응원하는 다른 많은 팬들과 어울리고 싶어 오기도 하며, 가족과 여가를 즐기기 위해 오기도 한다.

이제 경기장은 더 이상 경기만이 열리고 경기만을 보는 팬들이 모이는 장소가 아니다. 경기장은 스포츠라는 콘텐츠contents를 팬fan이라는 소비자consumer에게 제공하는 장소인 것이다. 보는 데 그치지 않고 소비와 관련된 모든 행위가 일어나는 곳이다. 팬은 스포츠 이벤트가 열리는 시간 동안만이 아니라 경기가 열리는 하루 종일의 경험game day experience을 통해 다양한 욕구를 충족시킨다. 따라서 팬 경험은 경기장 내부에만 국한되지 않고 더욱 넓은 포괄적인 개념으로 인식되어야 한다.

경기장의 정의가 바뀌고 있다

경기장을 찾는 팬들은 여러 가지 수단을 통해 경기장에 온다. 대중교통을 이용하기도 하고, 자기 차를 운전해 오기도 하며, 걸어서 오기도 한다. 동질감camaraderie이 경기장을 찾는 중요한 이유 중 하나인 축구의 경우, 팬들이 함께 경기장에 도착하는 경험을 제공함으로써 경기장 문을 넘어서기 훨씬 전부터 팬 경험을 만들어낸다. 경기장 문을 넘어서는 순간부터 좌석을 찾아가는 각각의 여정에서 팬들은 보이는 것들과 들리는 것들에 의해 기대와 흥분을 느낀다.

마찬가지로 경기장에 가기 위해 집이나 직장에서 나서는 순간부터 경기장에 도착할 때까지의 여정에서도 팬들은 비슷한 경험을 한다. 집에서 떠나는 행위가 경기장 문을 넘어서는 것과 다르지 않으며, 가는 길이 콘코스concourse와 비교될 수 있다. 또한 경기장이 멀리서 보일 때 느끼는 감정이 축구 경기장에 들어와서 피치pitch를 처음 봤을 때의 감정과 일치한다. 팬 경험적인 측면에서 보면, 물리적인 벽으로 둘러싸인 건물만이 아니라 경기가 있는 하루 팬들이 거쳐 가는 모든 장소를 경기장으로 간주해야 한다.

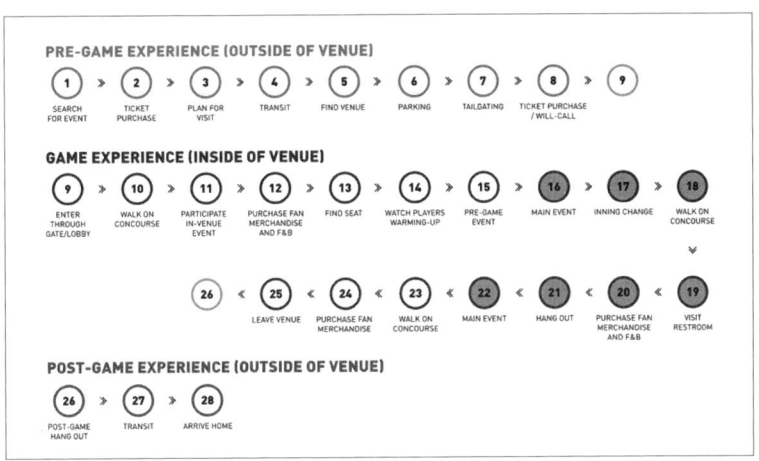

그림 2 _ 팬 경험 여정 지도 (출처 : 정성훈)

메이저리그 축구MLS, Major League Soccer의 시애틀 사운더스가 홈으로 사용하는 센추리링크필드CenturyLink Field 경기장은 도심 가까운 곳에 위치해 있다. 팬들은 경기 시작 전 이미 도심과 경기장 근처에서 경기 전 경험을 갖는다. 경기 시작 90분 전 근처에 있는 도심 광장에 모여 노래를 부르며 응원을 하다가 경기장까지 행진March to the Match을 한다. 그들에게는 광장도 이미 경기장의 한 부분인 것이다. 인천축구전용경기장의 진입광장entry plaza 또한 팬 경험의 영역을 밖으로 확장한 좋은 예다. 경기장에 도착했음을 인지시키는 'Sense of Arrival'이라는 개념을 진입광장으로 제시하고, 경기장 내부와 외부를 시각적·청각적으로 연결함으로써 팬들을 초대한다는 느낌을 주고 있다.

미국 프로미식축구 NFL이나 미국 대학 풋볼 경기에서 볼 수 있는 태일게이팅tailgating, 시합 전후 경기장 밖에서 갖는 야외 파티은 경기장 영역과 보편적

시애틀 사운더스 팬들이 경기장까지 행진하는 모습

인천축구전용경기장의 진입 광장

관람 문화에 대한 생각을 완전히 바꿔 놓았다. 경기장에 들어가 경기를 관람할 의도가 전혀 없는 팬들이 경기장 주변 주차장에 차(주로 RV나 밴, 픽업 트럭 등)를 세워두고 파티를 즐기는 것이다. 그들에게는 주차장이 경기장이며, 파티를 통해 경기를 경험한다.

이렇게 경기장의 정의가 바뀌고 경기라는 콘텐츠를 소비하는 방식이 달라짐에 따라 경기장의 모습도 함께 바뀌어 가고 있다.

경기장의 다양화 전략으로 관람석이 달라지고 있다

경기장에는 크게 네 가지 다른 부류의 사용자가 있다. 관람객spectator, 선수player, 운영자operator, 그리고 미디어media. 사용자가 어떤 부류냐에 따라 경기장 내 시설들은 다르게 구분되고 계획된다.

관람객, 즉 팬들이 사용하는 경기장의 가장 큰 부분은 관람석seating이다. '몰입도'는 좋은 관람 환경을 만드는 데 필수적인 요소다. 관람석이 경기 행위에 가까울수록 몰입도는 높아진다. 이를 위해 하층부 관람석은 완만한 경사도에 많은 좌석을 배치하고, 상층부 관람석은 경사도를 가파르게 만든다. 기본적으로 좋은 시야를 확보하기 위해서이다.

하지만 모든 관람석이 똑같은 관람 경험을 줄 수는 없다. 각각의 관람석이 서로 다른 위치에 놓여 있기 때문이다.

관람 경험을 결정하는 첫 번째 요소는 위치이지만, 다른 요소를 덧붙이면 다양한 관람 경험을 만들어낼 수 있다. '다양화'는 팬 경험

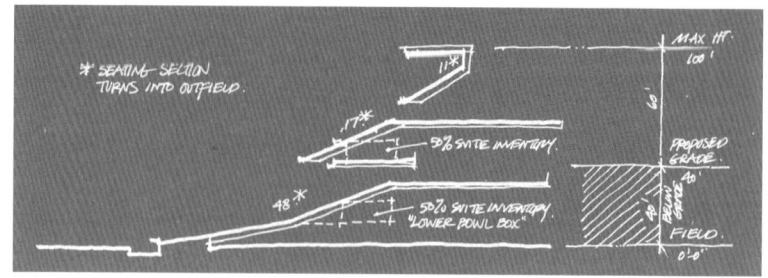

그림 3 _ 관람석 단면 스케치 (출처 : 정성훈)

증진과 매출 증대를 위한 가장 중요한 전략인 동시에 객단가 전략pricing strategy에서 좌석 위치의 한계를 극복하는 방법이기도 하다. 센추리링크필드 경기장의 골대 뒤편에는 프리미엄 스위트premium suite가 필드 레벨playing surface에 위치해 있다. 축구라는 경기의 특성상 골대 뒤편은 경기를 관람하기에 그리 좋은 위치는 아니다.

따라서 대부분의 축구 경기장에서 이 위치에 있는 관람석은 일반적으로 선호도가 떨어지며 입장권 가격도 상대적으로 저렴하다. 센추리링크필드 경기장의 필드 레벨 스위트field level suite는 이러한 약점을 극복하고 경기 관람이 전부가 아닌 팬들을 위한 또 다른 상품(서비스를 포함한 개념)으로 인기를 끌고 있다. 한국에서도 최근에 이랜드FC가 잠실 올림픽주경기장에 비슷한 콘셉트를 가진 컨테이너 스위트container suite로 기존 경기장이 지닌 단점을 극복하는 좋은 시도를 하고 있다.

이렇듯 현대의 경기장들은 더 이상 일반적인 관람석에 얽매이지 않고 다양화 전략을 통해 발전해 가고 있다. 좌석의 앞뒤 간격이나 좌우 간격, 좌석의 재질 같은 단순한 요소에 의한 형태적 다양성뿐만 아니라 로지loge seating, 극장식heater seating, 오페라박스opera seating, 뱅켓banquette

잠실 올림픽주경기장에 설치된 컨테이너 스위트

다양한 관람 경험을 주기 위한 프리미엄 관람석

seating 등 전략적으로 특별한 좌석들이 마련되는 방향으로 경기장 신축과 리모델링이 진행되고 있다.

경기장 내 주요 동선을 제공하는 콘코스concourse는 사용자들의 통행량에 따라 최소한의 넓이로 계획되어 왔다. 이러한 콘코스를 따라 화장실이나 매점이 배치되어 팬 편의시설을 연결하는 역할 또한 하고 있다. 앞서 말했듯이, 모든 팬들이 경기만을 보기 위해 경기장을 찾지는 않는다. 경기장 내 팬들의 유일한 목적지가 관람석이었던 전통적인 생각에 변화가 오기 시작한 것이다. 요즘 경기장은 다양한 이유를 가진 더 많은 팬들을 위해 관람석 이외에 팬들이 갈 만한 다른 목적지들을 점점 더 많이 제공하고 있다. 콘코스도 단순히 동선으로서의 역할을 넘어서 팬들에게 여러 경험을 제공할 수 있는 장소로 인식되고 있다. 넓어진 콘코스는 새롭고 다양한 형태의 매점으로 활용될 수 있다. 또 축구 경기가 벌어지는 장소(운동장, playing field)와 시각적으로 연결된 콘코스는 새로운 관람 경험을 제공할 수도 있다.

현대 경기장에서 라커·샤워·트레이닝·라운지 등 선수들을 위한 시설들은 점점 더 기능적이고 효율적으로 계획되고 있으며, 높은 질의 공간을 제공한다. 선수가 팀의 가치에 가장 큰 영향을 미치는 경기력(승패·우승 등)을 책임지고 있기 때문이다. 이러한 선수 시설들은 다른 사용자들을 위한 시설들과 분리돼 있다. 선수들을 위한 동선 또한 팬들을 위한 동선과 철저하게 나뉘어 운영된다.

하지만 때로는 전략적으로 이 두 가지 동선을 하나로 엮어 새로운 가치를 만들어내기도 한다. 선수가 라커에서 운동장으로 이동하는 동선 중간에 프리미엄 팬들이 사용하는 공간을 위치시키는 것이다. 그렇

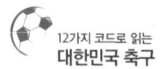

LA 갤럭시의 홈구장인 스텁 허브 센터

스탠딩 관람 플랫폼

스텁 허브 센터의 챔피언스 라운지

게 되면 선수들과 팬들 사이에 시각적 교류가 가능해진다. 몇몇 NHL 경기장이나 뉴욕 레드불 아레나NY Red Bull Arena, LA 갤럭시의 홈구장인 스텁허브센터Stub Hub Center 등에서는 실제로 이것이 적용되고 있다. MLB 구장에서 더그아웃dugout, 불펜bullpen, 타격연습장batting cage 등도 선수들과 팬들을 연결시키고 소통시키는 곳으로 활용된다.

경기장에는 팬들이 보지 못하는 운영자들을 위한 거대한 공간도 존재한다. 'BOHback of house'라고 불리는 이곳에는 경기장을 운영하기 위한 많은 시설들이 위치해 있다. 팬들의 다양한 욕구를 충족시키기 위해 관람석 이외에 팬들을 위한 시설들이 많이 생겨나고, 이들을 지원하기 위해 BOH는 점점 더 많은 공간을 요구하고 있다. 최근 들어 한국에 있는 경기장들도 팬들을 위해 여러 가지 형태의 리모델링을 시도하고 있다. 하지만 팬들을 위한 시설과 더불어 충분한 운영·지원 시설이 함께 고려되지 않고 있는 게 현재 한국 경기장 리모델링의 안타까운 실정이다.

앞에서 말한 경기장 사용자 중 하나인(사실 가장 중요한 사용자인) 관람객은 다시 일반 관람객과 프리미엄 관람객으로 나뉜다. 경기장 내 프리미엄 시설들에 대한 관심과 개발은 현대 경기장의 트렌드 중 하나로 전체 경기장 매출에 중요한 부분으로 인식되고 있다. 또한 모든 종목에 걸쳐 전 세계적으로 가장 빠른 성장세를 보이고 있는 스폰서십 매출에서도 프리미엄 상품과 서비스는 큰 역할을 하고 있다.

프리미엄 관람객을 위한 상품 중 가장 쉽게 생각할 수 있는 게 스위트룸이다. 초창기 스위트룸은 관람석 가장 상층부에 위치해 '스카이박스skybox'라고도 불렸다. 1980년대 후반에 지어진 NBA 디트로이트 피스톤스Detroit Pistons의 홈경기장인 팰리스 오브 오번힐스Palace of Auburn Hills는 이전까지 관람석 가장 상층부에 위치해 있던 스위트룸을 관람

스웨덴 스톡홀름에 위치한 텔레 2 아레나의 프리미엄 콘코스

석 중간에 위치시킨 최초의 경기장으로 프라이버시와 관람 경험을 조화시켰다. 그 후로 많은 경기장들이 스위트룸의 위치를 관람석 중간으로 내리기 시작했다. 근래에 들어서는 경기가 열리는 지면playing surface까지 스위트룸이 내려왔다. 반면, 좋지 않은 관람 경험을 제공하는 기존 스위트룸들은 VIP 클럽이나 라운지 같은 다른 종류의 프리미엄 상품으로 대체돼 리모델링되고 있다.

거대한 전광판이 제공하는 놀라운 관람 경험

기술technology이 우리 삶의 모습을 바꿔 놓듯이 경기장의 모습도 향상된 기술의 활용으로 많이 바뀌고 있다. 디스플레이 기술의 발달로 전광

NBA 디트로이트 피스톤스의 홈경기장인 팰리스 오브 오번힐스

판은 점점 커지고 동시에 선명한 화질을 보여준다. 관람석의 위치에 따라 거대한 전광판이 실제 필드에서 벌어지는 경기 장면을 보는 것보다 훨씬 나은 관람 경험을 제공하기도 한다.

또한 최근의 전광판은 예전의 단순한 정보와 재생replay을 넘어서 빅데이터에 근거한 고급 정보를 팬들에게 제공하고 있다. 입장권 구매, 팬 상품이나 식음료를 포함한 경기장 내 판매와 소비 행위, 팬 서비스 등에도 다양한 기술이 적용돼 팬들에게 여러 가지 편의를 제공한다. 한편, 운영자에게는 소비자 거래 정보를 제공해 운영/마케팅 전략을 세우는 데 도움을 준다.

이렇듯 급속히 발전하는 기술이 경기장에 빠르게 적용되고 있지만 전광판을 제외한 다른 부분의 실질적 효과는 아직 검증이 진행되

거대한 전광판이 설치된 AT&T 스타디움

고 있는 단계다. 많은 긍정적인 예측 이면에는 기대에 미치지 못하는 실제 사례들도 나오고 있다. 아직 조심스러운 접근이 필요한 이유다.

경기장 중심의 지역개발

경기장의 위치를 선정할 때 중요한 두 가지 요소는 인구와 대중교통이다. 인구는 시장market의 크기와 관계가 있고, 대중교통은 좋은 접근성accessibility을 제공한다. 이 두 가지 조건을 만족하는 위치는 도심인 경우가 많다. 그러나 현실적으로 경기장은 상당히 넓은 대지가 필요하기 때문에 적합한 새로운 장소를 찾기가 쉽지 않다.

재미있는 사실은 한국에서는 과거 도시 외곽에 지어진 경기장들이 도시가 팽창함에 따라 자연스럽게 도심 안으로 포함됐다는 점이다. 그로 인해 기존의 한국 경기장들은 마케팅이나 활용도 측면에서 성공 가능성이 높다. 따라서 기존 경기장을 허물고 재개발하는 것이 아니라 현재 있는 경기장을 중심으로 하는 지역개발SAD : sports anchored development에 역점을 둘 필요가 있다.

한국뿐 아니라 미국에서도 경기장의 공공성은 중요하다. 이때 공공성의 정의를 어떻게 내리느냐가 관건인데, 경기장이 세워진 지역과 도시에 사회적·경제적으로 긍정적인 영향을 미치고 그것들이 지역사회의 발전으로 이어지는 것을 공공성으로 보아야 한다. 쿠어스 필드Coors Field는 덴버의 구도심을 재생하는 데 중추적 역할을 함으로써 야구장이 지역개발의 앵커anchor가 될 수 있다는 것을 잘 보여주고 있

다. 디트로이트는 GM, 포드, 크라이슬러가 있는 자동차 공업 도시로 유명하지만 미국에서는 위험한 도시로도 알려져 있다. 그런데 도시 재건의 일환으로 코메리카 파크Comerica Park가 도심에 지어졌고, 바로 옆에 NFL 돔경기장인 포드 필드Ford Field가 들어섰다. 디트로이트는 이 경기장을 중심으로 변하기 시작했다. 사람들이 도심으로 모여들면서 경제활동도 활발해졌다. MLS의 레알 솔트레이크Real Salt Lake 홈구장인 리오 틴토 스타디움Rio Tinto Stadium 또한 SAD를 바탕으로 세운 계획에 따라 지어진 경기장이다.

LA 다운타운에 있는 LA 라이브Live는 스테이플센터Staples Center를 중심으로 컨벤션센터, 극장, 호텔이 함께 어우러진 엔터테인먼트 지구이다. NBA 팀인 레이커스Lakers와 클리퍼스Clippers, NHL 팀인 킹스Kings가 홈 경기장으로 함께 사용하는 스테이플센터는 단순한 스포츠

디트로이트 시에 지어진 NFL 돔경기장인 포드 필드와 코메리카 파크

경기장을 넘어서 엔터테인먼트 아레나로서 LA 라이브에서 성공적인 앵커 역할을 수행하고 있다. LA 라이브는 SAD의 가장 성공적인 사례로 꼽힌다.

이러한 SAD는 많은 경기장 개발의 핵심으로 자리 잡았다. 캐나다 에드먼턴에 있는 NHL 경기장의 경우, 지역 기후를 고려한 '겨울 정원 Winter Garden'이라는 콘셉트로 경기장과 주변 지역을 큰 실내공간으로 연결해 경기장과 주변을 함께 개발하고 있다.

이처럼 초기부터 경기장과 주변 지역 개발이 동시에 계획되면 여러 해에 걸쳐 단계별로 진행하여 막대한 투자 비용을 나누어 지출할 수 있는 장점도 있다. 인천축구전용경기장도 SAD로 계획돼 경기장이 먼저 완공됐고 지금은 주변 개발이 진행 중이다.

앞에서 살펴보았던 여러 경기장처럼 SAD는 대부분 도심 가운데서 일어난다. 충분한 인구와 원활한 접근성이 확보돼 있기 때문에 주변이 함께 발전하면 시너지 효과가 크다.

스포츠 경기장의 전략과 계획

스포츠 경기장은 트렌디한 상품이다. 시대와 장소에 따라 끊임없이 변화한다. 팀이 계속 우승할 때는 경기장에 문제가 있어도, 즉 트렌드를 따라가지 않아도 이상 징후가 보이지 않는다. 하지만 팀 성적이 좋지 않으면 경기장 문제는 바로 드러나기 시작하며, 경기장을 찾는 팬들은 빠른 속도로 줄어든다.

미국의 축구 전용 경기장인 도요타 파크

해리슨 뉴욕 레드불스의 홈구장인 레드불 아레나

MLS 필라델피아 유니언의 홈경기장인 PPL 파크

경기장이 트렌드를 따라가게 디자인하고 리모델링하는 것은 전략적인 부분이다. 초기 기획 단계에서 전략적 비전 계획strategic vision plan을 수립하고, 이해 당사자들(지방자치단체·구단·운영자)의 목적·목표를 이해하고 비전을 공유하면서 그에 맞는 신축 또는 리모델링을 해야 한다. 이러한 전략적 비전 계획은 초기 기획 단계에서 경기장의 미래를 결정하는 가장 중요한 과정이다.

새 경기장을 짓는 데는 많은 비용이 들어간다. 그리고 이 비용은 대부분 세금에서 나온다. 그래서 새 경기장을 짓는 일은 전 세계 어디에서나 쉽지 않다. 그런데 한국의 기존 경기장들은 좋은 위치에 자리하고 있다. 올바른 전략을 바탕으로 리모델링한다면 도시 외곽에 세워질 새 경기장보다 더 좋은 경기장으로 거듭날 수 있다. 새 경기장이든 리모델링이든 그 작업을 해나가는 건 전문가들이어야 한다. 초기 기획 단계에서부터 정치가·행정가를 포함한 리더들과 경기장 설계 전문가들이 함께 머리를 맞대고 고민한다면 한국 경기장은 물론, 스포츠산업 발전에도 큰 보탬이 될 것이다.

CODE 10. 스포츠 심리학

멘탈코칭과 심리적 균형

윤 영 길

SPORT PSYCHOLOGY
CODE 10. 스포츠 심리학

축구에서는 체력과 기술, 전술이 좋은 팀이나 선수가 경기를 지배한다. 심리적 균형을 유지하는 선수는 안정적으로 성장한다. 체력이나 기술, 전술로 이루어지는 경기력의 숲은 심리를 토양으로 한다. 멘탈코치는 선수가 비옥한 토양을 만들도록 코칭한다. 경기에서 너무 좋거나 나쁜 상황은 불안정성이 극대화된 상태다. 멘탈코치는 팀의 심리적 불안정성이 높아졌을 때 심리적 회귀점을 만들어 준다. 절망적인 상황에 놓인 선수의 마음, 희열이 넘치는 선수의 마음, 경기에서 선수의 마음은 멘탈코치의 도움으로 선수 스스로 균형점을 향한다.

 윤영길

나는 축구선수 출신의 스포츠심리학자인 멘탈코치다. 10대에는 축구선수로, 20대부터는 연구자로, 30대부터는 멘탈코치로, 40대에는 기술위원으로 축구를 만나고 있다. 축구는 세상을 변화시키고, 변화된 세상은 다시 축구를 변화시킨다. 꿈도 희망도 없는 아이가 축구를 하면서 인생에서 처음으로 꿈을 꾼다. 축구선수, 그 꿈이 실현되어 전쟁을 멈추게 한다. 전쟁으로 폐허가 된 마을에서 동네 아이들은 축구를 한다. 축구가 불어넣은 생기는 마을을 일으킨다. 그렇게 축구는 인류에 기여한다. 유로 2012 이탈리아와 영국의 승부차기에서 보았던 피를로의 파넨카킥은 아름다웠고, 1990 월드컵 잉글랜드와 카메룬의 8강 경기는 극적이었다. 축구는 아름다우면서 극적이다.

축구에서 삶을 배우다

선수로 경험한 축구는 힘겨웠다. 시간이 흐르면서 그 어려움은 내가 배워야 할 가치의 습득 과정이었음을 알게 되었다. 힘들어도 포기하지 않는 끈기는 후반전 중반까지 2:0으로 지고 있던 게임을 죽어라 뛰어 2:3으로 뒤집었던 경험 이후에 형성된 심리 자원이다. 함께 뛰다 눈치 보며 쉬고 싶을 때, 그래도 내 자리에서 최선을 다해야 한다고 스스로를 다독인다. 내가 게으름을 피우면 팀과 동료가 힘들어진다는 사실을 어린 시절 경기를 뛰면서 배웠기 때문이다. 배려, 희생, 협력…. 힘겨웠던 축구 선수 생활이었지만, 나는 축구에서 삶을 배웠고 지금도 여전히 배우고 있다. 힘겨웠던 만큼 배웠다.

스포츠심리학을 전공하면서 모든 관심은 축구 선수의 마음에 있었다. 전공 역시 자연스럽게 축구심리학이 되었다. 선수와 지도자 그리고 축구계의 심리적 사건에는 인과관계가 있고 조절 가능하다는 사실을 깨닫게 되기까지는 시간이 필요했다. 초등부터 프로나 대표팀까지 다양한 팀에서 멘탈트레이너나 멘탈코치로 선수들의 마음을 만나 왔다. 2003년 SK축구단 멘탈트레이너를 시작으로 지금까지 분명해진 점이 하나 있다. 선수의 심리적 항상성 유지!

  선수는 심리적 항상성을 위해 심리적 균형을 유지해야 하고, 심리적 균형을 유지하기 위해서는 선수의 심리적 기준점을 파악해야 한다. 심리적 기준점 설정을 위해서는…. 시행착오를 거치면서, 축구를 만날수록 축구에 대한 생각이 변해 간다.

축구 경기력은 어떻게 완성되는가

  축구는 재미없다. 그렇게 많은 사람들이 공 하나를 따라다니며 무엇을 하는지 모르겠다. 모르면 안 보인다. 축구는 해야 알고, 알아야 보인다. 그래서 경기장에 간다. 경기장에 가면 누가 골을 넣는지에 눈이 간다. 그러다 서서히 골을 만드는 과정과 팀의 시스템이 보인다. 득점 없는 경기도 볼거리가 많아진다. 어느 날 경기 시작 10분 무렵 승패가 보인다. 그러나 아직 기뻐하기는 이르다. 심리적 흐름을 읽으면 다음 경기 양상이 보인다. 그래서 빠져들고 새벽까지 기다려 유럽 리그를 보고, 월드컵이나 유로를 보려고 4년을 준비한다.

  축구를 하려면 달리고 힘을 조절하고 몸의 균형을 유지하는 체력은 물론, 드리블이나 킥, 볼 터치처럼 공을 자유롭게 다룰 수 있는 기술을 숙달해야 한다. 여기에 기술을 어떻게 사용할지의 문제인 전술

이해가 필요하다.

예를 들어 공을 패스한 동료에게 다시 패스를 내주는 리턴 패스를 할 때 전술 이해도가 낮으면 매번 공을 패스한 동료에게 리턴한다. 전술적 유연성이 생기면 패스를 준 동료 외에 다른 동료에게 리턴할 수도 있다. 이 정도로는 환영받기 어렵다. 경기에서 동료로 환영받으려면 패스하고 움직이는 동료나 전술적으로 중요한 공간에 있는 다른 동료에게 패스하는 플레이는 물론, 때로는 패스를 하는 척하면서 공을 잡고 돌아서 자신이 직접 공격을 전개할 수도 있어야 한다. 이 정도가 되면 수비 입장에서는 방어가 어려운 공격이고, 동료 입장에서는 2차 움직임으로 더 좋은 기회를 만들어내는 탁월한 동료이다. 경기에서 탁월성을 지속하려면 개인의 기술이나 전술을 지속적으로 작동시키는 노력, 열정, 목표의식, 정신력 등의 심리지능이 필요하다.

그렇다고 축구 경기력이 개인의 재능만으로 완성되는 것은 아니어서 재능이 경기력으로 구현되기 위해서는 지도자, 훈련 환경, 주변인, 성장 경험 등 환경적 촉매가 필요하다. 개인의 체력이나 기술, 전술 이해 등의 재능은 지도자의 신뢰와 열정, 필요한 도움, 적절한 훈련 프로그램이나 환경 등과 반응하면서 강화된다.

뿐만 아니라 가족이나 동료의 지원 또한 선수로 성장하는 데 필요한 환경이다. 특히 경기 경험은 선수로 성장하는 데 꼭 필요한 경기 운영에 필요한 방법을 터득하게 해준다. 우승을 해본 팀이 우승하는 이유는 팀이 가진 자원을 1차전부터 시작해 결승전까지 나누어 쓰는 방법을 알기 때문이다.

축구 경기력은 선수의 내적 자원과 외적 환경의 상호작용만으로 끝

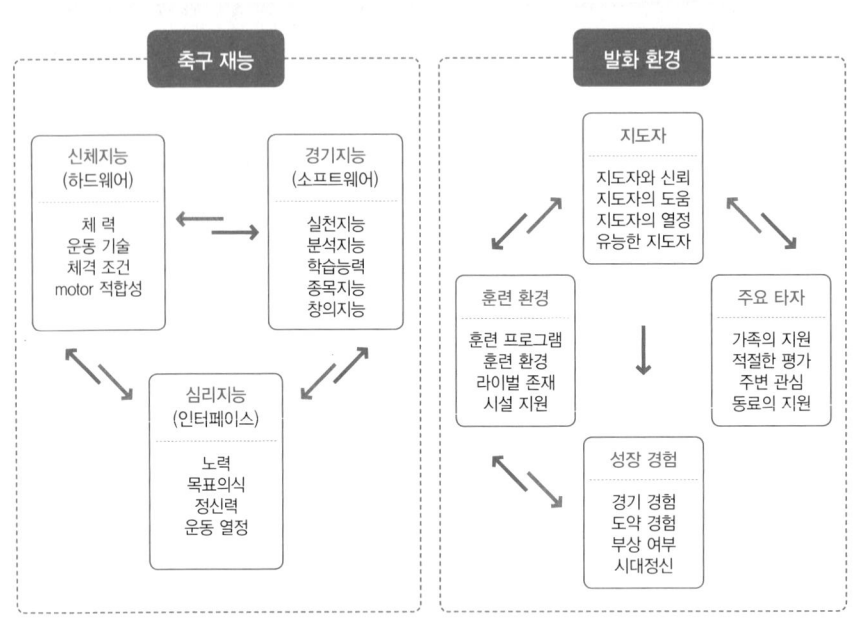

축구 경기력에는 개인의 내적 자원인 축구 재능과 이 재능을 구현시키는 외적 환경의 상호작용은 물론 사회문화적 환경까지 다양한 변수가 영향을 미친다. (윤영길·황보관, 2013)

나는 것이 아니라 여기에 사회문화적 맥락이 연결된다. 1986년 월드컵 마라도나의 '신의 손'을 기억할 것이다. 같은 일이 2010년 월드컵 유럽 예선에서도 일어났다. 아웃되는 공을 손으로 살려 동료에게 연결한 앙리는 이 터치 하나로 그동안 선수로서 쌓은 명성을 모두 잃어버린다. 마라도나는 심지어 월드컵 8강에서 손으로 득점하고 나서 아무 일도 없었는데 말이다.

왜 이런 일이 일어났을까? 미디어 환경의 변화와 정서에 따라 사건에 대한 평가를 달리하는 인간의 특성 때문이다. 인간은 사건을 경험하고 있는 순간의 정서에 따라 사건에 대한 평가를 달리하기 때문에 동일한 사건도 즐거울 때와 화가 나 있을 때의 평가가 다르다. 마라도나의 득점 순간 팬의 흥분은 3분을 넘기지 못한다. 경기가 끝나고 2~3일 후 마라도나가 손으로 공을 터치하고 있는 장면을 보더라도 안정된 정서는 반응하지 않는다.

앙리의 경우는 다르다. 프랑스의 득점 순간 사람들은 흥분한다. 흥분한 상태에서 앙리가 손을 사용해 아웃되는 공을 살려 놓는 장면을 반복해 본다. 흥분과 앙리의 부정한 플레이가 결합된다. 앙리는 흥분의 크기만큼 나쁜 선수다. 이 이미지는 앙리와 합쳐져 흥분이 가라앉더라도 남는다. 앙리는 경기에서 부정한 방법으로 이득을 얻은 정말 나쁜 선수가 되어 버린다.

유로 2012 바르샤바 국립경기장에서 펼쳐지던 카드섹션 'RSPECT'의 기억이 아직도 선연하다. 승리만을 지향하던 축구가 유로 2008을 기점으로 선수 스스로는 물론 동료·상대·심판·지도자·관중 등 축구 생태계 구성원 서로를 존중하라는 가치의 문제로 관심이 확장된다.

지금까지 시합에서 어떻게 할지의 문제를 이야기한 FIFA의 페어플레이와는 다르다. RESPECT는 FIFA의 '페어플레이' 다음의 '가치' 문제다. '플레이'에서 '가치'로 스포츠의 무게중심이 이동하는 현상은 다양하게 관찰된다.

　2012년 런던올림픽 대한민국과 스위스의 조별 라운드 경기에서 스위스의 모르가넬라가 시뮬레이션으로 반칙을 얻고 우리나라 선수가 경고를 받았다. 경기가 끝나고 한국 축구팬들이 모르가넬라 SNS에 비난의 화살을 퍼부었다. 이에 모르가넬라는 감정적인 댓글로 응수했다. 이러한 행위에 스위스 올림픽위원회와 스위스 축구협회는 조별 라운드 경기가 남아 있음에도 불구하고 모르가넬라를 대표팀에서 제외시켰다. 뿐만 아니라 올림픽이 끝난 뒤 스위스 축구협회는 모르가넬라에게 다시 책임을 물었다. 앙리의 손, RESPECT 캠페인, 모르가넬라의 퇴출 모두 유럽 대륙에서 일어나고 있는 변화이다.

　현대 스포츠는 두 개의 엔진으로 움직인다. 유럽은 '가치'로 스포츠의 방향을 결정하고, 미국은 '돈'으로 스포츠의 속도를 결정한다. 미국이 돈을 아무리 투입해도 스포츠는 속도만 빨라질 뿐 방향은 변하지 않는다. 스포츠는 결국 유럽이 정한 방향으로 움직인다. 이미 유럽 축구는 승부에서 가치로 전환했다. 이제 FIFA는 축구의 승패를 넘어 사회적 기여를 이야기한다. 국제축구연맹은 사회적 책임Social Responsibility 프로젝트를 통해 차별철폐, 환경, 국제협력, 페어플레이 등 축구가 변화시키려는 세상을 담고 있다. 이렇게 축구는 세상과 연결되어 있다. 그리고 멘탈코치는 축구와 연결점에 있는 세상을 본다.

유럽축구연맹의 'RESPECT' 캠페인은 축구의 다음 가치를 제시한다.

내게서 출발한 'RESPECT'의 종착점은 나 자신이다.
내가 존중한 상대는 또 다른 상대를 존중하고 결국 누군가 나를 존중하는 과정이 무한 반복될 것이다.
대한축구협회는 2014년부터 'RESPECT' 캠페인을 펼치고 있다.

멘탈코칭의 출발점과 지향점

　우리는 유럽에서 선수 생활을 하고 월드컵에서 인상적인 활약을 펼치는 선수, 좋은 성적을 내고 유명한 제자를 길러 조명을 받는 지도자를 성공한 선수와 지도자라고 생각한다.
　그러나 시간이 흘러 은퇴 후에도 축구장에서처럼 세상을 살아가는 선수와 지도자가 있는 반면, 너무 어려워진 선수와 지도자를 보면서 선수와 지도자의 성공에 대한 생각이 완전히 달라졌다. 얼마 전부터 할아버지, 할머니가 되어 "내 인생에서 가장 잘한 일이 축구를 한 일이다"라고 자신의 삶을 평가하는 선수와 지도자가 성공한 선수이고 지도자라고 생각하게 되었다. 멘탈코칭은 바로 여기서 출발한다.
　축구 멘탈코치는 팀에서 선수들을 대상으로 상담과 경기력 향상을 위한 심리기술훈련, 자아실현 지원을 위한 멘토링을 진행한다. 선수의 일상적 심리 경험은 일상생활은 물론, 훈련이나 경기력에도 영향을 미치기 때문에 멘탈코치는 선수 스스로 직면한 문제를 바로 볼 수 있도록 적절한 상담 기법이나 관계 원칙을 적용해 돕는다. 동시에 경기력에 영향을 미치는 심리 요인의 조절과 관리가 가능하도록 멘탈트레이닝을 진행해 경기력이 향상될 수 있게 심리적 자원을 확충시키는 역할을 한다. 축구 경기에서 불안감 상승, 자신감 하락, 의욕 상실 등의 심리적 위기가 발생하면 전술적 위기가 동반되고, 전술적 위기와 심리적 위기가 상호작용해 증폭되면 심리적 아노미가 발생해 경기력이 급락한다. 선수가 경기에서 심리적 아노미를 경험하면 심리적 안정이 붕괴된 상태로 다음 경기를 시작하게 된다. 이미 불리한 출발인

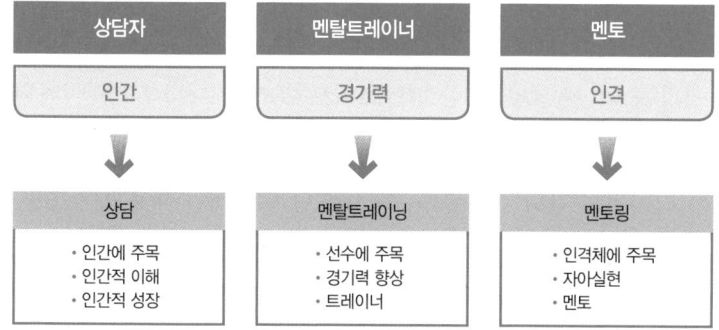

멘탈코칭은 선수의 경기력 향상은 물론 개인적 성장, 자아실현에 관심을 두고 지원하는 과정이다. 멘탈코치에게는 심리적 지식은 물론 선수에 대한 이해, 해당 종목의 전문성이 필요하다(윤영길, 2015).

것이다. 선수가 멘탈트레이닝에 익숙해지면 경기에서 맞게 되는 심리적 위기와 전술적 위기의 악순환에 대응하는 방법을 개발하는 동시에 부정적 경험이 다음 경기까지 이어지는 심리적 관성을 최소화하는 방법을 체득하게 된다.

또한 멘탈코치는 선수 스스로 운동 관련 경험을 일상으로 확장시켜 건강한 사회인으로 성장할 수 있도록 멘토링을 한다. 멘탈코치는 선수들이 성장하는 과정에서 직면하는 문제의 직·간접적 경험자이기 때문에 선수의 경험을 일상으로 확장하도록 지원할 수 있다. 멘탈코칭은 선수의 경기력 향상에 국한되던 지금까지의 관심을 개인적 성장과 자아실현으로 확장했다. 축구팀에서 멘탈코치는 선수는 물론 코치와 감독, 더 나아가 피지컬트레이너, 경기분석관, 재활트레이너 등 팀 구성원의 심리적 항상성 유지를 지원한다.

2015 캐나다 FIFA 여자월드컵 멘탈코칭 이야기

필자는 대한민국 대표팀 멘탈코치로 2015 캐나다 FIFA 여자월드컵을 함께했다. 조별 라운드 마지막 스페인과의 경기에서 후반 역전골이 터지던 순간의 데자뷰! 우리 대표팀과 스페인 대표팀의 조별 라운드 두 경기의 심리적 흐름을 감안한 대한민국과 스페인 경기의 심리적 흐름이 예상대로 전개되고, 선수들에게 이야기했던 그대로 심리적 흐름이 만들어지는 경험은 아주 특별했다.

필자는 축구 선수로 어린 시절을 보내고 대학에서 축구부로 졸업해 대학원에서 축구와 심리학의 접점을 찾으면서 멘탈코치로 팀과 선수의 심리적 항상성 유지 지원을 준비해 왔다. 그리고 2014 AFC 여자아시안컵을 시작으로 2014 인천아시안게임, 2015 FIFA월드컵 대한민국 대표팀의 멘탈코치로 월드컵을 함께했다.

대표팀 선수들은 경기에서 어떤 마음이 들까? 많은 경험을 하고 축구도 잘해서 편안한 마음으로 경기를 하면 좋겠지만 대표 선수나 동호회 선수나 경기를 할 때는 같은 마음이다. 필자는 멘탈코치로 대표팀은 물론, 프로팀·청소년팀과 함께 여러 대회를 경험했다. 프로팀이나 청소년팀의 리그 경기는 긴박감이 덜하지만, 대표팀 경기는 긴박감과 압박감이 상상 이상이다. 여기에 월드컵이라면 다른 대회의 압박감 정도가 아니라 경기장이나 대회 분위기에 압도되는 경험과, 영상이나 사진으로만 봐왔던 세계적인 선수들이 눈앞에서 경기를 뛰고 있는 몽환적 경험까지 더해진다. 선수단이나 관중, 그리고 축구를 보는 모든 이에게 현실 같지 않은 현실이 펼쳐진다.

멘탈코치는 웅장한 대회 분위기나 세계적인 선수들의 플레이가 눈앞에 펼쳐지고 있음에도 불구하고 대회의 감동이나 선수들의 플레이를 즐길 여력이 없다. 상대의 플레이나 경기장 분위기는 물론, 우리 선수들의 행동 하나하나가 퍼즐처럼 경기에서의 심리적 흐름으로 구성되기 때문에 멘탈코치는 선수들에게 집중할 수밖에 없다. 멘탈코치가 팀이나 선수들의 심리적 흐름을 정확히 진단하면 팀이 심리적으로 안정된 상태로 경기를 진행할 수 있지만, 심리적 흐름을 오진했을 때는 팀의 심리적 안정성이 무너져도 회복이 상대적으로 어려워진다.

멘탈코치가 심리적 흐름을 정확히 진단하면 팀과 선수들은 어떤 대응이 가능할까? 2015 FIFA 월드컵 대한민국의 조별 리그 마지막 경기였던 스페인전에서 심리적 흐름에 대한 정확한 진단은 대한민국 대표팀은 물론, 선수 개개인에게도 영향을 미쳤다. 물론 대한민국 경기가 우선 눈에 들어오겠지만, 축구는 구조적으로 한 팀으로는 어떤 이야기도 할 수 없는 종목이다. 개인적으로 청소년팀을 비롯한 프로팀 등에서 멘탈코치로 경험을 쌓으면서 어느 때부터인가 승부나 활약에 대한 평가를 제외하고 사실만을 받아들이게 되었다. 우리 팀의 스코어나 경기 결과보다 선수나 지도자, 관련 스태프의 심리적 흐름이 먼저 눈에 들어온다. 또한 승부는 내가 관심을 가진다고 어떻게 할 수 없음을 잘 알기에 언제부터인가 팀 스태프라면 승부에 초연해져야 한다는 생각을 갖게 되었다. 스포츠를 잘하려면 변수를 단순화해야 하는데, 승부를 추가하면 복잡성만 더해질 뿐이다.

2015년 월드컵 조별 라운드에서 대한민국과 스페인은 서로 경기 결과에 따라 월드컵 16강 진출 여부가 결정되는 벼랑 끝 승부처에서

만났다. 양팀 모두 팀의 전부를 걸었는데, 무엇을 가졌는가를 돌아볼 수 있는 준비에서는 명백히 한국이 승리했다. 필자는 멘탈코치로서 양팀의 심리적 흐름을 눈여겨보았다. 같은 조에 속한 대한민국과 스페인은 조별 라운드에서 브라질과 코스타리카와의 경기를 각각 치른 상황이었다. 대한민국 1무1패, 스페인 1무1패로 승점은 동률이지만 득실에서 스페인이 한 골 앞서 있었다. 브라질과 코스타리카를 대상으로 조별 라운드 1차전과 2차전을 치른 대한민국과 스페인의 심리적 흐름을 복기해 보았다.

경기장에서 진단한 한국과 스페인의 2015 FIFA 월드컵 조별 라운드 2차전까지의 심리적 흐름은 이랬다. 우선 코스타리카, 브라질 순으로 조별 라운드 1·2차전을 치른 스페인을 보자. 스페인은 코스타리카와의 1차전에서 경기를 주도하면서 선취 득점을 하고 득점 직후 실점해 다시 공세를 강화했지만 결국 추가 득점에 실패해 승리를 기대했던 코스타리카에 1:1 무승부로 경기를 마쳤다. 브라질을 만난 2차전 역시 비슷한 양상을 보였다. 경기에서 먼저 실점한 스페인은 실점을 만회하기 위해 후반전 종료 직전까지 필사적으로 공세를 펼쳤으나 결국 득점에 실패해 1:0으로 경기를 마무리했다.

한편 대한민국은 브라질, 코스타리카 순으로 조별 라운드 1·2차전을 치렀다. 월드컵 첫 출전이나 다름없는 브라질과의 경기에서 대한민국은 2:0으로 패했다. 다음 코스타리카와의 경기는 조금 다른 양상을 띠었다. 코스타리카가 선취 득점하고 대한민국이 동점골, 역전골을 성공시켜 승리를 눈앞에 두었으나, 경기 종료 직전 실점으로 2:2 무승부로 끝난다. 코스타리카와의 경기로 대한민국 팀에는 심리적 폭풍이

휘몰아쳤다. 무승부를 기록했지만 승리를 눈앞에 두고 경기 종료 직전 동점골을 내준 대한민국은 심리적으로 붕괴되었다. 역전 이후 상대의 공격을 막고 경기를 굳히려고 그렇게 안간힘을 썼지만 결국 실점하자 경기가 끝난 시점에서, 팀 전체에 무승부 경기를 펼친 무력감과 상실감이 공명을 일으킨 것이다.

이제 월드컵 조별 라운드 3차전의 심리적 흐름을 보자. 스페인과 대한민국의 2차전 심리적 궤적의 종료 지점을 3차전 시작 시점에 겹쳐 놓으면 스페인과 대한민국의 전반전 경기 초반이 그려진다. 2차전이 끝날 무렵, 스페인과 대한민국의 상황은 이랬다. 스페인 팀은 동점골을 위해 파상 공세를 펼치던 상황에서 종료 휘슬이 울렸고, 대한민국은 골을 지키기 위해 수비에 치중하다 후반 종료 직전에 실점을 한다. 후반 종료 지점 스페인의 파상 공세와 대한민국의 수비 치중이 3차전에서 만나면 경기 초반 스페인의 파상 공세와 대한민국의 수비 치중 형국의 관성이 유지될 것으로 보았다.

그렇지만 전반전 후반 스페인과 대한민국이 균형을 유지하고 대한민국이 버티면 후반전 중반 이후 스페인은 무너질 가능성이 컸다. 왜냐하면 스페인은 코스타리카와의 경기에서 동점골을 내주어 승리를 지키지 못했고, 브라질과의 경기에서는 후반 종료까지 동점골을 위해 파상 공격을 펼쳤지만 득점하지 못한 심리적 흐름이 있었기 때문이다. 반면 대한민국은 1차전 브라질과의 후반 경기 내용이 좋았고, 코스타리카와의 경기에서도 선취점을 주고도 후반에 역전시키는 등 후반 페이스가 더 좋았다.

따라서 스페인은 후반전 중반 이후에 심리적 부담이 강해지는 반면,

대한민국은 후반전 중반 이후 심리적으로 상승 흐름을 만든다면 기회가 생길 것으로 판단했다. 결국 예상한 심리적 흐름이 스페인과의 경기에서 전개되면서 대한민국은 2∶1로 역전한다. 월드컵 16강 진출이다!

심리적 항상성 붕괴, 승자의 저주

팀의 심리적 흐름을 읽고 그 흐름을 변화시키기란 쉽지 않다. 원하는 심리적 흐름을 만들다가도 득실점이나 경기 결과가 결부되면 모든 노력은 허사가 되고 만다. 특히 단기간에 진행되는 조별 라운드와 결선 토너먼트 방식을 채택한 대회에서 경기 결과는 심리적 블랙홀이다. 경기 결과가 팀이나 선수의 모든 이슈를 압도한다.

또한 조별 라운드에서 한 경기를 이겼다고 결선에 진출한 상태도 아니고, 졌다고 하더라도 결선 진출에 실패한 상태도 아니다. 그야말로 조별 라운드 세 경기 270분이 모두 끝나야 결과가 결정된다. 경기 결과에 이어지는 심리적 요동을 완충시키기 위해서는 우선 한 경기 90분이 아니라, 세 경기 270분을 생각해야 한다. 조별 라운드는 첫 경기가 끝난 90분, 두 번째 경기가 끝난 180분, 마지막 경기가 끝난 270분으로 구성된 한 경기라 할 수 있다.

2015년 17세 월드컵 대한민국 대표팀을 보자. 브라질-기니-잉글랜드로 이어진 1·2·3차전 조별 라운드는 심리적 흐름을 보면 270분짜리 한 경기이다. 세 경기를 풀어 가는 심리적 흐름은 브라질과는 강한

상승, 기니와는 상승 추세가 약해지고, 마지막 잉글랜드와의 경기에서는 심리적으로 완만한 유지 흐름이 만들어진다. 세 경기를 하나로 보면 심리적으로 하락 흐름에서 16강전을 맞게 된다. 여기에 16강 상대였던 벨기에는 그야말로 3차전 종료 직전에 기적적으로 16강에 합류, 강한 상승세로 조별 라운드를 마감했다. 두 팀이 만나는 흐름은 기세가 다를 수밖에 없다. 경기 초반 벨기에를 피하거나 후반 중반 대한민국이 얻은 페널티킥을 성공시켰다면 아마도 경기 흐름은 달라졌을 것이다.

하지만 페널티킥 실축이 양팀의 심리적 흐름의 방향을 바꿔 놓았다. 벨기에 팀은 안도감 속의 압박감을 느끼고 있었지만 급하지 않았던 반면, 대한민국 선수들은 압박감과 조급함을 느끼고 있었다. 아직 어린 선수들이기 때문에 압박감과 차분함이 필요했는데, 이를 위해서는 준비가 필요했다. 경기 전에 본 가족들의 응원을 담은 영상은 이 팀에게는 독이었다. 사면초가四面楚歌. 이 선수들은 충분히 동기화되어 있고 자발적 성취 동력을 확보하고 있었다. 의도와는 다르게 가족들의 응원 영상은 초나라 병사들을 집으로 돌려보낸 초나라 노래가 되어 버렸다. 이처럼 충분히 동기화된 선수들에게는 정서적 접근보다는 이성적 전략이 필요하다.

대회 준비를 위해서는 팀의 상황과 선수 개개인의 특징을 읽은 심리적 준비가 필요하다. 2015년 17세 월드컵 대한민국의 16강전이었던 벨기에와의 경기를 심리적으로 4등분해 보자. 전반전 초반 시작하면서 벨기에는 앞 경기의 영향을 받아 관성적으로 공격적 플레이를 전개하게 되어 있으므로 기다리면서 역습, 전반전 후반과 후반전 전반은 공방, 나머지 후반전 후반은 이기고 있으면 차분하게 수비를 탄탄히 하고, 비기고 있거나 지고 있으면 차분하게 빌드업을 준비해야 한다.

그렇지만 벨기에는 조별 라운드에서 회생해 강력한 상승세를 보이고 있는 반면, 대한민국은 조별 라운드에서 브라질에 승리하면서 '승자의 저주'에 빠져 경기 전 심리적 균형은 이미 벨기에로 기울어져 있었다. 큰 대회에서 최고의 자리에 오르면 동기가 약화되는 이른바 '승자의 저주'에 빠지게 된다. 실제로 올림픽 금메달리스트가 메달을 획득한 이후엔 올림픽 출전 이전처럼 열심히 운동하기 어려워한다. 승자의 저주에 빠져 열심히 운동했던 과거가 허무해지고, 올림픽 금메달 획득이라는 절대적 목표도 사라지는 동기 함정에 빠지기 때문이다.

멘탈코치는 팀의 심리적 균형을 유지하는 역할을 한다. 심리적 균형

2015 FIFA 17세 월드컵 벨기에와의 16강전. 브라질을 이겨 '승자의 저주'에 빠진 대한민국 대표팀과 선수들은 심리적 균형을 유지하기 어려운 환경에 놓인다(사진 : KFA).

은 팀은 물론, 대회에 참여하는 선수들의 심리적 균형을 유지해 안정적 경기력을 발휘하는 데 필요하다. 한 예로 2015 FIFA 여자월드컵에서 득점을 한 선수가 있었다. 일반적으로 선수가 경기에서 득점을 하면 다음 경기에서 다시 득점을 목표로 경기를 하다가 경기 운영의 균형을 잃는 경우가 발생한다. 득점한 이후 다음 경기가 있는 날 오전에 그 선수를 불러 물었다.

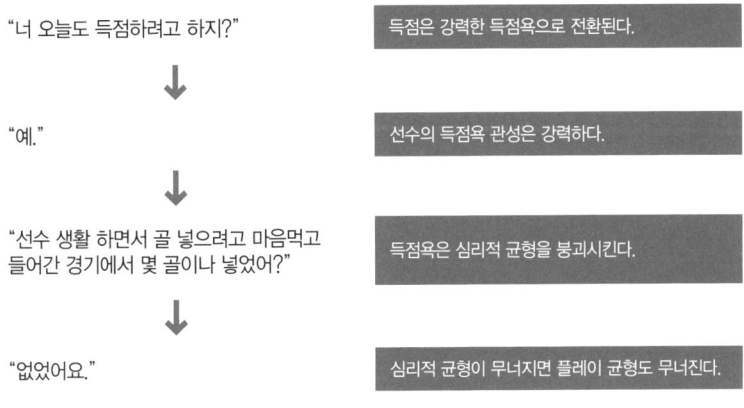

선수의 심리적 균형 유지는 팀의 심리적 균형을 유지하기 위한 전제조건이다.
멘탈코치는 경기에서 팀과 선수들의 심리적 균형을 유지할 수 있도록 돕는다.

골을 넣기 위해 경기에 출전하려는 마음을 먹었다는 자체가 이미 심리적 균형을 잃은 상태이다.

대회를 위한 심리적 준비는 팀에도 해당하지만 선수에게도 해당한다. 멘탈코치는 팀은 물론 선수가 경기에서 심리적 균형을 유지해 안정적인 경기력을 발휘하도록 지원한다.

멘탈코칭은 타이밍이다

　멘탈코치는 선수의 심리적 항상성 유지를 돕는다. 2015 FIFA 여자 월드컵에서 대한민국 대표팀 멘탈코치의 경기 전과 경기 후에 팀의 심리적 균형을 유지하기 위한 'A4 멘탈코칭'은 선수는 물론 지도자, 팀 내의 지원 스태프들까지 모두에게 던지는 메시지였다. A4 용지에는 팀의 심리적 흐름과 상대의 흐름, 그리고 다음 경기에서의 심리적 전략까지가 담겨 있었다. 경기에서 패했을 때 심리적으로 무너지지 않도록, 이겼을 때 들뜨지 않도록 하기 위한 내용과 타이밍이 중요하다.
　멘탈코칭은 타이밍이다. 예를 들어 코스타리카와의 경기 후 "왜 그래? 월드컵 끝났어? 스페인 이기면 조 2위다!"라는 메시지를 호텔 복귀 직후 노출시켜 무승부로 인한 무력감의 잔상을 지우려 했다. 반면 "그래, 아쉬워^^ 그렇지만 도전은 충분히 아름다웠어 2019…"는 경기 다음 날 귀국 준비를 하는 선수들이 숙소에서 볼 수 있도록 해 2019 월드컵 준비를 위한 여운을 남겼다.
　이처럼 선수들에게 메시지를 던지는 타이밍은 메시지의 효과, 특히 월드컵처럼 최고의 대회에서 선수들의 마음을 움직이는 강력한 힘이 있다.
　우리는 내 마음을 알아주는 누군가에게 쉽게 마음을 연다. 멘탈코치가 축구선수 경험이 있으면 대회에 출전한 선수들의 마음을 깊이 이해하기가 수월하다. 멘탈코치가 선수들의 마음을 이해할수록 선수들의 심리적 균형 유지의 유효성은 높아진다.
　사실 월드컵 정도의 큰 대회에서는 선수단 구성이 아주 다양하다.

브라질은 강한 팀이지만
우리는 도전해왔고 **충분히 준비**했다.
유미, 하늘, 도연, 수연, 정미, 세리, 혜영, 유선, 희영, 수란, 서연, 영아,
영글, 금민, 소담, 은미, 선주, 가을, 민경, 설빈, 소현, 소연, 보람이
네가, 우리가 가진 것이면 가능해!

고개 들어
270분 중 90분 지났어

코스타리카는 **우리**보다 급해
천천히 풀어가
서두르지 않아도 기회가 생길거야
우리는 생각보다 **강해져 있어**

왜 그래?
월드컵 끝났어?
스페인 이기면 조 **2위**다!

스페인 마음 급해
그래서 시작하면 서두를 거야
차분하게 기다려, 그리고 악착같이 뛰면
기회가 생길거야
차분하고, **정확**하게, **악착같이**

아직 아니야
16강에서 끝낼 건 아니잖아
차분히 준비해 프랑스

프랑스 균형이 흔들려 세밀함이 떨어질거야
초반에 우리에게 기회가 와
침착하게 만들고
악착같이 서로 돕고 견뎌
우리는 생각보다 강해져 있어
침착하게 밀고, 악착같이 도와

그래, 아쉬워^^
그렇지만 도전은 **충분히 아름다웠어**
2019......

2015 월드컵에서 멘탈코치인 필자가 진행한 'A4 멘탈코칭'의 핵심은 심리적 균형을 유지하기 위한 전략이다. 동시에 경기 전과 경기 후에 선수단이 공유하는 가치이기도 하다.

우선 FIFA 엔트리 23명의 선수와 코칭스태프, 재활트레이너, 피지컬트레이너, 의무트레이너, 경기분석관, 멘탈코치, 팀닥터, 주무 등의 지원스태프는 물론 FIFA와 소통하는 선수단 행정스태프 등 50여 명이 월드컵 기간에 선수단으로 함께한다. 대회 기간 선수단의 분위기는 선수들이 결정하는 것처럼 보이지만 사실은 선수, 코칭스태프, 지원스태프, 행정스태프가 서로 영향을 미치며 함께 만든 결과이다.

멘탈코치는 팀의 심리적 균형 유지를 위해 선수는 물론 코칭스태프, 지원스태프, 행정스태프 모두가 같은 마음을 가지도록 팀의 분위기를 만들어 간다. 경기 결과에 따라 심리적 요동이 있을 때 선수들은 물론 코칭스태프, 지원스태프, 행정스태프 등을 대상으로 심리적 균형

을 유지하기 위한 코칭을 진행한다.

멘탈코치는 보이지 않는 선수단의 마음을 읽고 균형을 잃은 선수단의 구성원들을 지원한다. 리그에 참여하는 팀의 멘탈코칭은 상대적으로 선수의 변화 경향을 장기간에 걸쳐 추적할 수 있어 상대적으로 예측의 정확성이 높다. 그렇지만 월드컵이나 올림픽처럼 단기간에 걸쳐 진행되는 대회의 멘탈코칭은 선수들의 심리를 진단할 수 있는 강력한 심리적 지표들이 나타나기도 하지만, 보편적으로 선수들의 마음을 정확히 보기가 쉽지 않다.

멘탈코치는 축구팀에서 매력적인 역할자이다. 멘탈코치는 경기에 임하는 선수들의 태도를 변화시키기도 하고, 축구를 보는 눈을 바꾸기도 한다. 때로는 삶을 보는 관점을 바꿔 놓기도 한다. 필자가 만난 많은 선수들이 내게 남긴 많은 이야기, 그 이야기는 모두 대회 기간 함께했던 고마움과 편안함이다. 스포츠심리학자가 되겠다고 이야기하는 선수들이 멘탈코치와 함께했던 경험까지를 자신의 멘탈코칭에 담는 날이 오기를 기대한다.

CODE 11. 스포츠 마케팅

FIFA,
당당하게 그러나 치사하게

김영석

SPORTS MARKETING

CODE 11. 스포츠 마케팅

이 장의 코드는 스포츠 마케팅이다. 그동안 FIFA는 자신들이
내걸었던 새로운 스폰서십 후원사 선정 기준인 월드컵 축구와
세계 축구 발전을 위한 후원사의 의지와 노력보다는 그들이
이면에서 변함없이 추구해 왔던 상업적 가치를 중심으로 하여
조직적으로 움직여 왔다. 이는 2005년 당시 전자 부문의
'떠오르는 강자' 삼성과 '물러설 수 없는 자존심' 소니의
FIFA 후원사 참여를 놓고 벌어진 한판 승부에서도 엿볼 수 있다.
마케팅은 스토리story다. 후원사 선정을 둘러싸고 진행되었던
FIFA 마케팅 스토리를 중심으로 스포츠 마케팅의 일면을
들여다보자.

 김영석

대학 졸업 후 삼성그룹(제일기획)에 입사하여 해외시장에서 글로벌 기업
마케팅 플랫폼으로서의 스포츠 비즈니스를 직접 경험했다. 이후 스포츠 경영
이론에 대한 목마름으로 박사학위를 마치고 스포츠 현상 내에 존재하는 여
러 가지 법칙을 발견하고, 스포츠 활동에 유익한 과학적 지식의 획득 및 조
직화된 경쟁 활동으로서의 스포츠와 관련된 모든 과학적 양상을 관찰·기
술·설명·예견하는 연구를 위해 학교와 기업, 정부기관 등 다양한 스포츠
전문 영역에서 활동해 왔다. 현재 포항공과대학교(POSTECH)에서 스포츠
산업 경쟁력을 증명할 새로운 스포츠 IT 융합 기술에 관한 교육과 연구에
매진하고 있다.

'떠오르는 강자' 삼성과
'물러설 수 없는 자존심' 소니의 한판 승부

2005년 4월 6일은 국제축구연맹FIFA이 2007년부터 2014년까지 차기 8년을 위해 새롭게 내놓은 글로벌 기업 대상의 스폰서십 프로그램 중 최상위 등급의 6개 FIFA 파트너사 선정을 하루 앞둔 날이었다. 당시는 전자 부문에서의 FIFA 파트너사로 삼성의 후원 참여가 유력하게 회자 되던 시기였다. 그런데 그날 아침, 필자는 일본 덴츠(株式會社電通, Dentsu Inc.: 일본 최대의 글로벌 광고 마케팅 회사) 사로부터 흘러나온 간접적인 소식을 전해 들었다. "차기 전자 부문 FIFA 공식 후원사는 삼성이 아니라 소니가 유력하다"는 내용이었다. 세계 전자시장에서 '일본의 전통 자존심' 소니가 삼성전자에게 빼앗긴 글로벌 경쟁력을 회복하고자 FIFA 공식 후원사 참여를 강력히 희망하고 있던 시기였기 때문에 전혀 터무니없는 얘기는 아니라고 여겼지만, 삼성의 우세가 점쳐지고 있던 터라 당혹감을 감출 수는 없었다.

일본 덴츠 본사. 자산 규모가 1조 4009억 엔(2013년 3월 기준)에 달하는 일본 최대 글로벌 광고 마케팅 회사다.

실제로 삼성은 2000년 시드니 올림픽을 시작으로 국제올림픽조직위원회 IOC와 함께 무선통신 부문 월드와이드 올림픽 파트너사로서 본격적인 글로벌 마케팅 활동을 통해 당시의 세계적인 전자회사들을 제치고 맹위를 떨치고 있었다. 때문에 글로벌 스포츠 마케팅 업계는 FIFA가 선정하는 새로운 스폰서십 프로그램의 전자 부문 유력한 후보 회사로 삼성을 점치고 있었다.

더구나 삼성이 그동안 올림픽 후원을 통해 보여준 마케팅 역량과 눈부신 경영 성과를 감안한다면 올림픽 공식 파트너사에 이어 FIFA 후원사로 참여 못할 이유가 없었다. 때문에 FIFA 마케팅팀이 은밀히 접촉하던 새로운 스폰서십 프로그램에 참여할 만한 전자 부문 회사 가운데 삼성이 있다는 것은 공공연한 비밀이었다.

사실 1990년대 후반까지만 해도 소니의 대표 히트작 워크맨(카세트 레코더)은 세계시장은 물론 우리나라에서도 청소년 입학과 졸업 선물의 상징이었다. 물론 한국의 삼성·금성사(현 LG전자) 등도 마이마이·아하프리·요요 등의 이름으로 경쟁 상품을 생산하고 있었지만 소니 워크맨의 아성을 넘지는 못했다. 이처럼 소니는 일본에 본사를 둔 다국적 기

업으로서 당시 전자기기 부문의 독보적인 글로벌 회사였다.

그러나 소니는 주력 부문인 전자기기 사업의 경영난을 맞으며 급기야 2005년 3월 7일 이데이 노부유키出井伸之 회장 겸 그룹 최고경영 책임자와 안도 쿠니타케安藤威 사장을 동반 퇴진시키고, 그들을 대신해 CBS

2005년 3월 소니 회장으로 새로 선임된 하워드 스트링거. 미국인 CEO를 맞게 된 소니 직원들은 충격 그 자체였다.

프로듀서 출신의 영국계 미국인 하워드 스트링거Howard Stringer 부회장 겸 소니 미국 법인 사장과 추바치 료지中鉢良治 부사장을 각각 임명했다. 그동안 회사의 경영 실적이 지속적으로 나빠졌고 회복 전망 또한 불투명해지게 된 것이 이데이 회장 체제를 퇴진시킨 주된 이유였다.

CEO 교체에 따른 진통이 불가피했지만 소니그룹의 잠재력을 과소평가하는 이는 아무도 없었다. 게다가 웨일스 출신의 하워드 스트링거가 일본을 상징하는 소니 전체의 CEO로 임명된 것은 소니가 글로벌 기업을 지향하겠다는 강력한 메시지로 받아들여졌다. FIFA 스폰서십 후원 프로그램이 새롭게 등장한 것도 그러한 소니그룹 최고경영진 내부가 크게 변화하는 시점에서였다. 글로벌 시장에서 국면 전환을 모색해야만 했던 소니그룹으로서는 어쩌면 절호의 기회였을지도 모른다.

FIFA는 글로벌 스포츠 마케팅계를 주도해 온 강자답게 이러한 전자 부문의 대표 회사 간 판도 변화를 정확히 분석했다. 그리고 FIFA 스폰서십 후원사 참여 결정을 놓고 전자 부문의 '떠오르는 신흥 강자' 삼성

2006년 FIFA 독일 월드컵 당시 공식 후원 기업

2007년 이후 FIFA 공식 후원사 프로그램은 기존의 15개 회사(위)가 다음 세 가지 범주로 세분화되어 이전에 비해 더 정교해졌다.

2007년 이후 신규 FIFA 공식 후원사 프로그램 (FIFA 홈페이지에 게재된 등급별 월드컵 공식 후원사)

과, '물러설 수 없는 전통 자존심' 소니의 한판 승부를 예측하고 이를 교묘하게 이용하는 고도의 비즈니스 전략을 기획했다. FIFA는 2006년 독일 월드컵까지 참여하는 FIFA 공식 파트너 15개사(Adidas, Budweiser, Avaya, Coca-Cola, Continental, Deutsche Telekom, Emirates, Fujifilm, Gillette, Hyundai, MasterCard, McDonald's, Philips, Toshiba, and Yahoo!)의 후원 계약이 끝나는 것을 감안, 이를 완전히 새롭게 재편하여 2007년부터 2014년까지 8년 동안 후원해 줄 기업을 새로 선정하고자 하였다.

구체적으로 기존의 후원사 등급을 세 가지(FIFA Partners / FIFA World Cup Sponsors / National Supporters)로 세분화하고, 그중에서 최상위 등급 6개사를 FIFA 파트너로 선정, 후원사로서의 독점적 마케팅 권리를 극대화하는 동시에 후원 참여 비용을 대폭 인상한 것이다. 결과적으로 이러한 FIFA의 새로운 스폰서십 비즈니스 전략은 후원사 참여를 희망하는 글로벌 기업들에게 그대로 적중했다.

실제로 FIFA가 차기 2007~2014년까지 새로 선정한 최상위 등급의 FIFA 파트너 6개사를 차례로 살펴보자. '아디다스'와 '코카콜라 컴퍼니'는 빠질래야 빠질 수 없는 글로벌 스포츠 마케팅의 전통 맹주로서 각각 스포츠 의류와 용품, 그리고 식음료업의 대표 주자다. '현대자동차 그룹'은 아시아 기업임에도 유럽의 세계적인 자동차 회사들과 경쟁하여 독점적 참여 권리를 갖고 매 대회마다 축구 마케팅 특수를 톡톡히 누려 왔다. '에미레이트항공'은 중동 지역 최대 항공사로서 지속적인 흑자경영으로 항공업계를 선도하고 있는 아랍에미리트의 공기업 항공사이다.

이들 4개 회사를 자세히 살펴보면 기존의 FIFA 공식 후원 프로그램에 참여해 온 파트너사로서, 다른 동종 기업의 참여를 결코 허용할 수 없는 입장에 놓인 글로벌 기업들임을 알 수 있다. FIFA는 이러한 대상 기업들 간의 이해관계와 내·외부적 기류를 철저히 인지하고 나머지 2개의 파트너사를 찾기 위해 과감하게 그들의 비즈니스 전략을 하나하나 실행에 옮겨 나갔다.

FIFA, 당당하게 그러나 치사하게

이러한 후원사 프로그램의 새로운 판도 변화에 뛰어든 기업이 신용카드 부문 '비자VISA'와 전자 부문 '소니SONY'였다.

먼저 비자를 살펴보자. 비자는 잘 알다시피 신용카드 부문 올림픽 파트너로서 올림픽 마케팅 활동을 통해 세계적으로 널리 알려진 기업이다. 그에 비해 마스터카드는 1990년대 초까지만 해도 비자카드에 비해 브랜드 선호도나 인지도 면에서 뒤지던 기업이다. 이 때문에 마스터카드가 야심차게 검토한 것이 FIFA 후원사 참여였다. 미국 내에서의 경쟁을 딛고 유럽과 아시아 시장에서 우위를 점하고자 FIFA 공식 후원사 참여라는 전략적 선택을 검토한 것이다.

이러한 두 회사 간의 한 치도 물러설 수 없는 경쟁이 전개되는 가운데 오직 FIFA만이 즐거운 비명을 지르며 끝까지 저울질한 끝에 결국 비자를 선정하게 된다.

문제는 전자 부문 후보 회사인 삼성과 소니였다. 2000년대로 접어들어 눈부신 글로벌 성장을 거듭하고 있던 삼성은 이미 올림픽 파트

FIFA 후원사 프로그램의 새로운 판도 변화에 뛰어든 기업은 신용카드 부문 VISA, 전자부문 SONY였다. 비자와 마스터카드, 삼성과 소니는 FIFA의 치밀한 비즈니스 전략과 맞물려 한 치도 물러서지 않는 경쟁을 벌였다.

너사로서 글로벌 마케팅 효과를 톡톡히 누리고 있었던 터라 FIFA 월드컵이라는 또 하나의 거대한 글로벌 스포츠 마케팅 플랫폼을 갖는다는 것은 중대한 결정이었다. 이에 삼성은 글로벌 시장의 미래 판도 변화에 대비하려는 전략과 기획력을 바탕으로 그룹 내 전문가 중심의 T/F팀을 꾸려 글로벌 스포츠 마케팅 시장 상황을 면밀히 분석하는 한편, FIFA가 제시한 새로운 파트너십 프로그램 참여를 적극 검토한 것으로 알려졌다. 그 배경에는 당연히 FIFA 마케팅 팀의 비즈니스 전략에 기반한 줄기찬 설득 작업이 주효했을 것이다.

아마도 FIFA는 마지막 남은 전자 부문 후원사 선정을 놓고 자신들의 이익을 극대화하기 위해 어떠한 전략적 선택을 해야 할지 깊은 고민에 빠졌을 것이다. 글로벌 시장의 신흥 강자 삼성이냐, 아니면 결코 무시할 수 없는 일본의 전통 자존심 소니그룹이냐.

결국 FIFA는 그들이 대외적 명분으로 내걸었던 새로운 스폰서십 후원사 선정 기준인 월드컵 축구와 세계 축구 발전을 위한 후원사의 의지와 노력 점수 평가보다는 FIFA가 그동안 이면에서 변함없이 추구해

왔던 상업적 가치에만 오로지 집중하여 움직였다. 즉, 삼성과 소니 중 누가 더 세계 축구 발전에 적합한 후원사인가보다는, 누가 FIFA에 더 많은 후원금을 내놓을 수 있는가에 초점을 맞추는 쪽으로 가닥을 잡은 듯했다. 결과적으로 삼성과 소니는 FIFA가 쳐놓은 비즈니스 전략의 덫에 걸리고 말았다.

늘 그렇듯이 삼성의 후원사 참여 검토는 치밀했다. 월드컵 축구의 마케팅적 효과에 대한 전방위적 검토는 물론, 그룹 내 추진되고 있는 모든 스포츠 프로퍼티(올림픽 등)와 비교하여 새로운 FIFA 후원사로서의 마케팅 플랫폼 전략을 수립하는 등 삼성 특유의 철저한 기획력과 분석력을 바탕으로 후원 참여 여부를 검토해 나갔다. 그리고 마침내 삼성은 기존의 올림픽 후원사 참여와 더불어 FIFA 후원사 참여도 함께 가능하다는 결론을 내렸다는 후문이다.

한편 2005년 3월, 소니그룹은 1946년 창사 이래 처음으로 CEO 자리에 영국계 미국인 하워드 스트링거를 선임하고 일본 기업문화의 혁신과 함께 소니그룹의 글로벌화를 새롭게 지향함으로써 위기에 빠진 일본의 자존심 소니를 구하고자 했다. 그리고 때마침 소니그룹을 새로 이끌게 된 의욕 넘치는 신임 CEO 하워드 스트링거에게는 글로벌 마케팅 시장에서의 흥행 보증수표라 할 수 있는, FIFA가 새롭게 제안한 글로벌 스폰서십이 매우 매력적으로 다가왔을 것이다.

이러한 배경 아래 FIFA 마케팅 팀의 발걸음은 급속도로 빨라졌다. FIFA는 철저한 보안 속에 한국과 일본을 비밀리에 오가며 두 기업을 대상으로 후원 참여 의사를 타진했다. FIFA는 세계 전자 시장에서 눈부신 글로벌 성장세를 거듭하고 있던 이른바 잘나가는 삼성을 상대로

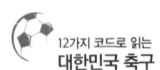

2005년 4월, 소니가 모두의 예상을 깨고 삼성을 제치고 2007-2014 FIFA 공식 후원사로 선정되었다.

후원사 참여 결정을 곧 이끌어낼 것 같은 온갖 시늉을 해보였다. 당시 국제 스포츠계에서는 삼성과 FIFA가 새로운 후원사 참여에 관한 상호 업무협약서non-binding agreement를 체결했다는 소문과 함께, 통상적으로 아무런 법적 효력도 없는 협약서 덕택에 누군가가 의도적으로 퍼트렸을지도 모르는 그럴듯한 소문, 즉 삼성의 FIFA 파트너사 참여가 결정적이라는 추측성 이야기가 난무했다.

    그러자 글로벌 시장에서의 국면 전환 계기로 삼으려 했던 소니 입장에서는 FIFA와 삼성의 이러한 긴밀한 거래가 매우 위협적으로 다가왔을 것이다. 그로 인해 당시 경영난을 타개할 방도를 찾던 소니가 FIFA의 교묘한 저울질에 휘말려 당초 예상보다 무리한 후원 금액을 제시했던 것으로 보인다. 물론 FIFA는 이미 삼성에게 더 많은 후원 금액 요구를 관철시키기가 어려울 것이라는 예상도 충분히 했을 것이다.

2005년 4월 7일, FIFA는 결국 소니그룹과 계약금 3억 500만 달러 (약 3천억 원)에 달하는 거액의 글로벌 스폰서십 계약을 체결했다고 밝혔다. 이유야 어찌되었건 간에 한때 FIFA 후원 참여를 적극적으로 검토했던 삼성으로서는 적잖이 당혹스러운 일이었을 것이고, 반면 소니로서는 울며 겨자 먹기 식 참여였을 것이다. 겉으로는 당당하게, 그러나 실제로는 치사한 FIFA의 덫에 아시아의 두 맹주가 보기 좋게 걸려든 셈이다.

FIFA, 교만은 패망의 선봉이요 거만은 넘어짐의 앞잡이라

전자 부문 FIFA 공식 후원사 선정이 발표되기 하루 전(2005년 4월 6일, 한국 시간), 삼성의 우세가 예상되고 있던 가운데 일본 덴츠사로부터 흘러나온 뜻밖의 이야기를 들었다. "과연 한국의 삼성이 FIFA 후원사 참여가 확실하냐", "이미 한국에는 현대자동차그룹이 FIFA 후원사로 참여하고 있는데 FIFA가 전 세계 6개뿐인 최상위 파트너사를 둘씩이나 한국에 줄 수 있다고 생각하느냐", "혹시 한국의 현대자동차그룹 관계자들(현대자동차는 기존 FIFA 공식 스폰서로서 FIFA와의 유대 관계를 돈독히 해오고 있다)로부터 FIFA 내부 상황이나 분위기를 전해 들은 것은 없느냐", "소니의 신임 CEO인 하워드 스트링거 회장이 영국 옥스퍼드 대학 출신으로 엘리자베스 2세 여왕으로부터 기사 작위를 받은 사람이라 유럽 FIFA 내부에 상당한 인맥이 있다는 소문을 들은 적이 있느냐" 등…….

사실 여부를 떠나 FIFA 공식 후원사 선정을 놓고 끝까지 경합에 나

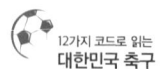

FIFA 주앙 아베란제 전 회장과 블래터 회장이 뭔가 비밀스런 대화를 나누고 있다.

섰던 삼성이 왜 이 같은 단순한 질문들로부터 좀 더 신중하지 못했는지 분명히 되짚어 볼 필요가 있다. 당시 글로벌 성장 모멘텀을 타고 너무도 잘나가던 삼성이 내부적 환경 분석에만 지나치게 몰입했던 것은 아닐까? 어쩌면 사전에 충분히 전제하고 검토할 수도 있었을 이 같은 외부 변수들을 너무도 쉽게 간과했던 것은 아닐까? 어쩌면 처음부터 FIFA는 소니그룹을 염두에 두고 삼성을 들러리로 내세워 이 같은 일을 벌인 것은 아니었을까?

결과론적으로 그로부터 10여 년이 지난 지금, 당시의 FIFA 선택이나 소니의 선택은 분명 잘못된 결정이었다고 단언할 수 있다. 상업주의적 가치에 매몰되어 한 푼이라도 더 받아 챙기겠다는 FIFA의 오만한 상술과 그들의 덫에 걸린 소니의 무리한 8년 후원 계약은 결국 오늘날 서로 결별하게 되는 무참한 결과를 초래하였다.

현재 FIFA는 차기 후원사 신규 계약을 앞두고 또 한 번 전환점을 맞고 있는 듯하다. 그동안 FIFA는 집행부의 끊임없는 부패 스캔들과 후

2015년 7월, 부패와 비리 의혹에 돈다발 세례를 받은 블래터 FIFA 회장이 곤혹스런 표정을 짓고 있다.

FIFA에 대한 전 세계 축구계 비판의 목소리가 드높다.

원사들의 계약 연장 중단으로 위기를 맞고 있다. FIFA는 1998년부터 장기집권 체제로 회장직을 이어가고 있는 제프 블래터 회장과 7명의 부회장이 월드컵을 비롯한 전 세계의 각종 국제 축구대회를 운영해 왔다. 그리고 그들의 철저한 비공개주의적 경영 철학은 그간 수많은 부패 스캔들과 추문으로 이어졌다. 매회 월드컵 개최지 선정과 중계권 사업, 그리고 공식 후원사 선정에서 절대적 영향력을 행사해 온 블래터 회장과 내부 반대 세력들 간의 권력다툼은 세계 축구팬들에게 지긋지긋한 뉴스거리가 되어 버린 지 오래다.

최근에는 2018 러시아 월드컵과 2022년 카타르 월드컵 개최지 선정 과정에서 뇌물 등이 오간 혐의로 블래터 회장의 측근 7명이 스위스 검찰에 체포되었다. 그럼에도 불구하고 2015년 5월 29일, 스위스 취리히에서 치러진 차기 FIFA 회장 선거에서 블래터 회장은 여유 있게 5선에 성공했다.

그러나 FIFA 내부 반대파의 불신이 극에 달하고 여기저기서 "이제는 블래터 회장의 시대를 끝내야 한다"는 목소리가 터져 나오면서, 급기야 당선 나흘 만에 사퇴하기에 이르렀다. 마침내 블래터 회장의 17년 장기집권 체제의 막이 내리게 된 것이다.

이러한 FIFA 내부의 심각한 갈등과 부패 양상은 축구 상업화에 대한 신랄한 비판과 더불어 후원사 이탈 양상으로 옮겨가고 있다. 최상위 등급의 FIFA 파트너사 6개 중 소니그룹과 아랍에미레이트항공이 후원 철회를 선언한 데 이어, 월드컵 후원사에서 존슨앤드존슨, 캐스트롤, 컨티넨탈 등이 이탈하면서 현재 FIFA가 입은 손실만 수조 원에 이를 전망이다.

이에 대해 FIFA는 "후원 철회는 월드컵 스폰서십 참여에서 흔히 있을 수 있는 일"이라며 계약 종료에 대해 별다른 의미를 부여하지 않고 있다. 하지만 한 해에 1000억 원이 넘는 후원 비용을 댈 수 있는 새로운 후원사를 찾기란 결코 쉽지 않은 일이다.

이 같은 상황에서 삼성전자가 소니를 대신하여 FIFA가 주관하는 월드컵 공식 후원사 자리를 차지할 것이라는 전망이 스포츠업계 일각에서 흘러나오고 있다. FIFA가 전자 부문 파트너사인 소니가 이탈하자, 2005년에 이어 다시 꺼내든 카드가 삼성인 것이다.

그러나 삼성은 2005년과 달리 이제는 FIFA가 처해 있는 부정적 이미지 환경은 물론, 후원에 따른 실익이 크지 않다는 분석이 잇따르고 있어 후원사 참여 여부를 신중하게 바라보는 입장이다.

삼성전자가 어떠한 선택을 할지는 아무도 알 수 없다. 그러나 한 가지 확실한 것은 2005년 상황과 달리 소니에 맞서 FIFA 후원 경쟁을 벌였던 10년 전과 비교해 볼 때 삼성전자 위상이 FIFA 후원에 큰 비중을 둘 필요가 없을 정도로 성장했다는 것이다.

삼성은 2005년 FIFA 후원 참여가 결렬되고 난 뒤 마케팅 전략을 발 빠르게 재정비한 후 유럽 시장 공략을 목표로 잉글리시 프리미어리그 EPL 첼시 후원을 성사시켰다. 그 후 삼성은 첼시 후원의 축구 마케팅을 통해 유럽 시장 인지도를 상당 부분 높였다는 평가를 받았다. 지난해를 끝으로 삼성이 첼시 후원 계약을 종료한 것도 이 같은 맥락에서 볼 수 있다.

오늘날 소니의 FIFA 파트너사 이탈 이후 삼성전자가 차기 FIFA 파트너로 다시 이름이 오르내리고 있지만, 이제 급해진 쪽은 삼성이 아닌

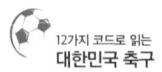

FIFA이다. 그리고 지금의 얼룩진 FIFA가 과연 삼성을 상대로 이를 성사시킬 수 있을까?

FIFA, "For the Game, For the World!"

FIFA는 1904년 설립된 이후 6대 회장인 스탠리 라우스(영국, 축구 규칙 체계화) 시절까지만 해도 순수성과 공정성을 유지한 국제 스포츠 기구였다. 그러나 7대 회장인 주앙 아벨란제(브라질, 비유럽국 최초의 회장)가 취임하면서 달라지기 시작됐다.

아벨란제 회장은 취임 직후 코카콜라와 아디다스 등 다국적 기업을 공식 후원사로 유치해 자금을 확충하는 한편, 각국에 전파되는 방송 중계권료와 마케팅 사업권을 내세워 막대한 재원을 마련했다. 이후 공식 후원사들의 스폰서 금액과 TV 중계권료, 마케팅 사용료는 FIFA의 핵심 수익원이 되었다. 그는 다소 보수적이었던 FIFA를 보다 능동적인 조직으로 탈바꿈시켰다. 스위스 취리히의 작은 건물에서 12명의 직원이 일하던 FIFA를 그 열 배가 넘는 조직으로 확장시켰고, 보다 많은 수익을 얻는 기관으로 발전시켰다. 이러한 그의 FIFA 상업화 노력에 대해서 비판의 목소리도 있었지만, FIFA의 조직 안정성은 결과적으로 산하 연맹들과 회원국들에게 이익이 되었다. 그 덕분에 아벨란제 회장은 1998년까지 무려 24년 동안이나 장기집권을 할 수 있었다.

그 뒤를 이어 1998년 6월 8일 스위스 출신의 제프 블래터가 새로운 회장에 취임하여 오늘날에 이르고 있다. 그러나 제프 블래터 회장 체제는 이미 많은 축구 관계자들로부터 FIFA가 지나치게 상업성을 추구하고 내부 조직 또한 폐쇄적이고 불투명한 탓에 부정부패에 더욱 취약해졌다는 평가를 받고 있다. 이를 두고 일각에서는 FIFA를 거대 자본주의 마피아 조직이라고까지 비유하기도 한다. 대회 개최국 선정, 경기장 광고판 설치, 대회 출전국 확대, 후원사 선정 등 조직 운영 전반에서 철저히 돈의 논리만을 따르고 있다는 것이다.

특히 지난 2014 브라질 월드컵은 기대와는 달리 완전히 흥행에 실패하여 FIFA 월드컵이 이제 더 이상 흥행 보증수표가 아님을 보여주었다. 한마디로 FIFA를 바라보는 세계 축구팬들의 시선이 과거와는 확연히 달라진 것이다. 많은 축구인들은 월드컵이 전 세계인이 즐기는 국제 스포츠 축제인 만큼 상업적 논리가 아닌 건전한 스포츠맨십을 배울 수 있는 토대가 되길 바라고 있다.

이제 FIFA는 세계인들을 향해 외쳐 온 "For the Game, For the World!"의 기본 정신으로 돌아가 그 자부심과 명성을 다시 회복해야 할 때다. 월드컵 축구 경기만큼 지구촌을 떠들썩하게 만들고 세계인

2007년 축구의 사회적 책임을 강조한 새 앰블럼.

을 한자리에 모아 남녀노소 할 것 없이 가슴을 설레게 하는 스포츠 경기가 또 있을까.

이제 차기 FIFA 집행부는 자본주의와 상업주의의 논리에 매몰된 FIFA의 본모습을 냉정히 바라보고 FIFA 내부는 물론, FIFA를 바라보는 세계 축구팬들의 꿈과 희망의 회복이라는 시대적 과제를 떠안아야 한다.

서울 시내 어느 유명한 칼국수집 입구 간판에서 읽은 글귀다.

"손님이 짜다면 짜다."

아주 기본적인 말이지만 마케팅의 핵심이 '소비자'임을 보여주는 촌철살인의 표현이다. FIFA는 올해 2월 26일 열리는 특별총회 의제를 발표하면서 차기 회장 선출과 함께, 그간 부패의 온상이 되어 온 집행위원회를 해체하고 권한을 대폭 축소한 협의회를 새로이 출범시키기로 했다고 한다. 이번 총회에서 차기 회장과 새 집행부 구성이 모두 완료되면 대한축구협회가 이들을 서울로 한 번 초대해서 칼국수 한 그릇씩 대접하면 어떨까. "축구팬들이 짜다고 하면 짜다"고 하면서 말이다.

CODE 12. 가치

당신은 결코 혼자 걷지 않으리라

You Will Never Walk Alone

정 기 동

VALUE
CODE 12. 가치

축구는 한 개인에게는 주중의 스트레스를 견뎌내게 하는
한 주일의 하이라이트이기도 하고, 평생을 축구에 바친
감독에게는 삶의 방식이기도 하다. 또한 축구는 그 공동체의
집단 정서와 문화의 응집체로, 그들의 역사와 문화를
들여다볼 수 있는 또 다른 창이다. 아울러 경기에 대한 열정,
열정을 구현해 내는 힘과 기량, 팀과 동료에 대한 헌신,
팬과 선수의 공감과 연대, 상대방에 대한 존중이야말로
우리가 축구 경기에서 늘 보고 있고 또 보기를 원하는 모습이
아닐까. 이번 장에서는 축구가 우리 삶에 어떤 가치를
주고 있는지를 알아보자.

 정기동

변호사도 뒤늦게 시작했지만 축구의 불도 뒤늦게 붙었다. 소싯적에야 남 못지
않게 공을 갖고 놀았고 커서도 스포츠에 대한 관심은 평균치를 넘었지만,
사십 중반이 되어 축구를 읽기 시작하면서부터 본격적으로 축구에 빠졌다.
운동장에서 뛰고 경기를 보고 책까지 읽어야 축구 생활이 완성된다는 축구
삼위일체론자이며, 동네축구팀 이우FC의 심판위원장과 감독을 지낸 중경
말축(中耕末蹴 : 주중에 밭을 갈고 주말에 축구를 하다)의 실천자이다. 축구
에 대한 나의 궁극적 관심은, 법에서와 마찬가지로, 축구가 인간의 존엄성
을 지키는 데 무엇을 할 것인가에 있다.

나는 축구를 좋아한다

축구는 나의 제일의 여가생활이다. 토요일 오후가 되면 삼복더위이건 엄동설한이건 일이 밀려 있지 않는 한 운동장으로 나가 공을 찬다. 이른바 '동네축구' 선수다. 그리고 주말 밤에는 잉글랜드 프리미어리그의 아스널 FC의 열렬한 팬으로 그 중계방송을 놓치지 않는다. K리그 FC 서울의 경기를 보러 상암월드컵경기장을 일 년에 열 번은 찾는다. 또한 축구에 관한 글을 읽는다. 축구의 역사와 철학, 축구와 사회정치의 관계, 삶과 축구의 문제는 책을 읽으며 생각하고 현재의 토픽은 골닷컴, 인디펜던트, 가디언 같은 웹사이트에서 읽는다. 축구를 하고 보고 읽다, 나의 축구 삼위일체론이다.

나는 왜 축구를 좋아하는가? 첫째, 축구는 원시적이다. 넓은 경기장에서 작은 공 하나를 두고 22명이 짐승처럼 뛰고 달린다. 먼 옛날 사슴 한 마리를 잡기 위해 함께 벌판을 달리던 수렵 시대 인간의 모습이 연상된다. 경기 규칙은 단순하고도 직관적이다. 인위적이거나 기교적인 장치가 없다. 서로 협력하며 열심히 뛰어 상대방 골대 안으로 공을 많이 넣으면 이긴다.

둘째는 역동성이다. 천재 감독의 창의적 공격론과 과학적 수비론을 구현하는 것은 오로지 내 몸의 힘과 스피드, 지구력과 유연성뿐이다. 상대방과 치고받지 않을 뿐 몸과 몸이 격렬히 부딪친다. 오직 맨몸만이 무기다. 축구선수의 잘 단련된 몸은 이 역동적 경기의 구현체다.

셋째, 폭발력이다. 그 정점에 골이 있다. 야구·농구·배구를 비롯한 모든 스포츠를 통틀어 단 한 점이 갖는 폭발력을 축구에 견줄 수 있는 것은 단언컨대 없다. 90분 동안 단 한 골밖에 들어가지 않은 1:0의 경기가 전혀 지겹지 않은 것은 그 한 골을 기다리는 터질 듯한 긴장이 있기 때문이다.

마지막으로 축구는 비장하다. 승자의 환호도 마찬가지지만 패자의 비장한 눈물은 축구를 더욱 아름답게 한다. 더구나 120분간 모든 것을 바치고도 승부가 가려지지 않을 때 비로소 시작되는, 누군가의 성공으로 승리하는 것이 아니라 누군가의 실패로 승부가 갈리는 승부차기의 잔혹한 비장미는 빼놓을 수 없는 축구의 미학이다.

그렇다. 축구는 단순하고 직관적인 원시성을 유지하면서도 어느 스포츠보다 역동적이고, 그 힘이 모여 단숨에 화산처럼 폭발하는 격정의 스포츠이면서도 비장한 슬픔이 준비되어 있다.

이러한 축구는 세계에서 가장 인기 있는 스포츠다. 19세기 후반 근대 축구가 성립된 이래 가히 빛의 속도로 전 세계를 점령하여 지구와 인류를 대표하는 스포츠로 자리 잡았다. 4년마다 열리는 월드컵의 열기

가 이를 잘 보여준다. 그뿐 아니라 전 세계의 축구팬들은 자신이 응원하는 클럽과 매 시즌 매 경기 희로애락을 함께한다.

그렇다면 이 축구는 우리에게 무엇인가. 열광과 좌절의 대상을 넘어 우리 삶에 어떤 가치를 가질 수 있을까. 이 글은 그에 대한 답을 찾아가는 과정이다. 세계에서 축구가 가장 있기 있는 나라 중 하나이자 축구의 원산지인 영국에서 이야기를 시작해 보자.

"우리 마음속에서 당신은 죽은 사람이다"

우리는 그를 정말 증오한다. 왜냐하면 그를 정말 사랑했기 때문이다.
We hate him so much, because we loved him so much.

한때는 블루였으나 지금은 레드. 우리 마음속에서 당신은 죽은 사람이다.
Once a blue, now a red. In our hearts you are dead.

둘 다 지금은 잉글랜드 프리미어 리그의 맨체스터 유나이티드 소속인 웨인 루니에 관한 얘기다. 루니는 원래 파란색 유니폼의 고향 팀 에버턴 FC의 유스 클럽에서 축구를 시작한 에버턴 혈통의 선수다. 2002년 열여섯 살에 에버턴에서 프로무대에 데뷔한 루니는 파란색 유니폼을 입고 골을 넣은 뒤 "한번 블루는 영원한 블루Once a blue, Always a blue"라 적힌 언더웨어를 드러내며 에버턴에 대한 영원한 충성을 다짐하는 골 세리모니를 하였다.

뼛속까지 파란 피가 흐른다고 믿었던 루니가 맨유로 이적한 뒤, 에버턴 홈구장을 찾았을 때 에버턴 팬들이 내걸었던 구호.

그러나 에버턴 유스 출신으로 뼛속까지 파란 피가 흐른다고 믿었던 루니는 2004년 여름 에버턴을 떠나 맨유로 이적한다(물론 루니는 맨유로 이적한 뒤에도 에버턴의 경기를 빠짐없이 챙겨 보는 에버턴의 팬이며, 지금도 에버턴 원정 경기에서는 골을 넣은 뒤에 세리머니를 하지 않음으로써 팬으로서, 또 선수로서 고향의 원 소속팀에 대한 존경심을 드러내고 있다).

앞의 말들은 루니가 맨유로 이적한 뒤, 파란색이 아닌 빨간색 맨유 유니폼을 입은 원정팀으로 에버턴의 홈구장을 찾았을 때 에버턴 팬들이 내걸었던 구호들이다. 에버턴의 미래라고 믿고 그토록 사랑했던 루니가, 잉글랜드 최고 클럽의 빨간색 유니폼을 입은 모습을 바라보는 에버턴 팬들의 심정은 비통함 그 자체였을 것이다.

그들의 애증을 이보다 더 간결하게 표현할 수는 없을 것이다.* 과장된 표현이라고 생각할 수도 있으나 이들에게 축구는 사랑과 증오, 나아가 삶과 죽음의 문제인지도 모른다.

---

* "너무나 사랑했기에 너무나 증오한다" 이 표현의 저작권은 FC 바르셀로나의 팬들에게 있다고 할 수 있다. 5년간 바르셀로나에서 뛰며 두 차례 리그 우승을 이루어낸 팀의 핵심이었던 루이스 피구가 2002년 숙적 레알 마드리드로 이적한 뒤 원정 팀으로 바르셀로나를 찾았을 때 바르셀로나 팬들이 내걸었던 구호이다. 피구가 코너킥을 차려고 코너 플래그로 오자, 온갖 잡동사니가 날아들고 심지어 돼지머리까지 날아들었다.

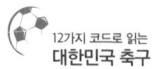

축구팬은 이혼은 가능하지만 재혼은 불가능하다

한 축구팬의 이야기를 직접 들어 보자. 잉글랜드 축구 클럽 아스널의 열렬한 팬인 닉 혼비*는 그의 책 『피버 피치』에서 이렇게 말한다.

"나는 적어도 축구에 있어서 충성심이라는 것은, 용기나 친절 같은 도덕적 선택이 아님을 알게 되었다. 그것은 사마귀나 혹처럼 일단 생겨나면 떼어낼 수 없는 것이었다. 결혼도 그 정도로 융통성 없는 관계는 아니다. 바람을 피듯이 잠깐 토튼햄**을 기웃거리는 아스널 팬은 단 한 사람도 없다. 축구팬에게도 이혼이 가능하기는 하지만(사태가 너무 심해지면 경기장에 가는 것을 그만둘 수는 있다) 재혼은 불가능하다. 지난 23년 동안 아스널로부터 도망칠 궁리를 했던 적도 많았지만, 그럴 방법은 전혀 없었다. 창피스럽게 패배할 때마다 인내와 용기와 자제심을 총동원하여 참아내는 수밖에 없었다. 달리 할 수 있은 일은 아무것도 없다."

"겉보기와는 반대로, 팬이 된다는 것은 대리만족이 아니며, 구경을 하느니 직접 축구를 하겠다는 사람들은 핵심을 제대로 파악하지 못한 것이다. 축구를 보는 것은 결코 수동적인 활동이 아니며, 실제로 뛰는 것과

---

* 한국에서도 개봉된 영화 〈어바웃 어 보이〉 원작 소설의 작가이다. 1957년생인 그는 열한 살 때 아스널의 경기를 처음 보고 팬이 된 이래 지금까지 줄곧 아스널의 팬이다. 그가 쓴 『피버 피치』(문학사상사)도 콜린 퍼스 주연으로 영화로 만들어졌다. '피버 피치Fever Pitch'는 '불타는 그라운드'쯤으로 이해할 수 있을 것이다. 두 인용문은 이 책 56~57쪽과 264~265쪽.

** 토트넘 홋스퍼 : 아스널과 함께 북런던에 연고를 둔 축구클럽으로 아스널과 강력한 라이벌 관계에 있다. 양 팀 모두 상대 팀을 반드시 이겨야 하는 최대의 라이벌로 생각하고 있다. 이 두 팀의 경기는 북런던 더비로 불린다.

마찬가지다. … 우리가 느끼는 기쁨은 선수들이 느끼는 기쁨에서 뭔가 함량이 빠진 것이 아니다. … 우리가 느끼는 기쁨은 남의 행운을 축하해 주는 것이 아니라, 우리의 행운을 자축하는 것이다. 재난에 가까운 패배를 겪고 났을 때 우리를 집어삼키는 슬픔은 실은 자기연민이며, 축구가 소비되는 방식을 알고 싶은 사람이라면 무엇보다도 이 사실을 깨달아야 할 것이다. 선수들은 우리의 대리인이다."

한마디로 선수는 축구를 하면서 돈을 버는 사람이지만 팬은 자기 돈을 쓰면서 축구를 보는 사람이다. 축구와 클럽에 대한 충성심과 그로부터 받는 기쁨과 슬픔이 어찌 축구 선수에 비해 못하다고 할 수 있으랴. 닉 혼비는 유명인이기는 하지만 결코 그리 특별한 팬은 아니다. 주말이면 축구를 보기 위해 빠짐없이 경기장이나 TV를 찾는 수많은 팬들과 크게 다를 바가 없다. 그들이나 닉 혼비나 주말 경기를 기다리며 한 주일을 견뎌낸다는 점에서 말이다. 그들에게 축구는 희로애락으로 점철된 삶이다.

모두를 위해 뛰고 모두가 성과를 나눠 갖다

이제 축구를 직업으로 삼은 한 감독의 이야기를 들어 볼 차례다. 1959년부터 1974년까지 리버풀 FC의 감독이었던 빌 샹클리Bill Shankly는 이렇게 말했다. 그는 현재의 리버풀이 있도록 초석을 놓은 감독으로, 팬과 클럽으로부터 리버풀의 전설로 추앙받는 인물이다.

사람들은 축구가 삶과 죽음의 문제라고 믿고 있지만 나는 이런 태도가 정말 실망스럽다. 단언컨대 축구는 그보다 훨씬, 훨씬 더 중요하다.
People believe football is a matter of life or death. I'm very disappointed with this attitude. I can assure you that it's much, much more important than that.

물론 이 말은 약간의 조크이기도 하지만 축구의 이상을 실현하는 데 모든 것을 바친 사람의 진지한 고백이기도 하다. 그는 또 1960년대와 1970년대에 노동당 당수로서 영국 총리를 지낸 해럴드 윌슨과의 대담에서 축구에 관한 그의 신념을 이렇게 밝혔다.

내가 믿는 사회주의는 모든 사람이 모두를 위해 일하고, 모든 사람이 그 성과를 나눠 갖는 것이다. 그것이 내가 축구를 이해하는 방식이고 삶을 이해하는 방식이다.
The socialism I believe in is everyone working for each other, everyone having a share of the rewards. It's the way I see football, the way I see life.

아마도 그가 생각하는 사회주의는 정치노선이라기보다는 생활양식에 가까울 것이다. 그렇다면 축구는 확실히 사회주의적이다. 지금도 "우리는 '모두를 위해' 끝까지 뛰어야 한다"는 말을 축구 선수들의 인터뷰에서 흔히 들을 수 있다. 이 감독은 "모두를 위해 헌신하며 모두가 성과를 나눠 갖는" 삶의 방식으로서의 축구에 일생을 바친 것이다.

여기서 성과란 무엇일까? 승리수당? 보너스? 아니다. 모든 선수가 열심히 뛰어 만들어낸 훌륭한 경기, 나아가 승리와 그 기쁨을 말하는 것이 아닐까. 모두를 위해 헌신적으로 뛰고 그 성과를 함께 나누는 경험, 축구 바깥의 영역에서는 해보기 힘든 세상에서 우리는 살고 있지 않은가.

영원하라 바르사, 영원하라 카탈루냐

스페인에는 두 축구 강자이자 숙명의 역사적 라이벌 FC 바르셀로나와 레알 마드리드 CF가 있다. 피레네 산맥 너머 스페인은 유럽의 본령과 떨어진 하나의 성城과 같은 지역이지만, 스페인의 각 지방도 제각기 높은 산지로 둘러싸여 있는 '성'과 다를 바 없으며, 각자 독자적인 문화와 생활양식을 바탕으로 강한 지역성을 유지하고 있다.*

마드리드는 이베리아 반도의 내륙 카스티야** 지방의 중심으로, 스페인의 중앙집권주의를 상징한다. 바르셀로나가 있는 카탈루냐***는 피레네

---

* 훗타 요시에 지음, 김석희 옮김, 『고야Ⅰ』, 한길사, 2010, 39~40쪽.

** 스페인 중부의 역사적 지역명으로 중세 카스티야 왕국에 속하는 지역의 중심부를 가리킨다. 현재의 지방행정 구역으로서 '카스티야'는 존재하지 않지만, 카스티야레온, 카스티야라만차 2곳의 자치 지방에 '카스티야'가 사용되고 있다 (https://ko.wikipedia.org/wiki/카스티야). 레알 마드리드의 2군 팀 이름이 '레알 마드리드 카스티야'다.

*** 카탈루냐가 스페인의 지배 하에 완전히 들어간 것은 18세기 초 스페인 왕위계승전쟁으로 거슬러 올라간다. 1700년 스페인의 카를로스 2세가 죽자 프랑스 부르봉 왕조의 루이 14세의 손자 필리프가 왕위를 이어 스페인의 필립 5세로 즉위한다. 이에 부르봉 왕조의 패권을 경계하려는 신성로마제국과 영국, 네덜란드 등이 동맹군을 이루어 프랑스-스페인과 전쟁을 벌이게 된다. 이때 카탈루냐는 동맹군에 가담하였으나 1714년 9월 11일 오랜 공성전 끝에 바르셀로나가 함락되는 것으로 끝난다. 이 날을 기념하여 카탈루냐 자치정부는 9월 11일을 국경일로 삼고 있으며, 이 무렵에 열리는 바르셀로나 홈경기에서 전반 17분 14초가 되면 모든 관중이 1분간 기립박수를 치는 등의 방법으로 카탈루냐의 정체성을 천명한다.

FC 바르셀로나는 단순한 축구팀을 넘어 "카탈루냐는 스페인이 아니다"는 카탈루냐 민족주의의 살아 있는 결정체다.

산맥 남쪽의 지중해 연안 북부 지역으로 스페인어가 아닌 독자 언어를 사용하고 있으며, 지방주의를 대변한다. 1936년부터 1939년까지 벌어진 스페인 내전 당시 프랑코의 파시스트 반란군에 치열하게 저항했던 지역이다. 공화파를 지지한 당시 FC 바르셀로나 회장 호세 선욜은 프랑코 측에게 살해되기도 했다. 지금은 빌바오가 있는 바스크 지역과 함께 고도의 자치권을 행사하고 있으며, 스페인의 경제위기가 깊어지자 카탈루냐의 독립 요구도 높아지고 있다.

레알 마드리드는 프랑코 왕당파와 파시스트의 전폭적 지원을 받은 스페인 중앙집권주의의 상징적 클럽이다. 프랑코는 레알 마드리드의 역대 선수 명단을 꿰차고 있었을 뿐 아니라 권력을 이용하여 경기 자체에도 관여했던 것으로 알려져 있다. 그는 내전에서 승리한 뒤 집권

36년 동안 철권통치로 일관했다. 바스크와 카탈루냐의 독립 요구를 가혹하게 탄압하고 카탈루냐와 바스크의 말도 사용하지 못하게 하였다. 일제강점기 말, 조선어 말살 정책과 다름없었다.

그러나 프랑코도 축구장만은 어쩌지 못하였다. 아니, 축구장만은 허용해 주었다고 하는 게 맞을지도 모른다. FC 바르셀로나의 홈구장인 캄누Camp Nou 축구장에서 레알 마드리드와의 경기가 열리면 카탈루냐인들은 "Visca Barça Visca Catalonia (영원하라 바르사, 영원하라 카탈루냐)"를 외치며 프랑코의 40년 철권 파시스트 통치를 견뎌낸 것이다(바르사는 FC 바르셀로나의 애칭이다).

이러한 역사적 배경 때문에 바르셀로나와 레알 마드리드는 전 세계 모든 스포츠를 통틀어 아마도 가장 격렬한 라이벌 팀이라고 해도 지나치지 않다. 카탈루냐인들에게 바르사, 즉 'FC 바르셀로나'는 단순한 축구팀을 넘어 "카탈루냐는 스페인이 아니다"라는 카탈루냐 민족주의의 살아 있는 결정체이다.

축구, 세상에서 가장 아름다운 게임*이 되다

남아프리카공화국에서 악명 높은 아파르트헤이트(백인 정권의 인종차별정책)가 자행되는 시절, 백인 정권은 남아공의 남단 케이프타운에서 10km 떨

---

* 당시 남아공에서 축구는 흑인을 비롯한 유색인종에게 가장 인기 있는 스포츠였으나, 교도소 내에서는 어떤 집단 활동도 금지되어 있었다. 본문에 나오는 로벤 섬의 이야기는 척 코어와 마빈 클로스, 『세상에서 가장 아름다운 게임』(생각의나무)을 참조했다. 이 책의 영문 제목 "More than just a game"은 이들에게 축구가 어떤 의미를 갖는 것이었는지를 압축적으로 보여준다.

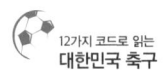

어진 로벤 섬에 정치범들을 수용하였다. 거친 파도가 몰아치고 상어가 득실거리는 바다에 가로막혀 탈출이 불가능한 곳이었다. 이곳에 수용된 정치범들은 형편없는 수준의 의식주와 채석장의 가혹한 강제노역에 시달리며 야만적인 폭력에 무방비 상태로 노출되어 있었다. 인간이 이런 극한 상황에 처하게 되면 무엇보다 생존 본능이 앞서게 된다. 그로 인해 모두 자기가 먼저 살고자 하는 지옥도가 펼쳐지기 십상이다.

그러나 이들은 스스로 글을 가르치고 정치교육을 실시하는 한편, 교도소 안에서 축구를 할 권리를 위해 투쟁한다. 간수들 몰래 감방 안에서 옷을 말아 만든 공으로 미니 축구를 하면서 삶에 필요한 즐거움을 얻고 성취감과 해방감을 느끼던 그들은 바깥 교도소 운동장에서 축구를 하기 위해 힘을 모은다.

결국 3년간의 줄기찬 투쟁 끝에 마침내 교도소 당국으로부터 매주 토요일 30분 동안 축구 할 권리를 쟁취한다. 나아가 아홉 개의 축구 클럽과 클럽 간의 경기를 운영하고 심판 업무 등을 관장할 축구협회도 만든다. 그 축구협회가 150년 전 영국에 맞서 투쟁한 지도자의 이름을 딴 마카나축구협회 Makana Football Association, MFA다.

이들의 축구는 MFA를 중심으로 점점 더 조직화되고 확대되어 나간다. 이들은 비록 감옥 안에 있지만 FIFA 경기 규칙에 따라 경기를 운영하였으며, 심판조합을 설립하여 심판은 오직 심판의 임무만 수행할 뿐 결코 선수로 뛰는 법이 없었다. 이들은 리그 운영과 관련된 모든 업무 처리를 문서로 하였다. 교도소 직원들로부터 숫자나 모욕적인 별명으로만 불리던 이들은 스스로 존엄성을 지키기 위해 이름 앞에 반드시 경칭을 붙이고 서신의 마지막은 '스포츠 동지로부터'라는 말로 마무리하여 아무리 의견이 다르더라도 단결된 연대감을 표현하였다.

또한 '이의신청 및 위법 고발위원회'를 두어 선수와 클럽 간, 클럽과 클럽 간의 분쟁에 대한 최종 판단을 맡았다. 이것은 "자신들에게 아무런 권한을 주지 않았던 사법 체계에 따라 수감된 사람들은 무슨 일이든지 항의할 수 있는 모든 권한이 주어져야 한다고 확신"했기 때문이다. "수감자들은 스포츠의 원리가 제대로 작동하는 공정하고 공평한 체계를 만들었으며, 그것은 정의와 민주주의라는 두 가지 이상에 기초를 두고 있었다. 그것은 아파르트헤이트를 완전히 뒤집은 체계였던 것이다."*

결국 비인간적 대우와 야만적 폭력 앞에서도 인간으로서의 존엄성을 지키고 삶의 희망을 잃지 않으며 인종차별 정책에 맞서 다시 싸울 수 있는 용기를 얻는 데 축구가 그 중심에 있었던 것이다.

축구가 인간의 존엄성을 지키는 일에 무엇을 할 수 있는가? 이 낯선 질문에 로벤 섬의 사람들은 눈물과 감동의 사례를 보여준다. 축구는 단순히 하나의 경기를 넘어 세상에서 가장 아름다운 경기가 될 수 있는 것이다.

"당신은 결코 혼자 걷지 않으리라"

2012년 9월 23일 맨체스터 유나이티드와의 경기를 앞둔 리버풀 FC의 홈구장에는 'JUSTICE'와 'THE TRUTH'라는 카드섹션이 스탠드를

---

* 척 코어·마빈 클로스 지음, 박영록 옮김, 『세상에서 가장 아름다운 게임』, 생각의나무, 2010, 121쪽.

가득 메웠다. 23년 전 힐스보로 참사의 희생자들을 기리기 위한 것이었다. 힐스보로 참사는 1989년 4월 15일 쉐필드의 힐스보로 구장에서 벌어진 리버풀과 노팅험 포레스트 간의 FA컵 4강전 때 리버풀 팬 96명이 사망한, 축구 역사상 가장 비극적인 사고를 일컫는다. 당시 입석이던 관중석에 경기 시작 후 리버풀 팬들이 한꺼번에 몰려들면서 서 있던 관중들이 밀려 넘어져 대부분의 희생자가 압사로 사망한 사건이었다.

사고 후 경찰의 발표와 언론의 보도는 리버풀 팬들의 무질서한 행동이 사고의 원인이라는 것이었다. 그동안 테일러위원회를 비롯하여 다양한 수준의 조사가 이루어졌지만 진실이 온전히 밝혀지지 않자, 리버풀 구단과 팬들은 유족과 연대하여 '힐스보로 가족 지지모임the Hillsborough Family Support Group'을 결성하여 줄기차게 진실 규명을 요구하였다.

그 결과 영국 하원의 결의에 따라 2010년 1월 제임스 존스 리버풀 대주교를 위원장으로 하는 '힐스보로 독립 패널the Hillsborough Independent Panel'이 구성되었다. 이 패널은 2년 반 동안의 활동을 마무리하면서 2012년 9월 12일 「힐스보로 독립 패널 보고서」*를 발표하였다. 패널은 보고서에서 리버풀 팬들의 행동이 사고의 원인이 되었다는 주장은 전혀 근거가 없음을 분명히 하였다. 오히려 팬들의 안전보다 리버풀 팬들의 '통제'에 더 신경을 쓴 경찰과 시 당국의 부적절하고 미숙한 대응으로 인해 사고가 일어난 것으로 결론지었다.

그뿐 아니라 그동안 리버풀 팬들에 대해 제기된 주장들, 즉 리버풀

---

* http://hillsborough.independent.gov.uk/repository/report/HIP_report.pdf

2012년 9월 23일 맨체스터 유나이티드와의 경기를 앞두고 리버풀 FC 홈구장 안필드를 가득 메운 카드섹션 'THE TRUTH'. 이것은 23년 전 일어났던 힐스보로 참사 희생자들을 기리기 위한 것이었다.

팬들이 경기장으로 난입하면서 사고를 촉발하였다, 리버풀 팬들이 일부러 경기장에 늦게 도착하자고 모의하였고, 상당수가 티켓도 없었으며 술에 취해 공격적으로 경기장으로 밀고 들어왔다는 등의 주장들이 모두 근거가 없음을 밝혀냈다.

그중에서도 가장 악명 높았던 것은 타블로이드 신문 〈더 선 The SUN〉의 보도였다. 〈더 선〉은 사고 4일 뒤 1면 머리기사에 'THE TRUTH'라는 제목 아래 "리버풀 팬들이 죽어 가고 있는 환자에게 응급처치를 하고 있는 경찰을 공격하고 오줌을 갈기고, 죽은 사람들의 물건을 훔쳤으며, 의식을 잃은 젊은 여성을 성적으로 희롱하였다"고 보도하였다.

힐스보로 독립 패널의 보고서는 〈더 선〉의 보도 출처까지도 밝혀내며 그것들이 모두 근거가 없는 주장임을 분명히 하였다. 나아가 캐머런 영국 총리도 보고서 발표 직후에 희생자 가족과 리버풀 팬들에게

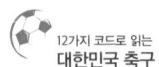

공식 사과하였다. 〈더 선〉의 보도는 마치 광주민주화운동을 불순분자의 폭동이라고 한 한국 주류 언론의 보도와 흡사한 것이었다. 그 뒤 리버풀 팬들은 〈더 선〉을 읽지 않고 불매운동을 벌였다.

2012년 힐스보로 독립 패널의 보고서로 23년간 리버풀을 억누르고 있던 거짓을 걷어내고 진실을 되찾아 희생자들을 위한 정의를 실현할 수 있게 되었다. 관중석의 'THE TRUTH'가 지난 20여 년 동안 자신들을 억눌러 온 〈더 선〉의 기사 제목이라는 사실보다 이 모든 사태의 진실을 더 극명하게 보여줄 수는 없을 것이다. 이 날 경기 시작 전 리버풀 팬들은 리버풀의 응원가 〈당신은 결코 혼자 걷지 않으리라 You'll Never Walk Alone〉를 한목소리로 노래하며 희생자와 그 가족에 대한 오랜 연대의 마음을 표현하였다. 축구가 그동안 묻혀 있던 진실 규명의 버팀목이 되고, 도움을 필요로 하는 사람들과 연대하는 든든한 동아줄이 된 것이다.

"내 사랑하는 팀이 이기는 것을 한 번만 더 보고 싶다"

"내가 죽기 전에 내 사랑하는 팀이 이기는 것을 한 번만 더 보고 싶다." 생의 마지막 순간까지도 용감했던 한 축구팬의 이야기다.*

마흔한 살의 벨기에 사람 로렌조 스쿤바르트는 2015년 3월 2일 안락사로 숨을 거두었다. 불치병으로 20년 동안 37번의 수술을 받았

---

* http://www.independent.co.uk/sport/football/european/terminallyill-club-brugge-fan-lorenzo-schoonbaert-delays-euthanasia-appointment-to-see-his-beloved-football-club-win-one-last-time-10087415.html

던 그는 결국 약물 주입에 의한 안락사를 하기로 결정하였다.

그러나 그는 원래 정해진 안락사 날짜를 연기하였다. 그가 응원하는 축구팀 클럽 브뤼헤의 경기를 마지막으로 한 번만 더 보고 싶었기 때문이다. 그는 "내가 죽기 전에 우리 팀이 이기는 것을 한 번만 더 볼 수 있기를 간절히 소망"했다. 그는 브뤼헤의 초청을 받아 일곱 살 난 딸과 함께 경기장에 걸어 나와 시축을 하고 그 경기를 지켜보았다. 2만의 브뤼헤 팬들은 "You'll Never Walk Alone, Lorre"를 내걸고 그에게 뜨거운 기립박수로 연대의 손을 내밀었다. 이날 경기에서 브뤼헤는 지역 라이벌 팀을 3:0으로 이기고 리그 선두 자리를 유지했다.

경기가 끝난 뒤 로렌조는 완벽한 이별연이었다며 "나는 지금 믿을 수 없이 행복하다. 내 딸아이에게는 보석과도 같은 추억이 될 것이며, 이 아이는 살면서 내내 즐겁게 이 기억을 떠올릴 것이다. 나의 마지막 꿈이 이루어진 것이다. 나는 이제 편안히 죽을 수 있다. 하늘에서 이 승리를 축하할 것"이라는 말을 남기고 안락사 절차에 따라 숨을 거두었다. 그의 가족은 그의 죽음을 확인하면서 "그는 영원히 존중받고 사랑받으며 그리울 것이다. 그는 마지막 순간까지도 용감하였으며 평정을 잃지 않고 그와 마음을 함께한 사람들과 마지막 순간을 누렸다"고 말했다.

삶과 죽음의 경계선에 있던 그에게 축구란 무엇이었을까. "죽음이 고립되고 은폐된, 마냥 피해야 할 두려운 비극적 사건이 되어 버린 현대사회에서, 인간이라면 누구나 경험하는 생애 사건으로서의 죽음을 어떻게 그 사람의 삶의 과정 속에 위치지을 수 있을까. 한 인간이 좋아했던 것들과 사랑했던 사람들, 그리고 공동체의 축복 속에 죽음을 맞이할 수 있다는 가능성"*을 보여준 것이 아닐까. 축구가 그 한가운데에 있었음은 틀림없다.

축구팀 서포터즈가 인종청소의 주역이 되다

그러나 축구가 사람과 사회에 긍정적인 작용만 하는 것은 결코 아니다. 축구는 인간의 감정을 집단적으로 극한까지 끌어올리는 스포츠이기 때문에 파시즘과 극우적 정치운동에 동원되기 쉬운 요소를 두루 갖추고 있다.

1990년대 유고 내전 당시 세르비아가 자행한 보스니아와 크로아티아인에 대한 인종청소의 실제 주역은 세르비아 정규군이 아니라 베오그라드의 명문 클럽 '레드스타 베오그라드'의 서포터즈 '울트라 배드 보이즈'였다. 이들은 유고 연방이 붕괴된 뒤 세르비아의 극단적 민족주의자인 "슬로보단 밀로세비치의 돌격부대가 되어 가장 왕성한 인종청소의 대리자이자 유능한 대량학살의 실천자들로 활약"**하였다. 지금도 동유럽과 이탈리아 일부 클럽의 서포터들은 인종주의와 극우적 성향을 공공연히 보이고 있다.

그에 비할 바는 전혀 아니지만 2006년 독일 월드컵 당시 우리의 경험도 돌아볼 만하다. 스위스와의 조별 예선 마지막 경기. 한국은 반드

---

* https://www.facebook.com/photo.php?fbid=680336075408734&set=pb.100002970443021.-2207520000.1438308161.&type=3&theater. 이 글에 쓴 배은경의 댓글을 재구성한 것이다.
** 프랭클린 포어 지음, 안명희 옮김, 『축구는 어떻게 세계를 지배했는가』, 말글빛냄, 2005, 23쪽.

시 이겨야 16강 진출이 가능한 상황이었다. 1:0으로 뒤지고 있던 후반전, 한국 페널티 박스 앞쪽에서 스위스의 마르제라즈가 동료에게 횡패스를 한다. 이때 더 위쪽에 있던 한국의 이호가 아래쪽으로 내려오며 이 공을 가로채기 위해 발을 뻗는다. 이호의 발에 맞은 공은 페널티 박스 바로 앞에 있던 스위스의 프라이에게로 간다. 프라이가 이 공에 플레이할 때 선심은 오프사이드라 보고 깃발을 들지만, 주심은 오프사이드를 인정하지 않는다. 프라이는 플레이를 계속하여 골키퍼 이운재를 제치고 골을 넣는다. 이 골은 한국의 16강 진출을 확실하게 좌절시키는 골이 되고 말았다.*

　이때 한 방송국의 해설을 맡고 있던 신문선은 그 상황을 오프사이드가 아니라고 했는데, 그는 이 해설로 매국노 취급을 받아 결국 월드컵 도중에 해설위원에서 중도 사퇴하고 말았다. 한국 팀의 유불리와 무관하게 전문가로서 내린 판단이 한국 팀에 불리한 것이었다고 하여 매국노로 몰아붙인 것이다. '오프사이드 애국주의'라 부를 만한 사건이었다.

한국에서는 축구를 어떻게 소비하고 있는가

　한국의 축구 상황은 영국과도, 스페인과도, 남아공과도 많이 다르다. 한국은 축구가 메이저 스포츠가 아닌, 세계에서 몇 안 되는 나라 중

---

* 프라이의 플레이는 오프사이드 반칙이 아니라고 보는 것이 맞다. 스위스의 마르제라즈가 횡패스를 할 때 프라이가 오프사이드 위치에 있었다고 하더라도 이호의 가로채기는 수비수의 '의도적 플레이'에 해당한다. 오프사이드 위치에 있던 공격수가 수비수의 의도적 플레이로 자기 앞으로 온 공을 플레이한 경우는 이득을 얻은 것으로 보지 않는다.

의 하나다. 프로축구가 출범한 지 30년이 넘었지만 프로야구에 비하면 그 인기는 턱없이 부족하다. 모든 프로스포츠가 지역 연고를 기반으로 하지만 프로축구의 지역 기반은 야구에 비할 바가 못 된다. 프로야구 팀은 대부분 내 고향을 대표하는 스포츠 팀이 되어 있다.

사람의 관심은 한정된 자원이다. 그래서 야구를 아주 좋아하면서도 축구도 아주 좋아하기는 어렵다. 다른 스포츠와의 관계도 마찬가지지만 축구와 야구는 '스포츠에 대한 관심, 스포츠를 향한 열정'이라는 시장에서 팬을 둘러싼 경쟁 관계라고도 할 수 있다. 프로야구의 오래되고 폭넓은 인기에 맞서야 하는 축구로서는 그만큼 저변 확대에 어려움이 있다는 말이다.

그보다 더 큰 어려움은 축구 내부에 있다. 바로 국가대표 축구팀이다. 내 '고향'을 대표하는 스포츠 팀과 달리 우리 '나라'를 대표하는 스포츠 팀이 무엇이라 생각하는지를 물으면 아마도 대부분의 사람들은 국가대표 축구팀을 들 것이다. 한국 국가대표 축구팀은 다른 스포츠의 국가대표팀뿐 아니라 어떤 개별 스포츠 팀도 누리지 못하는 압도적인 관심을 오랜 세월 받아 왔다. 멀리는 50대 남성이라면 기억할 1970년대 태국의 킹스컵, 말레이시아의 메르데카컵의 인기에서부터 가까이는 한국이 출전하는 월드컵의 열기가 그 증거다.

반면 K리그는 중계방송조차 제대로 되지 않으며, 서너 개 인기 구단을 제외하면 경기장의 관중은 형편없는 수준이다. 클럽 축구의 이런 현실을 생각하면, 한국에서 국가대표 축구팀을 응원하는 사람들은 축구라는 스포츠를 소비하는 것이 아니라 국가대표, 즉 애국심이나 민족주의적 열정을 소비하고 있음을 뜻한다. 2002년 월드컵에서 한국

팀에 보여준 그 압도적인 열기가 'CU@K리그See you at K-League*로 연결되지 못한 것은, 어찌 보면 당연한 현상이다. 서로 효용이 다른 상품이니 말이다.

축구는 무엇을 할 수 있는가

그러나 이러한 상황에서도 한국에는 축구를 좋아하는 수많은 사람들이 있다. 연간 200만 명의 K리그 팬이 있고, 주말이면 운동장으로 나가 땀을 흘리는 수많은 동호회 회원들이 있으며, 밤늦도록 TV 앞에서 유럽 축구에 열광하는 숨은 팬들도 있다.

전 세계의 축구팬들과 함께 이들이 열광하는 축구란 무엇인가. 축구는 한 개인에게는 주중의 스트레스를 견뎌내게 하는 생활의 활력이기도 하고, 평생을 축구에 바친 감독에게는 삶의 방식이기도 하다. 때로는 축구가 공동체의 정서와 문화의 응집체이기도 하며, 그들의 역사와 문화를 들여다볼 수 있는 창이기도 하다.

그래서 우리가 좋아하는 이 축구는 민족적 열정의 표출 수단이 될 수도 있고 애국주의와 극우적 정치운동의 맹목적 도구로 전락할 수도 있다. 그와 달리 삶의 건강한 동력이 되고 따뜻하고 튼튼한 연대의 매개가 되며, 나아가 새로운 삶의 방식의 모티브가 될 수도 있다. 무엇이 이 차이를 만드는 것인가.

---

* 2002년 월드컵에서 한국 팀의 마지막 경기인 터키와의 3–4위전 때 국가대표팀 서포터즈인 '붉은악마'가 펼친 구호. 국가대표팀에 보내준 성원을 K리그에도 보내달라는 뜻이다.

모두 축구에서 비롯된 문제인 만큼 그 답도 축구 자체로 돌아가 찾아보자. "축구는 정교한 이론과 자유로운 창의성을 무기로 인간의 원시적 열정과 맨몸의 역동성이 빚어내는 극한의 집단 행위예술이고, 축구장은 그 역동적 예술이 펼쳐지는 격정의 오페라하우스다." 내가 생각하는 축구의 정의다. 아무리 거대 자본이 현대 축구를 지배하고 있다고 할지라도 그것은 축구장 바깥의 일일 뿐, 축구장은 여전히 피치를 달리는 선수들과, 그들과 일체가 된 서포터들의 불가침의 영토다. 그 축구가 유럽 챔피언스 리그 결승전이건 동호회의 동네 축구건 달라질 게 없다. 그 축구장이 국제경기용 잔디구장이 아니라 맨땅의 초등학교 운동장이라 해도 마찬가지다.

경기 시작 전 선수들은 상대방과 악수를 나누며 페어플레이를 다짐한다. 주심의 킥오프 휘슬과 함께 경기장 안의 전쟁은 시작된다. 오로지 내 몸만을 움직여 거친 숨을 몰아쉬며 심장이 터지도록 달린다. 상대의 거친 태클에 사정없이 나뒹굴지만, 태클한 선수는 손을 내밀고 쓰러진 선수는 이 손을 잡고 절뚝이며 다시 일어선다. 팀의 승리를 위해 한 걸음 더 뛰고 한 번 더 몸을 던지며 마지막 땀 한 방울까지 바친다. 종료 휘슬이 울리면 승리한 팀은 동료들과 진한 포옹으로 기쁨을 함께 나누지만 상대를 위로하는 것을 잊지 않는다. 패배한 팀은 아쉬움과 비장함 속에서도 이긴 팀에게 축하를 건넨다. 그리고 땀에 젖은 유니폼을 서로 교환한다. 스탠드의 서포터들은 피치 위에서 벌어지는 이 모든 과정에 감정이입하며 선수들과 함께 달리고 기뻐하며 안타까워한다.

수도 없이 봐온 모습이지만 볼 때마다 감탄하는 장면들이다. 축구가 아름다운 이유이기도 하다. 여기에 답이 있지 않을까. 경기에 대한 열정, 열정을 구현해 내는 힘과 기량, 팀과 동료에 대한 헌신, 팬과 선수의 공감과 연대, 상대방에 대한 존중, 늘 있는 축구 경기에서 우리가 늘 보고 있고 또 보기를 원하는 모습들이다.

  이것이 바로 축구로부터 우리 삶에 가져와야 할 가치들이 아닐까. 그럴 때 독단과 차별과 배제를 속성으로 하는 파시즘과 인종주의 따위가 발붙일 공간이 생길 수 있을까. 답은 축구 안에 있다.

참고자료

CODE 05 골 : 골 결정력의 예술과 과학

"The art of Crossing", *Soccer journal*, 2007. 7-8월호.
Andy Roxburgh, *THE ART OF GOALSCORING*.
2014 FIFA world cup Brazil Technical Report and Statistics
2014 FIFA/ AFC/ OFC Conference for National Coaches and Technical Directors - 2014 FIFA world cup Brazil
2014 KFA Technical Conference proceeding - K 리그 득점 분석

CODE 06 스피드와 지구력 : 지칠 줄 모르는 힘의 원천

Tudor O. Bompa, 『스포츠 트레이닝의 주기화』, 대한미디어, 2000.
이형석, 『현대 축구의 전술』, 사커라인, 2009.
신재명, 『과학 축구』, 한울, 2013.
김태희, 『축구란 무엇인가』, 민음인, 2010.
프리츠 B. 지몬 외 지음, 박현용 옮김, 『축구의 미학』, 초록물고기, 2010.
최대혁·전태원·소위영, 『파워 운동생리학』(8판), 라이프사이언스, 2014.

CODE 08 축구공 : 축구공마다 날아가는 궤도가 다르다

홍성찬 외, Effect of the seam position on the aerodynamics of soccer balls, 日本流体力学회(JSFM) 2014 강연 논문집, No.180(USB-Edition), 2014.
http://www.nature.com/srep/2014/140529/srep05068/full/srep05068.html
http://prosoccertalk.nbcsports.com/2013/12/13/behind-the-brazuca-nbcs-extensive-research-shows-less-knuckle-ball-in-brazil-nasa-agrees/